应试解难

全国社会工作者职业水平考试辅导教材

U0747465

# 社会工作综合能力
# 应试解难

初级

2024

全国社会工作者职业水平考试应试解难辅导教材编写组　编写

SHEHUI GONGZUO ZONGHE NENGLI
YINGSHI JIENAN

中国社会出版社

国家一级出版社·全国百佳图书出版单位

**图书在版编目（CIP）数据**

社会工作综合能力（初级）应试解难 / 全国社会工作者职业水平考试应试解难辅导教材编写组编写 . —— 北京：中国社会出版社，2024.2

全国社会工作者职业水平考试辅导教材

ISBN 978-7-5087-6996-7

Ⅰ.①社 ...　Ⅱ.①全 ...　Ⅲ.①社会工作—中国—水平考试—题解　Ⅳ.① D632-44

中国国家版本馆 CIP 数据核字（2023）第 249987 号

| | |
|---|---|
| 出 版 人：程 伟 | 终 审 人：余细香 |
| 责任编辑：张 杰 | 责任校对：姜婷婷 |
| 封面设计：尹 帅 | |

出版发行　中国社会出版社　　　　　地　　址：北京市西城区二龙路甲 33 号

邮政编码　100032　　　　　　　　　编 辑 部：(010) 58124853

营销中心：金 伟 13901172636　　　四川、重庆、云南

　　　　　孙武斌 13911163563　　　北京、天津、广东、山西、海南、湖南、陕西

　　　　　朱赛亮 13691332028　　　江苏、安徽、山东、广西、宁夏、新疆

　　　　　卫 飞 18611888820　　　浙江、上海、河南、青海、湖北、甘肃、西藏

　　　　　平 川 13810848635　　　河北、吉林、黑龙江、内蒙古、辽宁

　　　　　朱永玲 13501113035　　　福建、江西、贵州

综合电话：010-58124852

网　　址：shcbs.mca.gov.cn

经　　销：新华书店

| | |
|---|---|
| 印刷装订　天津画中画印刷有限公司 | 开　　本：185 mm×260 mm　1/16 |
| 印　　张：11 | 字　　数：286 千字 |
| 版　　次：2024 年 2 月第 1 版 | 印　　次：2024 年 2 月第 1 次印刷 |
| 定　　价：45.00 元 | |

社工图书专营店　　　中社文库微信公众号　　　中国社会出版社天猫旗舰店　　　中社在线微信公众号

# 备 考 指 南

　　社会工作是一种以助人为宗旨，运用专业知识、理论和方法，协调社会关系、预防和解决社会问题、促进社会公正的专门职业。自党的十六届六中全会通过的《中共中央关于构建社会主义和谐社会若干重大问题的决定》作出"建设宏大的社会工作人才队伍"重大决策起，社会工作专业人才队伍建设工作越来越受到党和政府的重视，社会工作行业也像雨后春笋般得到空前发展。党的二十大擘画了全面建设社会主义现代化国家、以中国式现代化全面推进中华民族伟大复兴的宏伟蓝图，吹响了奋进新征程的时代号角。全面建设社会主义现代化国家，必须有一支规模宏大、结构合理、素质优良的人才队伍。在这一项伟大而艰巨的事业中，广大社会工作者前途光明，任重道远，亟须在认真学习理论的同时，积极运用专业的方法、科学的技能服务于所从事的工作，为全面建设社会主义现代化国家、全面推进中华民族伟大复兴贡献自己的力量。

　　自2008年6月首次考试举行以来，全国社会工作者职业水平考试已举办了16年，我国社会工作进入全面推进和普及期。作为我国社会工作职业制度建设的一项重要内容，以考试为主要方式的职业水平评价制度的正式实施，对于促进社会工作专业化、职业化发展，提升社会工作者的职业地位具有重要意义。更为重要的是，职业水平评价制度对于社会工作者强化工作理念、提升理论水平、增强解决问题的能力等会产生积极的推动作用。

　　《全国社会工作者职业水平考试指导教材》（以下简称教材）已经修订几次。为了更好地帮助考生复习备考，本书编写组在分析研究考试大纲和教材，并辅助参考旧版教材，同时分析研究往年考试出题视角与思路的基础上，结合历年考试出题的重点，组织编写了这本《社会工作综合能力（初级）应试解难》。

　　本书紧扣人力资源和社会保障部审定通过的《全国助理社会工作师职业水平考试大纲（2018）》（以下简称考试大纲），按章节分为本章知识体系图、本章导学、历年题型题量分析、考点解读（以历年真题为例）、模拟训练，并附3套历年真题选编，帮助考生在最短时间内熟悉和掌握考点内容、适应考试题型，掌握应试技巧和方法。在考生较为关注的如何准备"社会工作综合能力（初级）"考试、如何理解能力为本的考试宗旨、如何提高答题技巧等方面，提出了一些意见和建议，供考生参考。

## 一、梳理知识重点

　　《社会工作综合能力（初级）》教材共9章内容，可分为3部分。第一部分是第一章至第三章，是社会工作基本知识概述，讲述社会工作的内涵、原则及主要领域，社会工作价值观与专业伦理，人类行为与社会环境等内容。教材主要介绍社会工作基本概念、发展历史、特点、目标、功能、要素、领域、专业价值观、专业伦理、人类行为与社会环境的关系、人类生理和心理发展阶段等基础知识。第二部分是第四章至第八章，主要介绍社会工作直接和间接工作方法，直接工作方法包括个案工作方法、小组工作方法和社区工作方法；间接工作方法包括社会工作行政和社会工作研究。教材重点介绍了各种方法的概念、工作模式、通用过程、各阶段工作重点和工作技巧等，这些都需要考生认真复习领会。第三部分是最后一章"社会政策与法规"，该章在中级考试中成为独立的一科，在初级考试中被归入社会工作综合能力的考查范围，简单介绍了社会工作开展服务的法规政策依据，包括不同人群（老年人、妇女、未成年人和残疾人等）和不同领域（婚姻家庭、社会救助、劳动就业和医疗保障等）以及加强社区治理和促进社会组织发展的政策法规的内容。在此需要提醒的是，本章所出现的历年真题所选答案，依据是考题当年行使有效的相关政策法规。

## 二、熟悉考试题型

"社会工作综合能力（初级）"试卷以客观题（选择题）的形式呈现，共80道题，其中单项选择题60道，多项选择题20道。选择题是很多考试中经常出现的题型，这类题型主要考查考生对重要知识点的准确把握能力。其中，单项选择题重点考查考生在某些唯一性、典型性知识点上的应用判断能力，而多项选择题则考查考生在某些相互关联、相互衔接或者相互平行的知识点上的应用判断能力。

单项选择题的考试方式是：针对题干中某个特定问题给出4个备选答案，其中只有1个答案是正确的，或者是最符合题意的。由于单项选择题的答案具有唯一性、排他性、互斥性等特点，与正确答案相比，其他选项往往表现出表述错误、不准确、不全面等问题，相对来说，考生还是比较容易作出正确判断和选择的。

多项选择题的考试方式是：对某个特定问题给出5个备选答案，其中有2个或2个以上符合题意，至少有1个错项；错选，该题不得分；少选，所选的每个选项得0.5分。也就是说，多项选择题的答案至少有2个正确，最多有4个正确，没有全对和全错的情况。由于多项选择题的答案并不完全具有唯一性、排他性和互斥性的特点，与正确答案相比，其他选项具有较大的迷惑性。

从历年考题的内容分类来看，选择题一般以两种形式出现：一种是能从教材中直接找到答案的题目，对于这类题目，考生识记考点内容即可；另一种是不能从教材中直接找到答案的题目，对此需要考生在理解知识点的基础上提升分析和判断能力。在"社会工作综合能力（初级）"考试中，主要以结合案例的形式考查考生对知识点的融会贯通程度，较少直接考查知识点，需要考生特别注意，有针对性地复习。

## 三、注意复习方法

"社会工作综合能力（初级）"考试是以能力为本的考试，参加考试的考生既要掌握教材中的各知识要点，又要能够结合案例进行灵活理解，不断积累分析问题、解决问题的能力。具体来说，考生要掌握社会工作的基础知识，包括社会工作价值观、人类行为与社会环境、人生成长的阶段；掌握个案、小组、社区等社会工作方法的步骤和技巧；掌握有关的社会福利政策。

在掌握这些知识的过程中，有考试经验的考生都知道，要想通过考试，既要花时间去复习积累知识，又要掌握方法去做题，并结合生活经历去理解。因此，作为参加"社会工作综合能力（初级）"考试的考生，不能仅仅局限于对教材知识点的死记硬背，也不能一味地进行题海大战，应该掌握如下5点复习技巧：

（1）全面掌握社会工作基础知识。复习的第一步就是全面阅读教材，对教材有整体的认识，能够基本掌握本科目考试的知识框架。本书系统梳理的本章知识体系图，就是帮助考生快速记忆各章知识点的基本框架。

（2）系统深入理解考试大纲范围内的知识点。大纲是考试内容及题型的指南，在复习初期，建议考生注重结合考试大纲系统性地复习，以便掌握考试框架和范围，然后各个击破，深入理解每一章和每个重点考点。编写组研究了历年考试真题和考试大纲，总结了一些考试重点和出题思路，在本书各章节的"考点解读"中就各考点需要识记和理解的内容作了基本的分类，希望考生能够更有针对性地复习。全国社会工作者职业水平考试是以能力为本的考试，考生复习备考时要掌握好教材中各个考点的基础知识，由浅入深，循序渐进，在此基础上进行分析判断。

（3）有选择地进行培训。在自己复习积累的基础上，考生可根据自身的需要选择信誉度较高的培训机构，参加面授或者网络授课，跟随经验丰富的辅导教师，对重点难点进行剖析，攻克应考过程中的知识薄弱点，避免出现知识盲区。

（4）开展模拟训练。做题有助于检验复习成效和不足，提高复习效率。本书每一章都准备了模拟训练题，考生可以在复习完每章后一试身手。全国社会工作者职业水平考试已经进行了16年，编写组把一些比较典型、反复出题的知识点题目进行了整合，精心选编了3套历年真题，作为考生的应考热身演练。在分阶段复习后，建议考生对这3套真题进行分步训练，并对错题认真分析，对相应知识点再次巩固。

（5）制订科学合理的复习计划。全国社会工作者职业水平考试的应考准备时间较短，考试内容多、范围广。大多数考生是从事社会服务的人员，缺少专业训练，平时工作较忙，能够用于集中复习的时间不多，所以需要做科学合理的复习计划。编者根据多年来的培训经验，总结了应考通过"八步法"：

一是了解知识全貌。主要是指考生顺利报名、拿到教材后，通读教材目录和考试大纲，对考试有个概览性认识。

二是浏览教材内容。用半个月的时间通读教材，并作简单的归纳。《社会工作综合能力（初级）应试解难》包括社会工作的基本知识（第一章至第三章）、社会工作方法（第四章至第八章）和社会工作政策法规（第九章）。考生由此可以在头脑中对教材形成一个综合的全貌，消除对知识的陌生感，减少应考恐惧。

三是熟悉各章节知识点和考点。在考试前两个月的时间内，可以通过结合考试大纲、《社会工作综合能力（初级）应试解难》或者听课的方式，对大纲范围内的知识点进一步理解，做到能够举一反三。

四是回顾教学重点和难点。在通读教材、理解考试大纲范围内的知识点并专门记忆后，要有时间回顾和梳理，特别是复习过程中不清楚、不明白的知识点，要对应教材加深理解。

五是知识点巩固及练习。《社会工作综合能力（初级）应试解难》梳理的知识点结合了一些真题分析，考生在巩固知识的同时，结合模拟训练进行检验，做到每章每点过关。

六是将知识点进行归纳、列表。可以通过列表的方式，把一些知识点进行归纳总结。列表的方式方便考生强化记忆，可以达到巩固的效果。

七是错题纠正。在模拟训练或真题演练中，把容易出错的考题进行标记，查明错的原因，有针对性地复习相关知识，有目的地寻找一些相关题目进行反复训练。

八是考点冲刺。在考前一周，考生不应再面面俱到地复习，而应进一步梳理考试大纲范围内的知识点及历年考试真题，同时重点把以往易错题目的相关知识点再进行梳理。

## 四、掌握应试技巧

1. 调整心态，从容应战。进入考场后，考生不要过于紧张，越是轻松的心态，平时的积累越容易被挖掘出来；越是紧张，越容易忘记知识点。

2. 备好考试用品。"社会工作综合能力（初级）"考试采用标准化考试方式，要求考生将答案填涂在答题卡上，通过机器扫描答题卡进行阅卷。因此，考生需要备好2B铅笔、橡皮擦和签字笔等，还需要带齐准考证、身份证等证件。

3. 先审题再答题。有些考生往往不注意审题，结果犯了大错。如将"该题不正确的是"看成"该题正确的是"，或是没有细看全部选项就答题，结果可想而知。"社会工作综合能力（初级）"考试时间是120分钟，共80道选择题，一般而言时间是充足的，所以考生拿到试卷后不要急躁，要从容细心。

4. 先选后涂，注意时间。建议先在试卷上画"√"，选完各道题目的答案后，再集中涂答题卡。这样做有几方面的好处：一是集中注意力，二是节省时间，三是方便更改。但要注意预留充足的填涂答题卡时间。填涂答题卡时，注意把姓名、准考证号写上，答题卡上选择选项对应的小方块一定要注意涂满。

5. 灵活掌握应试方法。"社会工作综合能力（初级）"考试中，单项选择题所占比例大，考生在应考时要准确把握，争取得高分；多项选择题因为是少选有部分分数，考生应求稳不求全，选择自己有把握的正确选项，不确定不选，保证每道题都能得到分数，这一点非常重要。

6. 善用选择题应试技巧。由于"社会工作综合能力（初级）"考试的试题全部是选择题，所以考生尤其需要掌握选择题的应试技巧：直接判断法、淘汰排除法（排除错误项、重复项、无关项、大小项）和案例分析法等。

全国社会工作者职业水平考试是以能力为本的专业考试，考生需要牢牢掌握社会工作专业基础知识点，了解考试题型和应试方法，融会贯通，提升专业实务能力，这样方能顺利通过考试。

最后，预祝各位考生考试顺利！

# 目 录
CONTENTS

# 第一章　社会工作的内涵、原则及主要领域

**【本章知识体系图】**

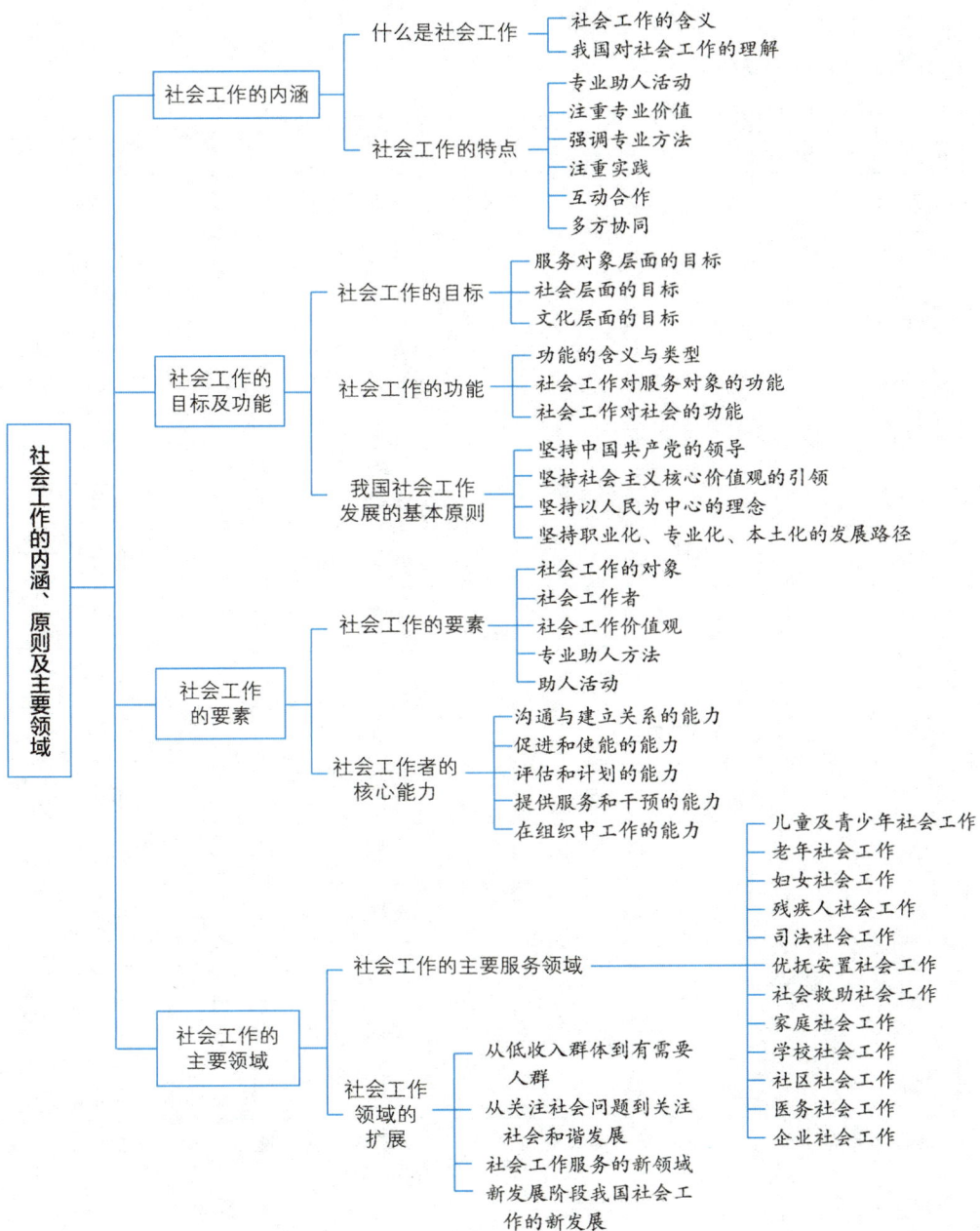

社会工作的内涵、原则及主要领域
- 社会工作的内涵
  - 什么是社会工作
    - 社会工作的含义
    - 我国对社会工作的理解
  - 社会工作的特点
    - 专业助人活动
    - 注重专业价值
    - 强调专业方法
    - 注重实践
    - 互动合作
    - 多方协同
- 社会工作的目标及功能
  - 社会工作的目标
    - 服务对象层面的目标
    - 社会层面的目标
    - 文化层面的目标
  - 社会工作的功能
    - 功能的含义与类型
    - 社会工作对服务对象的功能
    - 社会工作对社会的功能
  - 我国社会工作发展的基本原则
    - 坚持中国共产党的领导
    - 坚持社会主义核心价值观的引领
    - 坚持以人民为中心的理念
    - 坚持职业化、专业化、本土化的发展路径
- 社会工作的要素
  - 社会工作的要素
    - 社会工作的对象
    - 社会工作者
    - 社会工作价值观
    - 专业助人方法
    - 助人活动
  - 社会工作者的核心能力
    - 沟通与建立关系的能力
    - 促进和使能的能力
    - 评估和计划的能力
    - 提供服务和干预的能力
    - 在组织中工作的能力
- 社会工作的主要领域
  - 社会工作的主要服务领域
    - 儿童及青少年社会工作
    - 老年社会工作
    - 妇女社会工作
    - 残疾人社会工作
    - 司法社会工作
    - 优抚安置社会工作
    - 社会救助社会工作
    - 家庭社会工作
    - 学校社会工作
    - 社区社会工作
    - 医疗社会工作
    - 企业社会工作
  - 社会工作领域的扩展
    - 从低收入群体到有需要人群
    - 从关注社会问题到关注社会和谐发展
    - 社会工作服务的新领域
    - 新发展阶段我国社会工作的新发展

## 【本章导学】

本章是全书的开篇之章,是全书的基础,主要介绍关于社会工作的基础知识,包括社会工作的概念、社会工作所涉及的领域、社会工作者的角色与核心能力等。虽然本章不是历年考题涉及的重点章节,但本章的知识贯穿全书,可帮助考生理解其他章节的内容。

## 【历年题型题量分析表】

| 年份 | 单选 | 多选 | 合计分值 |
|------|------|------|----------|
| 2008 | 5 题 | 3 题 | 11 分 |
| 2009 | 14 题 | 3 题 | 20 分 |
| 2010 | 6 题 | 1 题 | 8 分 |
| 2011 | 6 题 | 2 题 | 10 分 |
| 2012 | 7 题 | 1 题 | 9 分 |
| 2013 | 7 题 | 1 题 | 9 分 |
| 2014 | 7 题 | 1 题 | 9 分 |
| 2015 | 7 题 | 1 题 | 9 分 |
| 2016 | 7 题 | 1 题 | 9 分 |
| 2017 | 7 题 | 1 题 | 9 分 |
| 2018 | 8 题 | 1 题 | 10 分 |
| 2019 | 7 题 | 1 题 | 9 分 |
| 2020 | 7 题 | 1 题 | 9 分 |
| 2021 | 7 题 | 1 题 | 9 分 |
| 2022 | 7 题 | 1 题 | 9 分 |
| 2023 | 6 题 | 1 题 | 8 分 |

注:单项选择题每题1分,多项选择题每题2分(错选,本题不得分;少选,所选每个选项得0.5分)。

## 本章考点解读 ★★★

# 第一节 社会工作的内涵

### 考点 1：社会工作的特点

例题：（2022 年单选题）为贯彻《中共中央 国务院关于加强基层治理体系和治理能力现代化建设的意见》，2022 年 3 月 17—31 日，民政部开展了主题为"五社联动聚合力，社工服务暖基层"的宣传活动，旨在创新社区与社会组织、社会工作者、社区志愿者、社会慈善资源的联动机制。根据上述内容，"五社联动"突出体现的社会工作的特点是（　　）。

A. 专业助人　　　　B. 注重实践　　　　C. 互动合作　　　　D. 多方协同

答案：D

考点解读：虽然本考点已被删除，但在 2019—2023 年的考题中依然出现。因此，考生仍需将本考点纳入复习范围。可结合教材中的例子进行记忆。

1. 专业助人活动

社会工作不是一般的助人活动，而是以困难群体为主要对象的、专业的、职业性的助人活动。

2. 注重专业价值

专业价值是指社会工作者在从事社会服务时所遵循的理念、指导思想和伦理。社会工作强调平等之爱，要帮助所有有困难、有需要的人。

3. 强调专业方法

专业方法是指本职业独特的、在许多情况下要经过专业教育和培训才能掌握的方法。经过长期的实践和积累，社会工作形成了个案工作、小组工作、社区工作、社会工作行政等一系列独特的工作方法。

4. 注重实践

社会工作从本质上说是实践的，它通过对科学方法的运用，与服务对象一起帮助他们改变自己的困境，增进其社会功能。

5. 互动合作

社会工作是对人的工作，是社会工作者与服务对象的互动过程，也是社会工作者与服务对象"一同工作"的过程。

6. 多方协同

社会工作者介入的大多是比较复杂的问题，在解决这些问题的过程中常常既需要社会工作者之间的分工，也需要他们之间的合作，很多时候社会工作者也要与其他人员合作，共同去解决服务对象所遇到的比较复杂的问题。

## 第二节　社会工作的目标及功能

**考点 2：社会工作的目标**

**例题：**（2019 年单选题）82 岁的张大爷身患多种疾病，行动不便，与 80 岁的老伴共同生活，子女均在外地工作。社会工作者小王了解到该情况后，组织社区志愿者定期探访、陪同就医，协调社区服务点提供上门送餐、理发等服务。上述小王的做法，重点体现的社会工作目标是（　　）。

A. 缓解张大爷家庭生活照料困难　　　　B. 解除张大爷家庭的危机状况

C. 激发张大爷家庭成员照顾潜能　　　　D. 促进张大爷家庭的整体发展

**答案：**A

**考点解读：**社会工作目标贯穿于整个社会工作服务的始终，有助于考生更好地理解社会工作服务的开展。本考点亦属于本章高频考点，考生在复习时要关注教材中的举例。

1. 服务对象层面的目标

（1）解救危难。危难是因社会或个人原因，个体的身体受到严重损伤、个人的基本生活能力受到严重削弱，致使其自身生存受到严重威胁，以致生命遭遇危机的状态。面对危难，社会工作的基本目标是：寻求资源（包括物质资源和社会资源），支持受助者，帮助他们走出困境。

（2）缓解困难。人生的不同发展阶段会遇到不同的困难，有一些困难比较严重，当事人应付和解决问题的能力又有限，所以需要别人帮助才能解决。这既包括物质方面的困难，也包括精神方面的压力。社会工作的一项重要任务就是为困难群体解决困难，使他们恢复正常生活。

（3）激发潜能。社会工作强调"助人自助"，这里的核心是要增强服务对象的内在能力。对困难群体来说，由于个人生理、心理原因和社会方面的限制，他们的一些能力可能被压抑、被忽视。社会工作者的工作就是要激发他们被压抑、被忽视的能力，调动其内在积极性，并配以外部条件，帮助其走出困境。

（4）促进发展。当一个人或一群人遇到困难时，社会工作者施以援手，通过增加知识、学习技能、学习建立人际关系等方式，使个人或群体得到发展，实现自己的人生目标。

2. 社会层面的目标

（1）解决社会问题。社会工作者秉持专业价值观，用专业方法介入社会生活，就是要解决个人、家庭、群体、社区和社会等方面的问题，帮助服务对象增强自身功能，修复社会的机制，预防和解决社会问题。

（2）促进社会公正。社会工作的基本价值观念之一就是追求社会公正。社会工作者相信人是有尊严的，不论年龄、性别、种族、职业，人们之间是平等的，人们应该公平地享受社会发展、社会进步的成果。

3. 文化层面的目标

（1）弘扬人道主义。社会工作竭诚为困难群体服务的行动和精神，可以通过向社会宣传，倡导互助、助人精神，促进人们互相关爱、相互扶助，弘扬人道主义精神，这也是我国和谐社会建设所要求的。

（2）促进社会团结。社会工作者可以通过自己的活动，帮助有困难的人脱离困境，发展社会支持网络；通过组织互利活动来促进人们之间的相互合作，营造相互关怀的社会环境，促进社会团结。

### 考点3：社会工作的功能

**例题：**（2022年单选题）社会工作者小苏为某社区困难群体提供服务。下列小苏的做法中，能够体现建构社会资本功能的是（　　）。

A. 为精神障碍人士举办公益画展，协助其参与社区生活

B. 策划公益活动，呼吁社会各界人士关爱低收入家庭儿童

C. 邀请辖区医院医护人员，为失智失能老人提供上门服务

D. 建议政府相关部门，尽快解决社区高龄老人用餐难问题

**答案：**B

**考点解读：**本考点属于本章高频考点，且多以案例的形式考查考生对社会工作功能的理解。

1. 功能的含义与类型

（1）什么是功能？功能是指在一个系统中某个部分所发挥的作用，即某一部分的存在和变化对整体及其他部分所发挥的影响。

（2）功能的基本类型。从某一现象所起的作用的基本性质来分，功能可以被分为正功能和负功能。

2. 社会工作对服务对象的功能

（1）促进服务对象正常生活。对生活上有困难的人给予必要的帮助是社会工作的重要任务，社会工作的功能则是通过此服务来恢复和促进困难群体、有需要群体的正常生活。

（2）恢复弱化的功能。对于困难群体来说，由于生理、心理及社会方面的原因，他们某些方面的功能可能衰退了。社会工作通过开展活动、提供服务，可以恢复他们的自信，也可以促使他们参与更广泛的社会生活，这就是在恢复和强化他们的社会功能，以促进他们的社会融入。

（3）促进人的发展。人是有潜能的，人的潜能充分发挥有利于他们的正常生活和自我实现。社会工作通过开展多种服务，可以促进他们被压抑的潜能的发挥，为他们的发展创造条件。

（4）促进人与社会环境的相互适应。社会工作分析问题的基本观点是"人在环境中"，认为人是生活在社会环境之中的，人与社会环境是相互依存的。社会应该为人的正常生活、成长与发展提供适宜的条件，而个人则有责任发挥自己的能力、减少对社会的依赖、经营好自己的生活、为社会发展作贡献。

3. 社会工作对社会的功能

（1）维持社会秩序。良好的社会秩序是社会各部分关系协调、稳定的状态，这是人们极力追求的。社会工作则通过服务来化解矛盾、解决问题，从而达到维持社会秩序的效果。

（2）建构社会资本。社会资本是在一定社会范围内存在的，人们基于信任、情感、共

同体意识而形成的，相互信赖和支持的关系。社会工作以人为本，解决社会问题，通过举办关爱困难群体的公益活动，链接社会资源，可以增加他们的相互信任，促进社会成员之间良好关系的建立，促使社会资本的增加，或使社区的社会资本更加丰厚，有助于建立一个相互关怀的社会。

（3）促进社会和谐。社会和谐是社会各构成要素之间良性互动，社会成员之间相互接纳、平等相处的生活状态。社会工作所擅长的、面对面的、深入人心的、人性化的服务，在化解矛盾和冲突时所产生的促进社会和谐的作用，是一般行政方法所不能替代和无法比拟的。

（4）推动社会进步。社会进步的最主要标准是困难群体生活状况的改善。社会工作可以促进社会服务领域的就业，也可以通过参与就业培训和社区社会资本建设促进经济发展；社会工作鼓励服务对象参与社会生活和社会治理，促进社会民主制度建设；社会工作可以以自己的专业服务倡导社会慈善、志愿服务和社会关怀，建构良好的社会文化氛围；社会工作还可以通过修复和改善人与社会环境的关系，促进社会和谐与社会进步。

### 考点4：我国社会工作发展的基本原则

考点解读：本考点是近年新增考点之一，目前在考题中尚未出现。考生可以结合教材中社会工作价值观内容模块进行理解。

我国的社会工作要遵循的基本原则包括以下4个方面。

1. 坚持中国共产党的领导

社会工作发展坚持中国共产党的领导包括：社会工作的发展要符合中国共产党确立的发展中国特色社会主义的政治方向；要准确理解和认真贯彻党的改善民生的各项政策；要认真贯彻和实施党和政府有关发展社会工作的政策；社会工作群体要自觉地在思想上、政治上、行动上同党中央保持高度一致。

2. 坚持社会主义核心价值观的引领

社会工作是为人民服务的专业活动，它在宏观上追求社会的民主与和谐、追求社会进步，在社会层面上追求社会公平正义和包容，社会工作在职业行动上崇尚敬业、诚信，真心实意地为困难群体和有需要的人士服务。在这些方面，社会工作所遵循的与社会主义核心价值观是一致的。用社会主义核心价值观引领社会工作事业的发展，将会使社会工作得到更有力的政治认同和更广泛的社会认同，也会更好地促进社会工作的发展。

3. 坚持以人民为中心的理念

社会工作把有需要的个人、群体、社区作为自己的服务对象，也就是把他们放在中心位置。社会工作服务以服务对象生活状况的改变、能力的发展为目标，并以此作为自己服务成败的衡量标准，这就必然会持守以服务对象和人民为中心的理念。社会工作的发展要以人民为中心，既反映了社会工作专业的本质特征，也为我国社会工作的健康发展指明了方向。

4. 坚持职业化、专业化、本土化的发展路径

社会工作要走职业化之路，就是要使社会工作成为令人尊敬的职业，要开发社会工作岗位，形成社会工作的职业体系。社会工作要走专业化之路，就是要借鉴国际社会工作专业发展的经验，使社会工作服务有更多的专业性和专业技术含量，更好地满足服务对象的需要。社会工作要走本土化之路，就是要立足中国实际，运用和挖掘本土社会服务的经验，形成有中国特色的社会工作模式。

## 第三节  社会工作的要素

### 考点 5：社会工作的要素

**例题：**（2023 年单选题）社会工作者小李正在设计关爱低收入家庭子女的项目。下列做法中，最能体现小李资源筹措者角色的是（　　）。

A. 邀请低收入家庭子女参加自我探索活动

B. 协助低收入家庭子女成立英语学习小组

C. 组织低收入家庭子女参加抗逆力成长小组

D. 招募志愿者为低收入家庭的子女补习功课

**答案：**D

**考点解读：**本考点属于本章高频考点，主要考查三部分知识：一是社会工作的要素；二是社会工作者的角色；三是社会工作者的核心能力。考生在复习时要注意角色的区分及核心能力的区分。

1. 社会工作的要素

（1）社会工作的对象。服务对象是社会工作者直接服务或帮助的对象，是物质上、精神上、社会关系上遇到困难、需要社会工作者提供帮助的个人或群体。

①社会工作的基本对象：孤儿、无依无靠的老人和残疾人、精神病患者、因自然灾害和社会原因而陷入困难境地的人。

②社会工作对象的扩大：主要表现为从帮助物质生活上最困难的人逐步扩展到所有基本生活遇到困难且难以自拔而需要帮助的人，从陷入困境的个体和家庭到有问题、欠发展的社区，从困难民众到一般公众。

（2）社会工作者。

①社会工作者的特征：接受一定的专业教育或培训、从事职业化社会服务的人。

②社会工作者的角色：在助人过程中，承担直接服务、间接服务和合并角色。具体见下表。

**社会工作者的角色**

|  |  | 主要内容 |
| --- | --- | --- |
| 直接服务角色 | 服务提供者 | 包括提供物质帮助和劳务服务，也包括提供心理辅导，还包括政策信息的提供 |
| | 治疗者 | 当某些服务对象发生行为偏离时，社会工作者就要帮助服务对象发现自己行为的问题、重塑其行为，以及对他们的行为进行矫正，以帮助他们建立正确的行为方式和生活方式 |
| | 支持者 | 社会工作者应该成为服务对象积极反应的支持者、鼓励者，并应尽量创造条件使服务对象自立或自我发展 |
| | 关系协调者 | 帮助服务对象学习处理社会关系的技巧，协助他们处理好与他人及环境的不和谐关系，并建立起协调关系 |

| | | 主要内容 |
|---|---|---|
| 直接服务角色 | 倡导者 | 包括对政府行为的倡导和对服务对象行为的倡导。前者可以称为政策倡导，后者可以称为社会倡导。社会倡导属于直接服务，它是社会工作者向服务对象提倡某种合理行为，并指导他们成功 |
| 间接服务角色 | 行政管理者 | 对社会工作过程进行有效控制，即对助人过程有一个科学的设计，并力图使实际助人过程能合理、有效地展开，同时要与助人相关的资源、信息进行协调、安排和管理，特别是不要出现意外 |
| | 资源筹措者（资源链接者） | 为了有效帮助他人，社会工作者常常需要联络政府有关部门、福利服务机构的负责人或同事、志愿组织甚至广大社会群体，向他们争取服务对象所需要的资源，并将它们传递到服务对象手中，以解决问题 |
| | 政策影响者 | 当社会工作者在服务过程中发现某些问题具有普遍性时，就应该向有关政府部门提出建议，制定、修订和完善政策，这就是政策倡导的过程。政策倡导可以避免社会问题的再次发生和减缓社会问题。在这种情况下，社会工作者就扮演着政策影响者的角色 |
| 合并角色 | | 包含了多种功能的综合角色，这种合并角色既包括直接服务也包含间接服务，而且也可能包括不同角色中的互相连带的做法 |

（3）社会工作价值观。利他主义，即以帮助他人、服务他人、促进社会福利和社会公正为自己行动的目标。价值观是社会工作的灵魂。

（4）专业助人方法。社会工作是专业的助人活动，助人方法作为达到助人目的的手段和措施，在服务过程中占有十分重要的地位。

（5）助人活动。助人活动是社会工作者依据其价值观利用专业方法向服务对象提供帮助或服务的行动，也是社会工作者与服务对象的互动及合作的过程，它是社会工作的外在表现。

2. 社会工作者的核心能力

（1）沟通与建立关系的能力。社会工作者要同服务对象建立专业关系，要同机构成员及其他机构建立工作关系，并发展和维护这种关系，以推进社会服务。社会工作者要能够与不同的人打交道，进行有效沟通。

（2）促进和使能的能力。促进是指促进服务对象的改变，使能是要使服务对象有能力去应对问题，这包括要协助服务对象改善其生活机会，要向其提供建议和挖掘其潜能等。

（3）评估和计划的能力。面对服务对象的特定问题，社会工作者要有对问题进行预估的能力，了解问题的现状和性质的能力，制订计划的能力，动员和合理分配资源的能力，与服务对象一起有效地处理和解决问题的能力。

（4）提供服务和干预的能力。社会工作者的服务提供能力包括与服务对象建立和维持良好的专业关系，促进双方良好互动与合作的能力，在服务过程中对服务对象表示关心和保护，也包括对服务对象的某些偏差行为进行干预和指导，对不利的环境条件进行干预。

（5）**在组织中工作的能力**。社会工作者要具有能合理配置组织资源，有效地输送社会福利资源，监督这一过程的合理性与有效性，有效地促进服务任务的完成等能力。

# 第四节　社会工作的主要领域

### 考点6：社会工作的主要领域及服务领域的扩展

**例题：**（2023年单选题）社会工作者小赵筹备了"多彩生活，乐享晚年"主题小组活动，旨在促进老年人之间的沟通交流，营造和谐友爱氛围，引导老年人关心公共事务，帮助老年人从"老有所乐"到"老有所为"。小赵设计的上述小组服务，属于社会工作服务中的（　　）。

A. 老年社会工作　　　　　　　B. 社区社会工作

C. 家庭社会工作　　　　　　　D. 社会救助社会工作

**答案：**A

**考点解读：**本考点属于本章高频考点，包含两部分内容：一是主要服务领域，教材从各领域服务对象的需求、服务内容、服务的必要性等方面概括地介绍了各主要服务领域的工作；二是服务领域的扩展，包括从低收入群体到有需要人群、从关注社会问题到关注社会和谐发展、社会工作服务的新领域以及新发展阶段我国社会工作的新发展4个方面的内容（详见下表）。考生在复习时可结合《社会工作实务（初级）》教材进行理解。

**社会工作的主要领域**

| | 具体领域 | 服务内容 |
|---|---|---|
| 主要服务领域 | 儿童及青少年社会工作 | 最基本的服务包括对弃儿的救助，对残疾儿童的救助，对受虐儿童的援助，对儿童受教育权的保护，对童工的救助，对沾染不良行为的少年儿童的帮助，对青年在恋爱过程中出现问题的辅导和帮助等 |
| | 老年社会工作 | 以老年人为对象的专业服务，是用社会工作理念和方法帮助老年人解决其面临问题的服务<br>服务内容：贫困老人的救助及福利、独居老人的家庭服务、老人的医疗保健服务、离退休老人对社会生活的应对、老人的心理健康、老人丧偶后的生活适应、老人社会发展服务、老人社会参与等 |
| | 妇女社会工作 | 针对女性需要、为了促进女性的正常生活和发展而开展的专业服务工作。这里的女性包括从女童到成年和老年的所有女性 |
| | 残疾人社会工作 | 是针对残障人士开展的，以增强和恢复他们的生理和社会功能为目的的福利服务 |
| | 司法社会工作 | 为社区矫正对象、安置帮教对象及边缘青少年等特殊群体提供心理疏导、职业技能培训、就业安置等社会工作服务，其目的是提升上述人员的自我机能，恢复和发展其社会功能，最终达到预防犯罪、回归社会、稳定社会秩序的综合目标 |

续表

| | 具体领域 | 服务内容 |
|---|---|---|
| 主要服务领域 | 优抚安置社会工作 | 帮助和协助优抚安置服务对象及其相关人员和系统，整合社会资源，协调社会关系，预防和解决问题，恢复和改善社会功能，改善优抚安置人员的生活，促进其更好地适应社会和增进其福祉的活动 |
| | 社会救助社会工作 | 是针对社会救助对象开展的社会服务。社会工作者在实施社会救助的过程中扮演着重要角色，可以通过深入了解救助对象的需要，运用专业方法更好地向他们提供服务 |
| | 家庭社会工作 | 以家庭整体为服务对象，其目的是通过协调家庭成员之间、家庭与环境之间的关系，帮助恢复家庭的正常生活，发挥其正常功能 |
| | 学校社会工作 | 以帮助学生正常学习和健康成长为目的的专业服务，包括：治疗型学校社会工作、变迁型学校社会工作、社区-学校社会工作 |
| | 社区社会工作 | 以社区为对象，解决与社区居民基本生活相关的公共问题、促进社区和谐与社区发展的专业社会服务。主要分为城市社会工作和农村（乡村）社会工作 |
| | 医务社会工作 | 在医疗、卫生、保健领域实施的社会工作。在医治过程中，社会工作者则可以帮助建立良好的医患关系，促进患者与医生之间的良好合作。此外，社会工作者还可以在具体的医疗过程前后，帮助建立患者与社区之间的良好关系 |
| | 企业社会工作 | 运用专业方法，通过心理辅导、开展服务和培训来提高职工的能力，使其更好地适应企业的生产；可以通过改善领导层与职工的沟通及推进参与来改善劳资关系、维护职工的合法权益；也可以通过帮助职工进行职业生涯设计来提高职工的积极性 |
| 社会工作领域的扩展 | 从低收入群体到有需要人群 | 最初，社会工作关心的主要是贫困群体，特别是极度贫困和处于严重困境中的老人、残疾人、孤儿。后来社会工作将服务范围扩大至其他遭遇生活困难而不能自拔的人群。即不管是何人，只要他们的正常生活遇到困难而难以正常进行，都可以成为社会工作的服务对象 |
| | 从关注社会问题到关注社会和谐发展 | 社会工作在传统上关注社会问题，如贫穷问题、心理健康问题等。现在的社会工作除了关注社会问题，还特别关注社会和谐与社会发展，在关注社会问题的同时也关注各类社会群体的正常需求的满足，关注人们共享社会进步的成果 |
| | 社会工作服务的新领域 | 主要包括这几个方面：就业促进工作—促进就业、心理健康服务；减灾社会工作—救灾、减灾和灾后重建；精神卫生社会工作—精神抑郁者、严重精神障碍者等；发展性社会工作—对福利性社会服务的反思 |
| | 新发展阶段我国社会工作的新发展 | 主要包括：社会工作深入参与创新社会治理、社会工作助力实现共同富裕、乡镇（街道）社会工作服务站建设 |

## ▶【模拟训练】

### 一、单项选择题（每题的备选项中，只有 1 个最符合题意）

1. 习近平总书记在 2020 年 2 月 23 日《在统筹推进新冠肺炎疫情防控和经济社会发展工作部署会议上的讲话》中指出，要"发挥社会工作专业优势，支持广大社工、义工和志愿者开展心理疏导、情绪支持、保障支持等服务"。下列最能反映社会工作专业优势的是（　　）。

　　A. 社会工作的专业化和职业化　　　　B. 社会工作的本土化和行政化
　　C. 社会工作的专业理念和专业方法　　D. 社会工作的问题意识和政策思路

2. 社会工作者老李为 10 岁的困境儿童小蕾提供服务。老李评估发现，小蕾母亲因残疾无法正常工作，父亲因抢劫罪刚刚入狱服刑，尽管小蕾家领取最低生活保障金后能维持基本生活，但小蕾觉得会被社区其他孩子看不起，一直郁郁寡欢。下列老李的服务中，体现促进小蕾与社会环境相互适应功能的是（　　）。

　　A. 邀请小蕾参加社区举办的兴趣小组　　B. 协助小蕾母亲申请残联的残障补贴
　　C. 协调小蕾定期联系正在服刑的父亲　　D. 联系小蕾亲戚商议其日常生活照顾事宜

3. 在社会工作者老李的带领下，社区助老服务队向社区居民宣传助人互助的精神，促进邻里相互关爱、相互扶助，现在越来越多的居民加入了社区助老服务队。上述老李的做法，体现了社会工作在文化层面的目标（　　）。

　　A. 激发潜能　　　B. 促进社会公正　　　C. 促进发展　　　D. 促进社会团结

4. 下列社会工作者的服务中，体现建构社会资本功能的是（　　）。

　　A. 老张采用小组工作方法帮助刑满释放人员重建自信，促进其就业
　　B. 老杨采用心理辅导方法舒缓失独老人哀伤情绪，改善其生活质量
　　C. 老田联系电影院为视力障碍人士举办听影活动，促进其支持网络建立
　　D. 老李通过"四点半课堂"为城市低收入家庭儿童开展助学活动，改善其学业状况

5. 小李是某职业中学的驻校社会工作者。在一次个别辅导中，小李的督导建议他更多地扮演倡导者角色为学生们提供服务。下列小李的服务中，能够体现社会工作者直接服务倡导者角色的是（　　）。

　　A. 激发厌学学生学习动机和克服厌学的情绪
　　B. 建议手机依赖学生每天减少玩手机的时间
　　C. 招募志愿者参与职业中学的伙伴成长计划
　　D. 撰写职业中学学生就业影响因素分析报告

6. 下列人员中，属于社会工作基本对象的是（　　）。

　　A. 面对巨额房贷压力的年轻公职人员　　B. 需要接受督导的新入职社会工作者
　　C. 不熟悉电脑但需用网课教学的教师　　D. 生活在商品房小区的独居高龄老人

7. 关于社会工作要素的说法，正确的是（　　）。

　　A. 社会工作者是从事志愿服务的人
　　B. "助人"是专业社会工作的核心价值

C. 社会工作价值观必须通过专业实践养成

D. 助人活动是社会工作者与服务对象互动合作的过程

8. 某新建小区居民之间互不认识，对社会工作服务也缺乏了解，项目推进遇到了困难，新入职的社会工作者小王感到力不从心。对此，小王主要需要提升的是（　　）。

A. 提供服务和干预的能力　　　　　B. 促进和使能的能力

C. 沟通和建立关系的能力　　　　　D. 评估和计划的能力

9. 下列活动中，最适宜企业社会工作者参加的是（　　）。

A. 职工的技术培训　　　　　　　　B. 职工的团队建设

C. 职工的绩效发放　　　　　　　　D. 职工的档案管理

10. 单亲妈妈张女士独自抚养女儿，因工作繁忙，平时顾不上女儿的学业。最近，女儿成绩下滑明显，张女士批评女儿学习不刻苦，女儿觉得十分委屈，抱怨母亲对自己关心不够，母女之间因此经常发生争吵。为此，张女士向社会工作者小刘求助。小刘一方面缓和母女之间的紧张关系，教导张女士亲子沟通的技巧；另一方面链接志愿服务资源，辅导张女士女儿的功课。小刘的服务领域主要是（　　）。

A. 医务社会工作　　　　　　　　　B. 学校社会工作

C. 家庭社会工作　　　　　　　　　D. 社区社会工作

## 二、多项选择题（每题的备选项中，有2个或2个以上符合题意，至少有1个错项。错选，不得分；少选，得部分分）

1. 某地区地震后，社会服务机构派遣社会工作者到灾区开展服务，社会工作者组织志愿者发放救灾物资，为失去亲人的受灾群众提供心理支持，走访困难的受灾家庭，并为他们联系资源，该机构提供的上述服务体现了社会工作（　　）的目标。

A. 解救危难　　　　　B. 缓解困难　　　　　C. 促进发展

D. 拓展工作对象　　　E. 解决社会问题

2. 2017年政府工作报告指出"促进专业社会工作、志愿服务发展"，这是"专业社会工作"连续两年被写入政府工作报告。关于社会工作特点的说法，正确的有（　　）。

A. 社会工作应以维护社会稳定为目标

B. 社会工作遵循尊重平等的服务理念

C. 社会工作需要团队协同来解决问题

D. 社会工作是重点服务困难群体的职业活动

E. 社会工作需要在科学理论指导下采取行动

3. 小冯是一名刚入职的社会工作者，目前的工作任务：一是向同事了解机构的宗旨、服务内容和特色；二是深入社区开展入户探访，了解社区居民的问题和需求。小冯完成这些任务需具备的能力有（　　）。

A. 动员的能力　　　　　B. 沟通的能力　　　　　C. 管理的能力

D. 干预的能力　　　　　E. 评估的能力

4. 社会工作者小刘为社区残障老年人配备轮椅，联系轮椅厂家入户调试和指导使用，组织社区志愿者定期上门了解情况并提供服务。上述小刘的做法，涉及的社会工作领域包括（　　）。

A. 残疾人社会工作　　　　　　　　B. 医务社会工作

C. 社区社会工作　　　　　　　　　　D. 矫正社会工作

E. 老年社会工作

5. "助力单亲妈妈就业"项目旨在解决社区单亲妈妈就业难的问题，社会工作者小李一方面根据单亲妈妈的实际情况，给予针对性的就业技能培训和求职辅导服务；另一方面利用网络平台整合辖区单位资源，为单亲妈妈寻找合适的就业岗位。小李的做法反映出社会工作者在服务对象层面的功能有（　　　）。

A. 构建社会资本　　　B. 恢复正常生活　　　C. 吸引社会关注

D. 促进社会适应　　　E. 推动个人发展

## 【模拟训练参考答案】

一、单项选择题

1. C　　2. A　　3. D　　4. C　　5. B　　6. D　　7. D　　8. C　　9. B　　10. C

二、多项选择题

1. ABC　　2. DE　　3. BE　　4. ACE　　5. BDE

# 第二章 社会工作价值观与专业伦理

**【本章知识体系图】**

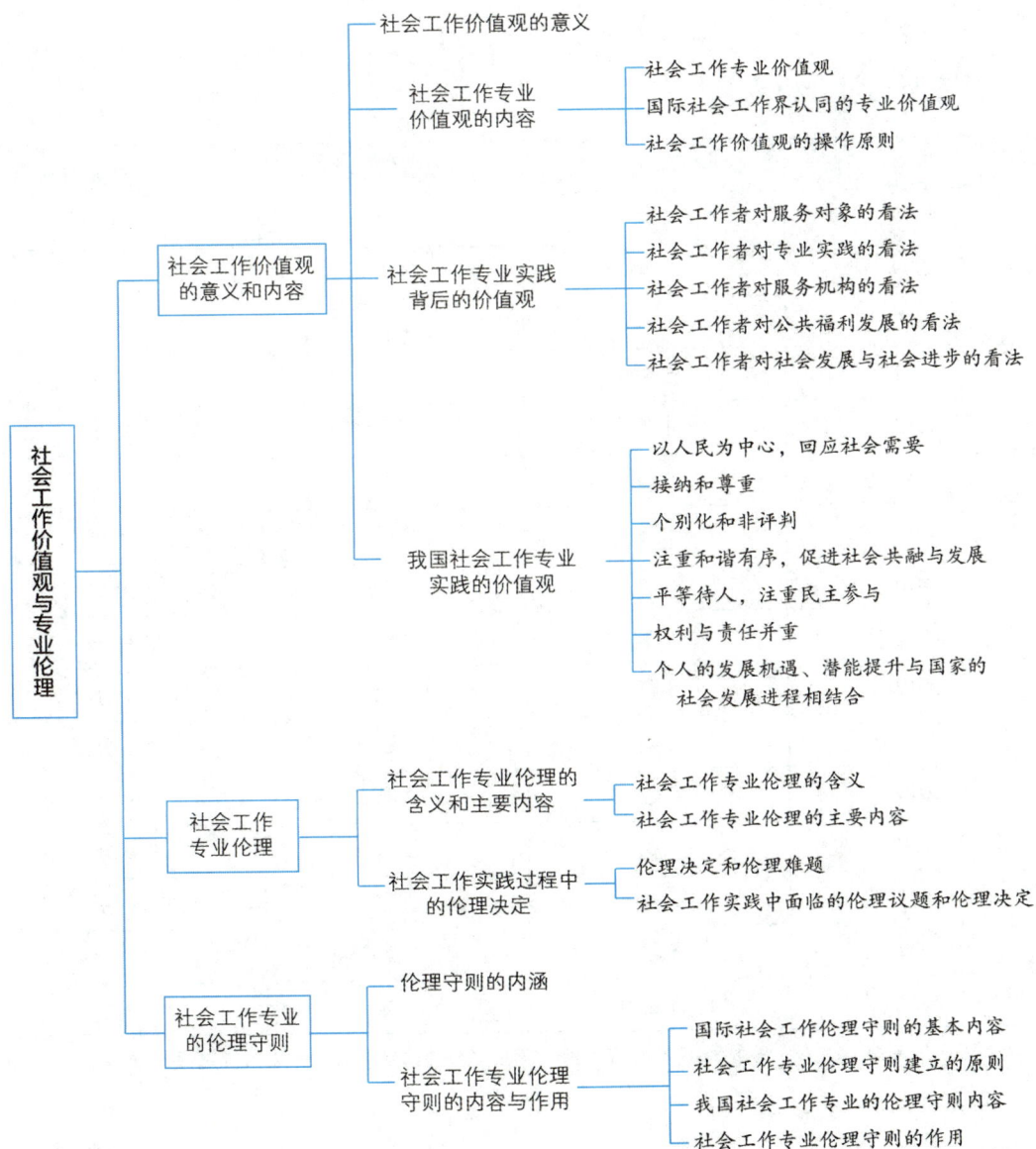

```
社会工作价值观与专业伦理
├─ 社会工作价值观的意义和内容
│   ├─ 社会工作价值观的意义
│   ├─ 社会工作专业价值观的内容
│   │   ├─ 社会工作专业价值观
│   │   ├─ 国际社会工作界认同的专业价值观
│   │   └─ 社会工作价值观的操作原则
│   ├─ 社会工作专业实践背后的价值观
│   │   ├─ 社会工作者对服务对象的看法
│   │   ├─ 社会工作者对专业实践的看法
│   │   ├─ 社会工作者对服务机构的看法
│   │   ├─ 社会工作者对公共福利发展的看法
│   │   └─ 社会工作者对社会发展与社会进步的看法
│   └─ 我国社会工作专业实践的价值观
│       ├─ 以人民为中心，回应社会需要
│       ├─ 接纳和尊重
│       ├─ 个别化和非评判
│       ├─ 注重和谐有序，促进社会共融与发展
│       ├─ 平等待人，注重民主参与
│       ├─ 权利与责任并重
│       └─ 个人的发展机遇、潜能提升与国家的社会发展进程相结合
├─ 社会工作专业伦理
│   ├─ 社会工作专业伦理的含义和主要内容
│   │   ├─ 社会工作专业伦理的含义
│   │   └─ 社会工作专业伦理的主要内容
│   └─ 社会工作实践过程中的伦理决定
│       ├─ 伦理决定和伦理难题
│       └─ 社会工作实践中面临的伦理议题和伦理决定
└─ 社会工作专业的伦理守则
    ├─ 伦理守则的内涵
    └─ 社会工作专业伦理守则的内容与作用
        ├─ 国际社会工作伦理守则的基本内容
        ├─ 社会工作专业伦理守则建立的原则
        ├─ 我国社会工作专业的伦理守则内容
        └─ 社会工作专业伦理守则的作用
```

## 【本章导学】

本章主要介绍了社会工作价值观的意义及其内容，社会工作专业伦理的主要内容、伦理决定及伦理守则的相关内容，社会工作价值观和专业伦理在实践过程中需要注意的问题。考生需要重点理解、掌握社会工作价值观及专业伦理守则相关内容，并运用相关知识对实践进行分析和讨论。2021年，本书编委会对本章节内容作了较大改动，且社会工作专业伦理部分内容的比重有较大增加。

## 【历年题型题量分析表】

| 年份 | 单选 | 多选 | 合计分值 |
|---|---|---|---|
| 2008 | 6题 | 2题 | 10分 |
| 2009 | 13题 | 4题 | 21分 |
| 2010 | 5题 | 2题 | 9分 |
| 2011 | 5题 | 2题 | 9分 |
| 2012 | 4题 | 2题 | 8分 |
| 2013 | 5题 | 2题 | 9分 |
| 2014 | 5题 | 2题 | 9分 |
| 2015 | 6题 | 2题 | 10分 |
| 2016 | 5题 | 2题 | 9分 |
| 2017 | 5题 | 2题 | 9分 |
| 2018 | 4题 | 2题 | 8分 |
| 2019 | 5题 | 2题 | 9分 |
| 2020 | 5题 | 2题 | 9分 |
| 2021 | 5题 | 2题 | 9分 |
| 2022 | 5题 | 2题 | 9分 |
| 2023 | 5题 | 2题 | 9分 |

注：单项选择题每题1分，多项选择题每题2分（错选，本题不得分；少选，所选每个选项得0.5分）。

# 本章**考点解读** ★☆☆

## 第一节 社会工作价值观的意义和内容

### 考点 1：社会工作价值观的意义

**例题：**（2023 年单选题）关于社会工作价值观的说法，正确的是（ ）。

A. 社会工作价值观是社会工作专业区别于其他专业的重要标志

B. 社会工作的专业价值目标可以分为过程性目标和终极性目标

C. 社会工作价值观是社会工作者和服务对象需共同遵守的原则

D. 社会工作价值观在全世界不同国家呈现出比较大的差异性

**答案：**A

**考点解读：**本考点仅在 2009 年、2015 年、2017 年及 2023 年的考题中出现。复习时需要考生在理解的基础上记忆社会工作价值观的作用、意义以及其在实践工作中的体现。

社会工作价值体系的意义表现在以下 3 个方面：

（1）社会工作价值体系确定专业的使命和核心关怀所在，从而确立了社会工作专业本身的专业特质，使得它同其他社会科学表现出明显的区别。

（2）社会工作价值体系对专业人员的职责和行为规范提供了指引，从而确保专业行动在最大限度上保护服务对象的利益，减少对服务对象造成的各种潜在的或实际的伤害。

（3）社会工作价值体系通过对专业共同体的社会责任和道德义务进行明确规定，从而确保社会工作专业作为维护社会正义和公平的重要力量而发挥其应有的作用。

### 考点 2：社会工作专业价值观的内容

**例题：**（2022 年多选题）12 岁的小唐家境优越，父亲工作繁忙经常出差，母亲自己开店，闲时爱出去打牌，对小唐缺少关心。小唐常常骂人，欺负同学，在学校没有朋友，班主任将其转介给社会工作者老刘。老刘虽然不认同小唐的个人行为及其父母的教育方式，但仍然耐心地与他们进行沟通，建立信任关系，倾听他们的诉说，制订符合其需求的服务方案。上述老刘的做法，体现的社会工作价值观实践原则有（ ）。

A. 接纳 B. 非评判 C. 保密 D. 个别化 E. 案主自决

**答案：**AB

**考点解读：**本考点属于本章高频考点，要求考生把握社会工作价值观的内涵，需要在理解的基础上记忆，并运用社会工作的价值观分析案例。本考点在 2021 版教材中有较大变动，考生在复习时需注意。

1. 社会工作专业价值观

社会工作的专业价值观是指社会工作者长期奉行和遵守的一整套指导其实践的原则与理念。

2. 国际社会工作界认同的专业价值观

服务大众；践行社会公正；强调服务对象个人的尊严和价值；注重服务中人与人之间关系的重要性；待人真诚和守信；注重能力培养和再学习。

3. 社会工作价值观的操作原则

（1）基本信念。

①尊重：在服务过程中，社会工作者不应将自身的价值观强加于服务对象，更不应指责和批判服务对象的言行和价值观，也不能向服务对象发泄自己的负面情绪。

②独特性：社会工作者相信每个服务对象都是独特的。在服务过程中，社会工作强调针对每个服务对象的特点和个性，针对性地提供专业服务，真正落实"个别关怀，全面服务"的原则。

③相信人能改变：社会工作者坚信人有能动性，具备改变的潜力。在社会工作实践中，社会工作者始终相信服务对象的潜能和能动性，坚信在经过专业服务与干预后，服务对象在心理、情绪、沟通技能和社会适应能力以及学习技巧等方面都会获得不同程度的提高，进而可以促成服务对象建立自信，帮助他们提升解决自身问题的能力。

（2）实践原则。

①接纳：在专业服务过程中，社会工作者要从内心接纳服务对象，将他们看作工作过程中的重要伙伴；接纳不等于认同，它是指社会工作者对服务对象的价值观与个人背景特征等方面的一种包容，也是社会工作者对社会大众统一的服务态度，是建立专业助人关系的重要前提。

②非评判：在社会工作实践过程中，"非评判"原则具体体现为社会工作者对服务对象的性格、性取向、生活方式、宗教、政治倾向等不作倾向性的批评和判断，尊重服务对象在观念和生活方式上的选择。

③个别化：社会工作者应当尊重服务对象的个体差异，不应当使用统一的服务方法回应他们的独特需要。

④保密：社会工作者应当保护服务对象的隐私。未经服务对象同意或允许，社会工作者不得向第三方透露涉及服务对象个人身份资料和其他可能危害服务对象权益的隐私信息。但涉及生命安全与涉及违反法律的除外。

⑤当事人自决：服务对象有权利在充分知情的前提下选择服务的内容、方式，并在事关服务对象利益的决策中起到主导作用。如果服务对象没有能力进行选择和决策，社会工作者应根据法律或有关规定由他人代行选择和决策权利。

4. 社会工作专业实践背后的价值观

（1）社会工作者对服务对象的看法。在服务过程中，社会工作者应将服务对象看作一个与自己有平等价值的人，是有潜力改变和有能动性的个体。

（2）社会工作者对专业实践的看法。社会工作是一种专业活动，非常注重专业精神和价值。

（3）社会工作者对服务机构的看法。在机构管理实践中，社会工作者有权对服务机构的运作、服务模式、人员管理等提出自己的意见或建议；社会工作者也有义务帮助服务机构的管理者不断提高机构的管理与服务水平。

（4）社会工作者对公共福利发展的看法。社会工作的一个重要目标是促进社会福利的发展和公民福祉的改善，从而改善社会治理与公民的生活质量。

（5）社会工作者对社会发展与社会进步的看法。社会工作者应对社会发展与社会进步持乐观态度；社会工作者应以理想主义的精神积极推动社会发展与社会进步；社会工作者认为通过社会服务和社会政策干预可以减少并预防社会问题，从而促进社会发展与社会进步。

5. 我国社会工作专业实践的价值观

（1）以人民为中心，回应社会需要。社会工作者应该本着以人民为中心、为广大人民群众和服务对象着想和谦和的态度，真诚地对待服务对象的问题和需要，及时地回应他们，并通过专业服务来满足服务对象的需要。

（2）接纳和尊重。对社会工作者来说，无论在哪一个阶段的服务过程中，都应该首先从内心真诚地对待所有服务对象，对服务对象采取宽容和尊重的态度。

（3）个别化和非评判。社会工作者应充分尊重每个服务对象的个性与人格，充分理解服务对象之间存在的差异。

（4）注重和谐有序，促进社会共融与发展。和谐的内容包括多个层面，涉及家庭关系和谐、人际关系和谐、群体关系和谐、干群关系和谐以及社区和谐等；发展则要求社会工作者要不断探索与总结新的理论、经验和方法，不断提升社会行政与社会服务的水平，通过人性的、有效的社会行政与管理，落实社会政策，实施有效的和适当的社会服务，从而解决各种社会问题，满足不同人群的社会需要。

（5）平等待人，注重民主参与。社会工作者要充分尊重服务对象的意愿和想法，主动询问服务对象对问题的看法，尽量减少其主观判断和意见。

（6）权利与责任并重。社会工作者要将助人、满足困难人群需要和解决实际问题等放在第一位，在服务过程中实践专业承诺。

（7）个人的发展机遇、潜能提升与国家的社会发展进程相结合。社会工作要帮助社会中有困难和有需要的人，通过提供必要的资源或服务来提升他们的自信心和能力，从而实现自立自强。

## 第二节　社会工作专业伦理

### 考点 3：社会工作专业伦理的含义和主要内容

**例题：**（2022 年单选题）助理社会工作师、社会工作师和高级社会工作师应当接受社会工作继续教育和培训，并将学到的社会工作理论和方法运用于实践，这主要体现的是社会工作者（　　）。

A. 对机构的伦理责任　　　　　　B. 对同事的伦理责任

C. 对社会的伦理责任　　　　　　D. 对专业的伦理责任

**答案：**D

**考点解读：**本考点属于本章高频考点。社会工作专业伦理包括基本原则和基本内容两部分。社会工作专业伦理作为社会工作价值观具体化的操作形式，通常以案例题的形式出现在往年考试中。

1. 社会工作专业伦理的含义

（1）价值观与伦理的联系与差异。

（2）社会工作专业伦理是一整套指导社会工作从业人员正确履行责任和义务，并预防道德风险的行为规范。社会工作专业伦理是从社会工作价值观中推导出来的，来源于社会工作价值观并且与价值观保持一致，是社会工作价值观的具体化。社会工作专业伦理在现实中就是以社会工作者的职业守则为准。

2. 社会工作专业伦理的主要内容

（1）基本原则：以服务对象为本；专业价值高于个人价值；坚持专业的权威性。

（2）基本内容。

①社会工作者对服务对象的伦理责任。社会工作者对服务对象负有不可推卸的伦理责任，实践活动必须以服务对象的利益为出发点，专业服务要注重体现尊重、保密和公平。

②社会工作者对同事的伦理责任。社会工作是一个服务协作和注重团队努力的专业活动，非常强调同事之间的合作精神。在专业服务过程中，社会工作者应彼此尊重、相互帮助。

③社会工作者对服务机构的伦理责任。社会工作者主要受雇于各种社会服务机构，在特定的组织环境下开展专业服务。因此，如何处理好与服务机构的关系，在伦理上把握好责任和义务，是社会工作者在专业实践中必须考虑的问题。

④社会工作者作为专业人员的伦理责任。社会工作是一门助人的专业，强调专业主义精神和为服务对象谋福祉的伦理义务。

⑤社会工作者对社会工作专业的伦理责任。社会工作作为一个专业，每一名社会工作者都对该专业的发展负有责任。同时，社会工作者的实践本身也在影响专业的社会评价与专业权威。因此，社会工作者有责任促进专业的权威及其发展。

⑥社会工作者对全社会的伦理责任。社会工作的核心目标是促进社会福祉的发展和促进社会进步，因此，社会工作者的职责和专业实践始终对社会有着不可推卸的责任和道义承担。

### 考点4：社会工作实践过程中的伦理决定

**例题：**（2023年单选题）社会工作者老张在与服务对象小王会谈时得知他近期失业了，无力偿还房贷，生活压力很大。小王向老张表示活着真没意思，透露出自杀的想法，还准备收集安眠药，并要求老张为其保密。此时，老张在服务中首先应当遵循社会工作专业伦理原则中的（　　　）。

A. 保护生命原则　　　　　　　　　　B. 隐私保密原则

C. 最小伤害原则　　　　　　　　　　D. 差别平等原则

**答案：**A

**考点解读：**本考点属于本章高频考点，且题量逐年增长，要求考生能够根据伦理议题的模拟情境选择适当的处理方式。

1. 伦理决定和伦理难题

（1）伦理决定的含义。伦理决定就是指人们必须在行动或实践过程中决定哪一种行为是好的或正确的，必须判断行动或实践本身对受助者的影响，以符合专业行为的道德要求。对社会工作者来说，在伦理决定过程中，必须首先尊重受助者的尊严和独特性；其次努力促成受助者的自我决定。

（2）伦理议题与伦理难题的含义。伦理议题就是在专业实践中，社会工作者遇到的诸多与助人实践相关的伦理问题，它们是在社会工作者面对服务对象的微观实践和保障服务对象权益的宏观实践中都将面临的重要伦理思考和抉择，这些伦理议题涉及服务对象的基本权益，也涉及社会工作者与服务对象、与服务机构的关系等诸多方面的情形。对社会工作者而言，如果不能妥善处理好实践中的伦理议题，它就很可能变成一种伦理难题。

（3）社会工作实践和伦理决定的关系。社会工作过程本身是一种道德实践，它不可避免地涉及诸多的伦理决定，牵涉到专业社会工作者和受助者的价值观和伦理选择。社会工作者要遵循一定的道德和伦理规定，并在特定的环境下对伦理难题进行充分的分析，在尽力减少伤害和风险的基础上找到一个可能的最佳方案。因此，社会工作者在实践中首先要清楚如何作一个正确的伦理决定，然后再仔细分析如何解决相应的伦理难题。

2. 社会工作实践中面临的伦理议题和伦理决定

（1）伦理议题的主要内容。

①服务对象自决；②保密议题；③专业关系；④知情同意；⑤多元文化；⑥专业能力。

（2）伦理决定的核心价值观。

①尊重受助者的尊严和独特性；②努力促成受助者的自我决定。

（3）社会工作实践中的伦理决定。

无论在何种情形下，社会工作实践中的伦理难题及其行动抉择，必须按照价值观和伦理顺序的优先性安排，妥善处理好责任与义务的关系。

①保护生命原则：在社会工作实践中，保护生命原则高于其他所有伦理原则，社会工作者不仅有义务保护受助者的生命，也应保护其他所有人的生命。

②差别平等原则：社会工作者要在实践中以平等的方式对待服务对象，同时又要注重服务对象的差异，在助人过程中充分把握好平等待人和个别化服务的理念。

③自由自主原则：主要体现为社会工作者充分调动服务对象在服务参与中的积极性和能动性，充分尊重服务对象的意见，鼓励服务对象表达不同意见，注重倾听服务对象的意见和声音，尊重服务对象在服务过程中的选择和决定。

④最小伤害原则：社会工作者在作伦理决定和提供服务中，要尽力保护服务对象的利益不受到侵害，要最大可能地预防和减少伦理决定和服务对服务对象的身体、心理和精神上的可能伤害，尽可能实现利益最大化。

⑤生命质量原则：通过社会服务和政策干预，满足服务对象的需要，不断提升服务对象的福祉，促进服务对象生活水平的提高和社会融入的程度。

⑥隐私保密原则：始终遵守保护受助者个人隐私和有关信息的承诺，绝不能轻易泄露服务对象的私人信息以及同服务相关的隐秘信息，以保护服务对象的个人权益。

⑦真诚原则：体现为社会工作者要与服务对象适当交心，在交流过程中做到可以向服务对象适当坦露心迹，分享自己的生命故事甚至痛苦经验，通过真诚的沟通建立相互信任的关系。

（4）社会工作实践中的伦理决策模式。这一模式主要包括以下 8 个步骤：①确认问题或困境；②厘清相关的潜在议题；③检阅相关伦理守则；④了解可运用的法律规章；⑤寻求专业咨询;⑥思考各种可能采取的行动;⑦列举和思考不同决定可能的结果;⑧选择最恰当的行动。

# 第三节 社会工作专业的伦理守则

### 考点5:社会工作专业伦理守则的内容与作用

**例题:**(2021年单选题)社会工作者在提供专业服务时,应不断规范自己的行为,践行价值理念和服务承诺。这体现了社会工作者( )。

A. 对服务对象的伦理责任  B. 对专业的伦理责任

C. 对服务机构的伦理责任  D. 对社会的伦理责任

**答案:**B

**考点解读:**本考点在历年考题中较少出现,要求考生把握社会工作专业伦理守则的内容。

1. 社会工作专业伦理守则的内涵

伦理是指一种专业范围内的价值观和道德约束,这些伦理包括:保密性、隐私、服务对象的自我决定、对机构的忠诚等。因此,社会工作专业范围内的伦理守则,主要是指通过专业价值观和专业共同体制定出的伦理守则,来约束社会工作者正确处理实践中的价值观问题。

2. 社会工作专业伦理守则的内容

(1)国际社会工作伦理守则的基本内容。①承认人类与生俱来的尊严;②促进人权;③促进社会正义;④促进自决的权利;⑤促进参与的权利;⑥尊重保密性和隐私;⑦把人视为全人;⑧合理使用科技和社交媒体;⑨专业诚信。

(2)社会工作专业伦理守则建立的原则。①现实需要和未来发展相结合;②本土社会的伦理实践与国际社会工作专业伦理规则相结合;③专业实践与政治实践互不冲突。

(3)我国社会工作专业的伦理守则内容。①尊重服务对象,全心全意服务;②信任支持同事,促进共同成长;③践行专业使命,促进机构发展;④提升专业能力,维护专业形象;⑤勇担社会责任,增进社会福祉。

以上内容实际上体现了以下几方面原则:以人为本,服务社会;协助政府,为民排忧解难;依法行政,促进社会正义,坚持公私分明;坚持普遍与个别相结合的原则;坚持倾听沟通,有效缓解矛盾,促进社会和谐;工作中同事之间密切配合,相互支持;有效落实政策实施与社会治理的理性原则,注重服务中的人性;兼顾个人利益与社会发展的需要两者的关系。

3. 社会工作专业伦理守则的作用

(1)保护服务对象的权益。(2)帮助社会工作者解决伦理难题。(3)促进专业的健康发展。(4)促进社会服务机构的能力建设。(5)维护社会正义。

▶ 【模拟训练】

**一、单项选择题（每题的备选项中，只有 1 个最符合题意）**

1. 社会工作者小周在为跟随子女到城市生活的老人提供服务时，充分考虑和尊重老人的文化背景、生活习惯等差异，得到老人们的一致好评。小周的工作体现的社会工作价值观是（ ）。

A. 个别化和非评判

B. 平等待人，注意民生参与

C. 注重和谐，促进发展

D. 个人发展与社会发展相结合

2. 社会工作者小李和小张在邀请社区老年人担任"社区秋季运动会"志愿者的问题上有不同意见。小李认为"老年人担任志愿者安全风险太大"，小张则认为"老年人担任志愿者有利于鼓舞人心"。一天，65 岁且身体硬朗的纪奶奶找到小李希望担任运动会志愿者。根据社会工作专业伦理责任，小李恰当的做法是（ ）。

A. 尊重纪奶奶的意愿，同意其担任志愿者并告知风险

B. 告知纪奶奶担任志愿者有安全风险，劝其放弃申请

C. 以个人原因为由，将纪奶奶转介给小张

D. 以名额已满为理由，婉拒纪奶奶的申请

3. 社会工作者小刘的服务对象张某因车祸身受重伤，在伤后康复训练期间，张某突然对小刘说："现在太辛苦了，我想活得轻松点儿！"之后他开始拒绝难度大的康复训练，并对家人提出各种苛刻的要求。面对此种情况，小刘经过与机构督导、康复训练师等相关专业人员讨论后，决定降低康复训练难度，并开展个案辅导。小刘的这种做法遵循的是（ ）。

A. 保护生命原则

B. 差别平等原则

C. 生命质量原则

D. 隐私保密原则

4. 某福利院的社会工作者小马发现院内一位失智老人的儿子伪造老人签名，将老人的房产转到自己名下。下列做法中，正确的是（ ）。

A. 家丑不可外扬，从维护老人利益的角度出发，小马要为此事保密

B. 根据服务对象自决的原则，老人不求助，小马不能采取行动

C. 这是老人的家事，小马不必干预

D. 小马应向福利院相关部门报告此事

5. 下列关于社会工作价值观的说法中，正确的是（ ）。

A. 社会工作者受过专业训练，知道什么是最佳服务方法，无须向服务对象说明

B. 社会工作者如果认为披露服务对象个人信息和隐私有利于服务工作的话，可以不必事先取得服务对象同意

C. 社会工作者在任何情况下都应该对服务对象的信息保密

D. 如果服务对象的决定可能危及自身或他人生命安全，社会工作者不必恪守服务对象自决原则

6. 某福利院在为院内智障青少年开设小组时发现，部分处于青春期的服务对象由于日常

接触增加，开始谈恋爱，其中两个男孩为了争女朋友大打出手，造成恶劣影响，这让社会工作者感到很为难，基于社会工作伦理难题处理的基本原则，社会工作者首先应（　　）。

A. 厘清社会工作者自身对于此事的价值观取向

B. 将智障青少年按照性别分别开展小组活动

C. 通知三个孩子的父母并告知发生的事情

D. 停止已经开展的小组工作并上报机构

7. 社会工作者小王刚从大学毕业，她的同学小张请她帮忙辅导。小王发现小张有严重的抑郁症状，但小王没有接受过这方面的严格专业训练。面对这种情况小王应（　　）。

A. 婉言谢绝请求，不采取行动

B. 根据接助的原则，大胆尝试辅导一下

C. 自学补充相关知识后接受请求

D. 建议小张到专业机构进一步评估和治疗

8. 社会工作者小张经过努力，帮助服务对象小强找到了合适的工作。小强妈妈为表示感谢，给小张女儿买了些零食，小张一再推辞。小强妈妈说社会工作者也要讲人情，不然她会觉得没面子，小张只好收下了零食。过了几天，小张买了一份价格相近的礼物送给小强，并鼓励他认真工作。上述小张的做法突出体现了社会工作专业伦理中的（　　）。

A. 恰当处理与服务对象双重关系　　B. 妥善处理与服务对象的利益关系

C. 谨慎处理和服务机构的利益关系　　D. 促进社会工作专业的权威及其发展

9. 某养老院的服务对象老王最近常常失眠，还总是怀疑自己的东西被别人偷走了，过几天又说找到了。养老院的护士建议家属带老王到医院精神科就诊，但老王不同意。为此，护士将老王转介给了社会工作者小丁。针对老王的情况，小丁首先应该做的是（　　）。

A. 与老王对质，请家属协助劝说老王去就诊

B. 替老王保密，不将老王目前的状况告知家属

C. 尊重老王的决定，建议护士暂不用理会老王的状况

D. 接纳老王的状况，与家属和医护团队商讨解决方案

10. 小红在接受社会工作者服务半年后，情况越来越好。小红的父母很感激社会工作者，邀请其参加家庭聚会，并希望与社会工作者进一步讨论小红的情况。根据社会工作专业伦理守则，社会工作者适宜的回答是（　　）。

A. "谢谢，我也想和你们聊聊孩子的情况。"

B. "对不起，周末要加班，再找其他机会吧。"

C. "不好意思，周末家里有事，下次有机会再去。"

D. "谢谢，我不方便去，你有时间的话，可以来机构找我。"

**二、多项选择题**（每题的备选项中，有2个或2个以上符合题意，至少有1个错项。错选，不得分；少选，得部分分）

1. 关于社会工作价值观操作原则的说法，正确的有（　　）。

A. 社会工作者不应与服务对象分享其私人经历和感受

B. 社会工作者应当用统一的服务方法回应不同服务对象的需要

C. 社会工作者应当运用专业知识替服务对象作决定

D. 社会工作者应当尽可能地保护服务对象的隐私

E. 社会工作者应当接纳服务对象的价值观和个人背景特征

2. 社会工作者小李在一个少数民族聚居区开展工作，他认真了解少数民族居民的生活习惯、宗教信仰与文化习俗，以增加对他们的了解，准确把握他们的需要。小李的这些做法体现了社会工作价值观中的（    ）原则。

A. 知情同意    B. 尊重    C. 包容    D. 接纳    E. 赞同

3. 有一天，入住某养老机构的王奶奶特意把社会工作者小范叫到房间，送给她一个钱包，感谢她一直以来的照顾，并偷偷告诉她，自己的入住担保人是朋友的女儿而不是自己的女儿，虽然不符合机构的规定，但还请小范保密。上述情况中，小范遇到的社会工作伦理难题有（    ）。

A. 价值介入与客观性的矛盾        B. 保密与信息披露的矛盾

C. 人情与法制及规定的矛盾        D. 个人利益与机构利益的矛盾

E. 服务对象自我决定与社会工作者决定的矛盾

4. 某养老机构的社会工作者大明在巡视老人房间时，发现服务对象孙奶奶正对着镜子看自己的头，经询问后得知，孙奶奶昨天在房间摔了一跤，头上碰了一个包。孙奶奶担心被人笑话，嘱咐大明千万不要告诉别人。根据社会工作专业伦理难题处理原则，大明恰当的做法有（    ）。

A. 积极做好防跌倒服务            B. 嘱咐孙奶奶在房间走动要小心

C. 劝说孙奶奶去医院检查          D. 提醒其他老人吸取孙奶奶的教训

E. 建议机构检查设施情况

5. 三个月前，社会工作者小刘推荐服务对象阿强参加了技能培训课程。最近，小刘发现阿强经常迟到、旷课，精神萎靡不振。在小刘一再追问下，阿强承认一个月前开始吸毒，但表示已开始努力改正，希望小刘不要告诉其母亲，也不要向公安机关报告。下列小刘的做法中，符合社会工作专业伦理守则的有（    ）。

A. 阿强已经知道错了，也表示要努力悔改，小刘不再告知任何第三方

B. 阿强已经在努力悔改中，小刘应答应替他保密并负责监督他的行为

C. 与阿强一起分析吸毒的危害，但对于是否向公安机关报告不作承诺

D. 向阿强说明家人可以督促其改正，是否告知家人由阿强自己来决定

E. 报告公安机关前，告知阿强有限度公开其信息的必要性及保密措施

## ▶【模拟训练参考答案】

一、单项选择题

1. A    2. A    3. C    4. D    5. D    6. A    7. D    8. B    9. D    10. D

二、多项选择题

1. DE    2. BCD    3. BC    4. ABCE    5. CDE

# 第三章　人类行为与社会环境

## 【本章知识体系图】

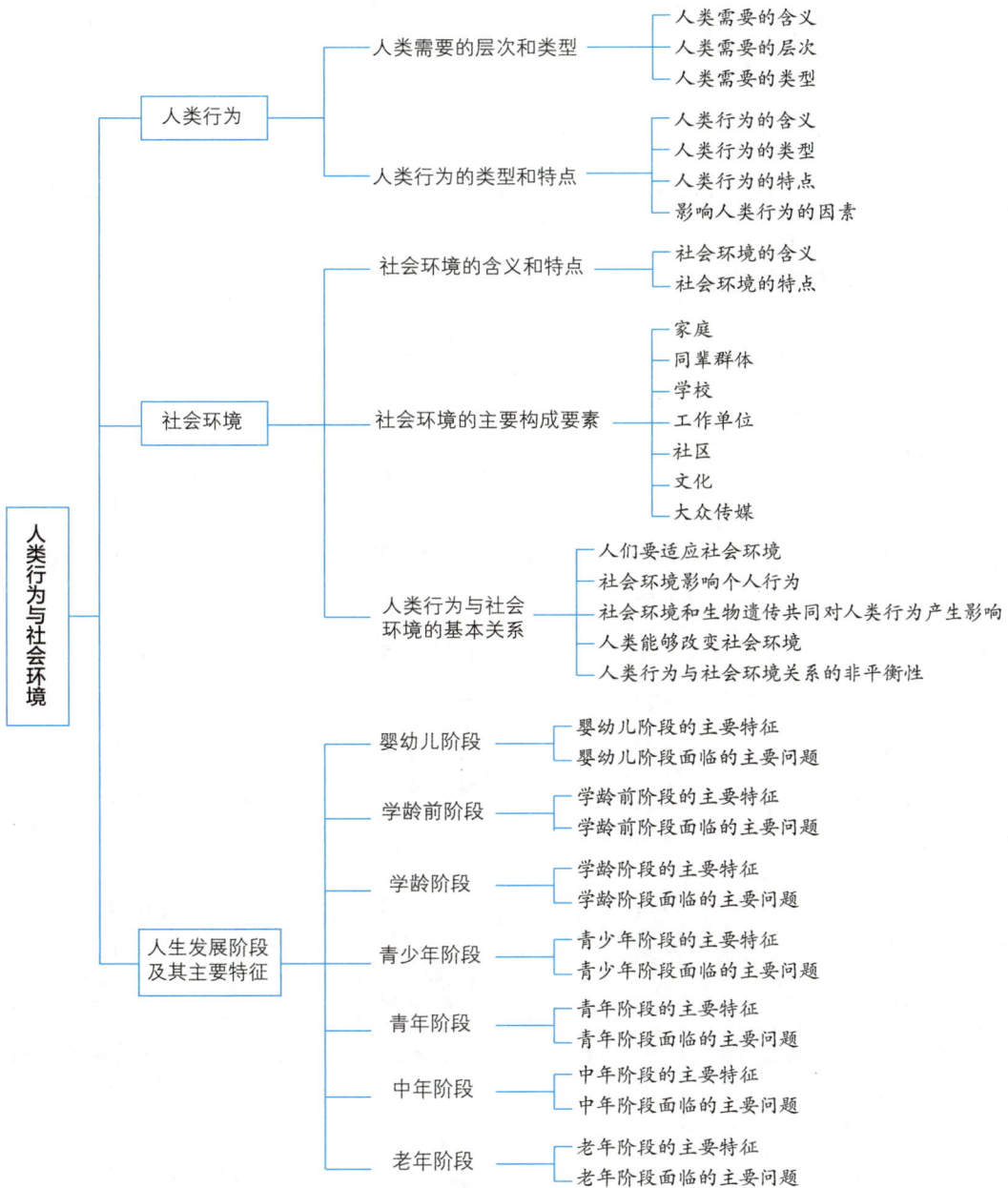

人类行为与社会环境
- 人类行为
  - 人类需要的层次和类型
    - 人类需要的含义
    - 人类需要的层次
    - 人类需要的类型
  - 人类行为的类型和特点
    - 人类行为的含义
    - 人类行为的类型
    - 人类行为的特点
    - 影响人类行为的因素
- 社会环境
  - 社会环境的含义和特点
    - 社会环境的含义
    - 社会环境的特点
  - 社会环境的主要构成要素
    - 家庭
    - 同辈群体
    - 学校
    - 工作单位
    - 社区
    - 文化
    - 大众传媒
  - 人类行为与社会环境的基本关系
    - 人们要适应社会环境
    - 社会环境影响个人行为
    - 社会环境和生物遗传共同对人类行为产生影响
    - 人类能够改变社会环境
    - 人类行为与社会环境关系的非平衡性
- 人生发展阶段及其主要特征
  - 婴幼儿阶段
    - 婴幼儿阶段的主要特征
    - 婴幼儿阶段面临的主要问题
  - 学龄前阶段
    - 学龄前阶段的主要特征
    - 学龄前阶段面临的主要问题
  - 学龄阶段
    - 学龄阶段的主要特征
    - 学龄阶段面临的主要问题
  - 青少年阶段
    - 青少年阶段的主要特征
    - 青少年阶段面临的主要问题
  - 青年阶段
    - 青年阶段的主要特征
    - 青年阶段面临的主要问题
  - 中年阶段
    - 中年阶段的主要特征
    - 中年阶段面临的主要问题
  - 老年阶段
    - 老年阶段的主要特征
    - 老年阶段面临的主要问题

## 【本章导学】

　　本章主要介绍有关人类行为与社会环境之间的关系，以及人生发展各阶段的主要特征和面临的主要问题。通过对往年真题的分析，考生应重点理解和掌握需要层次理论，社会环境的构成要素中的类型、特点及对人类行为的影响，人生不同阶段中面临的主要问题。本章节在考题中所占比例有逐年增加趋势，且考题大都以案例形式出现，因此考生在复习本章内容时要以理解和记忆为主。

## 【历年题型题量分析表】

| 年份 | 单选 | 多选 | 合计分值 |
| --- | --- | --- | --- |
| 2008 | 5 题 | 2 题 | 9 分 |
| 2009 | 1 题 | 3 题 | 7 分 |
| 2010 | 6 题 | 2 题 | 10 分 |
| 2011 | 6 题 | 1 题 | 8 分 |
| 2012 | 6 题 | 2 题 | 10 分 |
| 2013 | 5 题 | 2 题 | 9 分 |
| 2014 | 5 题 | 2 题 | 9 分 |
| 2015 | 5 题 | 1 题 | 7 分 |
| 2016 | 5 题 | 2 题 | 9 分 |
| 2017 | 5 题 | 2 题 | 9 分 |
| 2018 | 5 题 | 2 题 | 9 分 |
| 2019 | 5 题 | 2 题 | 9 分 |
| 2020 | 5 题 | 2 题 | 9 分 |
| 2021 | 6 题 | 2 题 | 10 分 |
| 2022 | 5 题 | 2 题 | 9 分 |
| 2023 | 5 题 | 2 题 | 9 分 |

注：单项选择题每题 1 分，多项选择题每题 2 分（错选，本题不得分；少选，所选每个选项得 0.5 分）。

# 本章考点解读 ★★

## 第一节　人类行为

### 考点 1：人类需要的层次和类型

**例题：**（2023 年单选题）孤独症儿童家长为应对孩子日常照顾压力，自发组建了家长互助群，以分享照顾经验，形成相互支持。根据马斯洛的需要层次理论，上述情形中，主要体现的家长的需要是（　　）。

A. 生理需要　　　　　　　　　　B. 尊重需要

C. 归属与爱的需要　　　　　　　D. 安全需要

**答案：**C

**考点解读：**本考点属于本章高频考点。从出题方式来看，既有直接考理论内容的，也有考理论比较的，还有考理论应用的。本考点要求考生把握人类需要的层次，区分人类需要的类型。

1. 马斯洛的需要层次论

（1）类型。生理需要、安全需要、归属与爱的需要、尊重的需要、自我实现的需要。

（2）观点。认为人只有满足了基本的低级需要后才会产生高级需要，最占优势的需要将支配一个人的意识和行为。

2. 阿尔德弗尔的 ERG 理论

（1）类型。生存的需要（E）、关系的需要（R）、成长的需要（G）。

（2）特点。不强调需要层次的顺序，认为某种需要在一定时间内对行为起作用，而当需要得到满足后，可能去追求更高层次的需要，也可能没有这种上升趋势；当较高级需要受到挫折时，可能会退而求其次；某种需要在得到基本满足后，其强烈程度不仅不会减弱，还可能会增强。

3. 莱恩·多亚尔和伊恩·高夫的需要理论

（1）观点。认为人类存在共同的、客观的需要，他们把人类的需要分为基本需要和中介需要。

（2）类型。基本需要包括身体健康和自主两个方面；中介需要是指那些在所有文化中能够促进身体健康和人的自主的产品、服务、活动和关系的特性。

4. 人类需要的类型

（1）按需要的起源可划分为生理性需要和社会性需要。

（2）从内容的角度可划分为物质需要和精神需要。

（3）按人们对需要的迫切程度可划分为生存性需要和发展性需要。

# 第二节　社会环境

### 考点2：社会环境的主要构成要素

**例题：**（2023年单选题）小明的父母对他的日常生活照顾非常用心，几乎包揽了一切事务；在学习上对小明非常严厉，要求学习成绩一定要保持在班级前五名，对此小明感到压力很大。小明父母的教养方式属于（　　）。

A. 娇纵型　　　　B. 支配型　　　　C. 专制型　　　　D. 放任型

**答案：** B

**考点解读：** 本考点是本章历年考题相对集中的内容，每年题量保持在2～3题，既有直接考理论内容的，也有考理论应用的（主要出题方式）。本考点要求考生把握社会环境的主要构成要素，尤其是家庭要素，能够结合案例分析人类行为受到了哪些社会环境因素的影响。

1. 家庭

（1）含义。家庭是社会最基本的单位，是人最原始、最根本的环境，也是人接触社会生活的基础。

（2）家庭的类型。①核心家庭：是指由一对夫妇及其未婚子女组成的家庭类型，这种家庭规模较小，家庭关系较为简单，是现代社会最主要的家庭形式。②主干家庭：是指由父母与一对已婚的子女共同居住生活的家庭类型，主干家庭是核心家庭在纵向上的延伸。③联合家庭：是指父母与多对已婚子女共同居住生活的家庭类型，在联合家庭中至少有两对同代的夫妇，除直系亲属关系外还存在旁系亲属关系，如妯娌关系，比较容易产生家庭矛盾。④单亲家庭：是指父母一方与未婚子女共同居住生活的家庭类型。造成单亲家庭的因素很多，如离婚、丧偶、未婚生育等。⑤丁克家庭：是指夫妇双方都有收入而没有孩子的家庭类型。

（3）家庭教养模式。①娇纵型：父母盲目地溺爱和疏于管束。②支配型：家长溺爱与严加管束结合。③专制型：家长缺少爱心或耐心，管理方式粗暴。④放任型：家长既缺少爱心、耐心，也缺乏责任感，对孩子放任自流。⑤冲突型：家庭成员人际关系紧张、不和谐，家庭气氛失调，价值导向不一致。⑥民主型：家庭成员间互相尊重、平等交流，对子女既有约束，又有鼓励。

（4）家庭的功能。指家庭对其成员所起的积极作用，具体指：①情感支持：家庭可以帮助其成员缓解在家庭之外社会生活带来的挫折和压力，获得情感的慰藉。②性爱满足：家庭中的性爱一方面保证了性爱的排他性，促进夫妇之间情感的交流，能够更充分地满足彼此性爱的需要；另一方面可防止因性的需要而引起的社会问题，促进社会的和谐与稳定。③繁衍后代：家庭通过建立双系抚育、确立婚姻、夫妇配合等一系列制度来实现繁衍后代，维持人类的延续。④社会化：家庭是其成员社会化的重要场所，家庭可以为孩子提供角色模型供孩子模仿学习，为将来更好地适应社会，进一步社会化打下良好的基础。⑤经济功能：是指家庭作为生产经营和消费的单位所发挥的作用。

（5）家庭对人类行为的影响。主要通过家庭成员关系和家庭内互动发生的。家庭内互动包括纵向和横向两个方面，纵向影响主要是来自家庭背景和家庭中过去的事件对当今家庭成员行为的影响；横向影响主要是家庭成员间的互动对个体行为的影响。

2. 同辈群体

（1）含义。同辈群体是由年龄、性别、志趣、职业、社会地位及行为方式大体相近的人所组成的一种非正式的群体。

（2）同辈群体的特点。①平等性：同辈群体成员的年龄、知识、能力等方面比较相近，他们之间的地位是平等的。②开放性：同辈群体内部不存在特别严格的规章制度，成员之间的交流和交往在语言、方式、话题等方面都没有限制特定的形式。③认同性：同辈群体是个人自由选择结合的结果，群体成员之间的交往是在自然随意的过程中进行的，成员之间相互依赖，对群体有较高的心理归属感和较强的认同性。④独特性：每个同辈群体都有自己独特的亚文化，这种群体的亚文化为群体成员提供了新的价值标准和行为方式。群体成员在语言、服饰、行为方式甚至发型等方面都体现出自己的独特性。

（3）同辈群体对个体行为的影响。①它对个体的认知发展、行为塑造、情绪表达、精神追求及支持系统均有直接影响。②同辈群体往往有一套自己的价值标准，当这些标准与社会主流的价值标准一致时，会有利于群体成员形成积极的行为；当这些标准与社会主流的价值标准不一致时，会对群体成员的行为起消极影响。③伴随着个体的成长，同辈群体在不同的社会系统中扮演着不同的角色，这种角色的多样化对群体成员来说具有多种意义。

3. 学校

（1）含义。学校是个体社会化的重要场所，是专门为社会成员，尤其是对儿童和青少年进行系统教育的组织机构。

（2）学校对人类行为的影响。①校园文化：良好的校园文化能够提高学生的责任感和主人翁意识，培养集体观念和协作意识；还能够约束规范学生的行为，培养其良好的行为习惯，引导其朝着更好的方向发展。②班级规模：班级规模过大，教师很难关注到班级中的每一个学生，在学生自我管理较差的情况下，很难形成良好的学习习惯；小班化教学中教师对学生能够进行个性化指导，做到因材施教，教学质量较高。③教学模式：素质教育旨在使每个人都形成相对完整的素质，不仅要向学生传授知识和技能，而且要在更广的领域里全面发展个体的个性与能力。④师生关系：良好的师生关系有利于学生形成对学校的积极情感，在行为上积极参与班级、学校活动，与同学形成积极的人际关系，发展良好的个性品质和较高的社会适应能力。

4. 工作单位

（1）含义。工作单位是个人在社会中从事一定职业时所归属的正式社会组织。

（2）工作单位的类型。按照工作性质可以分为国家机关、事业单位、企业单位和社会组织。

（3）工作单位对人类行为的影响。主要表现在：一是促使个人学习和实践专门的职业知识、技能和道德规范；二是指导个人建立各种社会关系，正确调适自我行为，以适应相应的工作需求与社会需求。

5. 社区

（1）含义。社区是指以一定地域为基础的社会生活共同体。

（2）社区的类型。①地域性社区和功能（精神）性社区：地域性社区是指聚居在一定区域内的社会生活共同体，是按照社区的空间特征来划分社区的一种类型，如农村社区和城市社区；功能（精神）性社区是由有共同目标或共同利害关系的人组成的社会团体，是从社区所发挥的功能性特征来划分社区的一种类型，如留守儿童、单亲母亲等群体。②农村社区和城市社区：农村社区是由从事农业生产为主要谋生手段的成员组成的地域性社区；城市社区是由从事非农业劳动的成员组织的地域性社区。③传统社区和现代社区：传统社区生活节奏缓慢，生产方式以人力和畜力为主；现代社区指其成员的生产和生活方式进入现代社会水平的社区，表现为城乡一体、生活节奏快、交通发达等。

（3）社区对人类行为的影响。包括：①社区成员具有某些共同特征，如相似的社会经济地位、生活方式、文化和风俗习惯等；②社区成员之间存在复杂的社会交往关系，在交往中彼此产生影响；③社区本身是一种社会组织，具有自身的社会规范，对社区成员的行为具有约束作用；④社区成员对社区具有强烈的认同感和归属感，这种认同感也会影响社区成员的行为。

6. 文化

（1）含义。文化是社会发展过程中人类创造物的总称，包括物质技术、社会规范和精神体系，是所有物质产品和非物质产品的总和。

（2）文化的类型。①主流文化和亚文化：主流文化是在社会上占统治地位，并为大多数社会成员所接受的文化；亚文化是被一部分社会成员或某一社会群体接受的文化，是社会主流文化之下的次一级文化，它既具有自身独有的特征，又不与主流文化冲突。②传统文化和现代文化：传统文化是一个民族在历史上创造的物质、思想和观念的总和；现代文化是工业社会以来新产生的文化，是与传统文化相对应的概念。③物质文化和非物质文化：物质文化指经过人类加工、创造的物品，这些物品凝结了人类的思想和文化，如兵马俑、长城等；非物质文化是指人类创造的各种思想、观念、制度和规范等精神产品。

（3）文化对人类行为的影响。作为共享的价值和生活方式，文化对人类行为的影响主要通过确立行为标准，从而达到规范、控制人的行为的目的。

7. 大众传媒

（1）含义。大众传媒是指在信息传播过程中处于传播者和大众之间的媒介体，包括复制、传递信息的设备、传播组织、团体及其出版物和影视、广播节目。

（2）大众传媒的类型。根据信息技术（尤其是计算机和卫星等通信技术）的含量，传媒可分为旧传媒和新传媒；印刷传媒（报纸、杂志、书籍）和电子传媒（广播、电影、电视）被称为旧传媒；有线电视、电脑报刊、互联网、卫星电视等被称为新传媒。

（3）大众传媒对人类行为的影响。①可以为受众提供支持其固有立场、观点和行为的有关情况，从而增强受众的固有观念和行为；②在争议不大且没有其他因素干扰的情况下，大众传媒只要重复传播内容，就能直接改变受众的行为；③大众传媒可以使受众改变其原有的立场；④可以提供信息引导人们的行为；⑤为受众提供行为规范，供他们选择。大众传媒对人的行为既有积极的影响也有消极的影响。

**考点3：人类行为与社会环境的基本关系**

例题：(2022年单选题) 关于人类行为与社会环境基本关系的说法，正确的是(    )。

A. 个人行为对社会环境有决定性的影响

B. 社会环境决定着人类行为的行为规范

C. 人类行为与社会环境相互影响的力度是不平衡的

D. 各年龄阶段的人受到社会环境的影响是一样的

答案：C

**考点解读**：本考点属本章高频考点，要求考生熟记并理解人类行为与社会环境的关系。

1. 人们要适应社会环境

任何人都必须在一定的社会环境中生活，所以人们需要使自己的行为符合社会环境的要求，学习社会环境所允许和要求的行为。

2. 社会环境影响个人行为

各年龄段人的行为都会受到社会环境的影响，但所受影响的程度可能有所不同。

3. 社会环境和生物遗传共同对人类行为产生影响

人的发展是遗传和环境相互影响的产物，其路径取决于遗传因素和外部环境影响之间复杂的相互作用。

4. 人类能够改变社会环境

由于人类具有很强的能动性，所以人类可以改变自然环境，也可以改变社会环境。

5. 人类行为与社会环境关系的非平衡性

人类行为与社会环境相互影响的力度并不是平衡的，社会环境对人类行为的影响要大一些。社会工作者要正确理解和把握人类行为和社会环境的关系，不仅要评估服务对象行为方面的情况，还要评估服务对象所处的社会环境，更重要的是评估服务对象与社会环境之间的互动状况，以帮助服务对象改变个人和环境，改变个人及其社会环境之间的互动状况，恢复和发展个人的社会功能。

## 第三节　人生发展阶段及其主要特征

### 考点 4：人生发展阶段及其主要特征

**例题**：（2021 年单选题）青少年阶段是人生发展的重要阶段之一。下列特征中，属于青少年发展阶段的是（　　）。

A. 开始发展符合实际的自我观念　　B. 人生观会更加稳定和成熟

C. 能够熟练地处理各种社会关系　　D. 情绪发展比较丰富和强烈

答案：D

**考点解读**：本考点属于本章高频考点，每年题量保持在 3～4 题。内容丰富，覆盖面广，涉及人生发展的各阶段。从出题方法来看，既有直接考理论内容的，也有考理论比较的，还有考理论应用的。本考点要求考生重点掌握人生不同阶段面临的主要问题，还需理解人生不同阶段的生理、心理和社会性发展的特征。具体内容见下表。

人生发展阶段、主要特征及其面临的主要问题

| 人生发展阶段 | 主要特征 | | | 面临的主要问题 |
|---|---|---|---|---|
| | 生理发展 | 心理发展 | 社会性发展 | |
| 婴幼儿阶段 | 是个体生长发育最快的时期,即所谓的人生生长发育的第一高峰期,2岁时脑重达到成人的70%左右,是动作发展最为迅速的时期,学会爬行、站立、走路;精细运动技能体现在用手操控物体等 | 口语词句迅速增加;以无意识记忆为主,机械记忆较发达,出现有意识记忆的萌芽;是从直观行动思维转向具体形象思维的关键阶段;出现害羞、骄傲和负罪感等情绪 | 自我意识的发展过程中,依恋被认为是一个重要的原因 | 哺乳问题母爱剥夺弃婴问题 |
| 学龄前阶段 | 脑重接近成人水平大肌肉发展发育逐渐成熟小肌肉与手眼逐渐协调 | 语言方面:口语表达能力增强,开始形成内部语言和掌握书面语言 | 学会区分他人与自我;开始了道德发展建立了性别角色判断标准,形成了对性别角色的偏爱;社会交往范围扩大 | 挑食偏食攻击行为电子产品依赖 |
| 学龄阶段 | 各个器官与各个系统都有进一步的发展与成熟掌握了完整的动作,动作的熟练程度和协调程度日益提高 | 口头语言、书面语言和内部语言全面发展,能够不出声地思考问题注意力稳定性增强、广度增加,分配与转移能力逐渐增强 | 对社会环境的适应性增强;逐渐形成了自己的道德意识;社会交往主体对象仍然是父母、同伴和老师 | 儿童意外伤害校园欺凌儿童性伤害 |
| 青少年阶段 | 各种生理机能增强生殖系统和第二性征已经基本发育成熟 | 思维方面:是抽象逻辑思维发展的关键期和成熟期情绪方面:丰富和强烈,出现两极发展特征性心理方面:主要是性意识的发展 | 受宏观环境的影响增大 | 网络成瘾青少年犯罪青少年性行为 |

续表

| 人生发展阶段 | 主要特征 | | | 面临的主要问题 |
|---|---|---|---|---|
| | 生理发展 | 心理发展 | 社会性发展 | |
| 青年阶段 | 个体的生理发展完全成熟，处于生理发展上的"黄金时期" | 感知、记忆、想象能力均达到成熟水平，并进入人生最佳时期 | 人生观成熟；社会情感有明显发展（友谊与爱情的发展）；心理适应力强 | 婚恋问题 性别歧视问题 就业问题 |
| 中年阶段 | 各项生理机能开始出现缓慢的衰退；更年期开始出现 | 个体的流体智力继续下降，晶体智力稳定增长 | 承担公民责任与义务，并体现出符合其身份的社会行为；婚姻关系更加务实；处于事业成败的关键期 | 早衰综合征 更年期综合征 婚外恋 家庭暴力 |
| 老年阶段 | 各项生理功能发生较大退化，各种老年疾病开始出现，身体逐渐依赖他人 | 思维呈衰退趋势，但又有较大的平衡性；认知上表现出成熟和稳定的一面，也表现出衰退的一面 | 社会角色逐渐消退，易产生失落感，社会地位下降 | 失智和失能 精神健康问题 死亡问题 老年人被歧视和被虐待 |

## ▶【模拟训练】

**一、单项选择题（每题的备选项中，只有 1 个最符合题意）**

1. 孙某期望孩子考上名牌大学，因此给孩子报名参加了各项周末补习班，不让孩子插手任何家务事。孙某的教养方式属于（    ）。

A. 民主型　　　　　B. 支配型　　　　　C. 冲突型　　　　　D. 专制型

2. 小陆结婚生子后，常常抱怨照顾孩子占用了太多精力，想回到之前"二人世界"的日子。小陆目前遇到的是（    ）。

A. 身体适应问题　　　　　　　　　　B. 家庭关系问题

C. 人际关系问题　　　　　　　　　　D. 角色转换问题

3. 家庭教养模式从纵向和横向两方面影响个体。下列家庭内互动影响因素中，对个体具有纵向影响的是（    ）。

A. 家庭的关系结构　　　　　　　　　B. 家庭的成员互动

C. 家庭的既往事件　　　　　　　　　D. 家庭的亲属关系

4. 初二（3）班的班主任向学校社会工作者小吴反映，班里学生小涛最近与同学关系紧张，学习成绩下滑。家长也反映小涛最近经常与家长顶嘴，总说"这是我自己的事情，你们凭什么替我拿主意"。根据小涛身心发展的特点，小吴正确的判断和建议是（    ）。

   A. 小涛出现学习障碍问题，需首先介入

   B. 小涛的情绪出现两极化发展特征，需严格管控

   C. 小涛的自我意识进一步发展，需加强人际沟通

   D. 小涛的心理和行为出现问题，需转介接受治疗

5. 为实现邻里互助和环境保护目标，社会工作者在某社区倡导开展了"骑车出游"的活动，活动开展半年后，小区居民都切身感受到邻里关系的融洽，互助精神蔚然成风。这反映出（    ）。

   A. 生理因素影响人的成长              B. 社会因素影响人的成长

   C. 人类行为影响社会环境              D. 心理因素影响社会环境

6. 80 岁的王爷爷家庭条件不错，儿女也很孝顺。最近王爷爷老伴去世，他提出想去养老院住，儿女和亲戚都很不理解。王爷爷说："我一个人在家，生病了没人照顾，万一哪一天摔倒了都没有人发现，去养老院住我更安心。"根据马斯洛的需要层次理论，王爷爷的说法反映其当前最迫切的需要是（    ）。

   A. 生理的需要                        B. 安全的需要

   C. 归属的需要                        D. 尊重的需要

7. 某学校今年连续发生了三起校园欺凌事件，为了杜绝校园欺凌现象，营造和谐的校园氛围，社会工作者与学校一起开展了"平安校园计划"，从学生、家长和学校三方面进行干预。下列措施中，属于从家庭层面进行干预的是（    ）。

   A. 协助受欺凌者提高自我保护能力

   B. 鼓励家长在网上批判欺凌者的攻击行为

   C. 建议家长委员会协助学校制定严惩制度

   D. 要求家长监管子女的欺凌行为

8. 社会工作者在社区组织开展"志愿小明星"活动，让社区里的青少年自愿报名组成志愿服务队。经过几次活动后，青少年的参与积极性越来越高，彼此之间的关系也越来越亲密。这一过程主要体现了同辈群体的（    ）。

   A. 平等性        B. 开放性        C. 认同性        D. 独特性

9. 小明与家人在地震中受伤，他和他的父母被送到不同医院救治，父母不在身边，小明当前必须满足的中介需要是（    ）。

   A. 重要的初级关系                    B. 经济上的安全

   C. 无害的自然环境                    D. 安全的住房

10. 王大爷身体一向很好。最近突发中风瘫痪在床后，脾气变得很暴躁，经常与家人吵架。根据上述情况，社会工作者小李认为王大爷出现了行为问题。小李作出这种判断的依据是（    ）。

   A. 统计学标准                        B. 内省经验标准

   C. 行为适应性标准                    D. 社会规范标准

**二、多项选择题（每题的备选项中，有2个或2个以上符合题意，至少有1个错项，错选，不得分；少选，得部分分）**

1. 关于学龄前儿童攻击行为的说法，正确的有（　　）。

A. 男孩子的攻击行为一般比女孩子多

B. 生理特征对攻击行为有一定的影响

C. 攻击行为常在3~6岁出现第一个高峰

D. 攻击行为方式分为暴力攻击和语言攻击

E. 攻击行为常表现为打人、骂人、抢东西

2. 12岁的小明是留守儿童，一直由爷爷奶奶抚养，他的父母在外打工，每年春节才回家几天，小明有时因想念父母而闷闷不乐。虽然成长环境不利，但小明能够正确面对，不仅学习成绩优异，还担任小队长，在老师带领下组织和他情况相似的小伙伴们为社区高龄老年人服务。在外担任工程队队长的爸爸得知情况后，自豪地说："这孩子的领导能力超过我了啊！"上述内容体现出人类行为与社会环境的基本关系有（　　）。

A. 留守儿童虽然处于不利的社会环境，但激发其抗逆力可改善社会环境

B. 留守儿童虽然处于不利的社会环境，但是会逐渐适应社会环境

C. 留守儿童处于不利的社会环境时，会受到社会环境影响

D. 留守儿童虽处于不利的社会环境，但完全不会受其影响

E. 社会环境和生物遗传会共同对留守儿童产生影响

3. 小明，18岁，父亲是一名长途卡车司机，母亲是某商店售货员，对小明管教较少。小明小学阶段成绩较好，毕业后升入一所寄宿中学。由于他认识了一伙爱玩网络游戏的朋友，加之自律性比较差，整日沉迷于网络，经常逃学，成绩也一落千丈，常受到老师的批评，最终不得不退学回家，现整天在社区和街头游荡。从社会工作者的角度分析，小明的成长过程中，（　　）因素导致了现存的问题。

A. 家庭管理　　　　　　B. 学校教育　　　　　　C. 同辈群体

D. 社区邻里　　　　　　E. 街头摊贩

4. 阿美35岁时经人介绍嫁给了同龄的丈夫，婚后四年生下女儿妞妞，但她的丈夫一直想要儿子传宗接代，对妻女漠不关心。阿美身体不好，便辞职在家专心照顾孩子，全家生活来源都依靠丈夫的工资。女儿出生半年以来，丈夫常常愁眉不展，尤其是半夜听到妞妞的哭闹声，就会大发雷霆摔东西，并对阿美破口大骂。看着弱小的女儿，阿美整日担惊受怕，情绪也很不稳定，感到非常无助。根据中年阶段的主要特征，阿美面临的主要问题有（　　）。

A. 因孩子营养不良产生愧疚感　　　　B. 丈夫出现的更年期综合征

C. 家庭负担重及身心压力增大　　　　D. 来自丈夫的家庭暴力行为

E. 焦虑抑郁不安等情绪的困扰

5. 关于阿尔德弗尔的ERG理论的说法，正确的有（　　）。

A. 人类需要不强调需要层次的顺序

B. 生存需要包括身体健康和自主两方面

C. 关系的需要包括自我发展和自我完善

D. 某种需要在得到基本满足后还可能会增强

E. 人类需要分为生存需要、关系需要和成长需要

## 【模拟训练参考答案】

一、单项选择题

1. B    2. D    3. C    4. C    5. C    6. B    7. D    8. C    9. A    10. C

二、多项选择题

1. BCDE    2. ABCE    3. ABC    4. CDE    5. ADE

# 第四章　个案工作方法

## 【本章知识体系图】

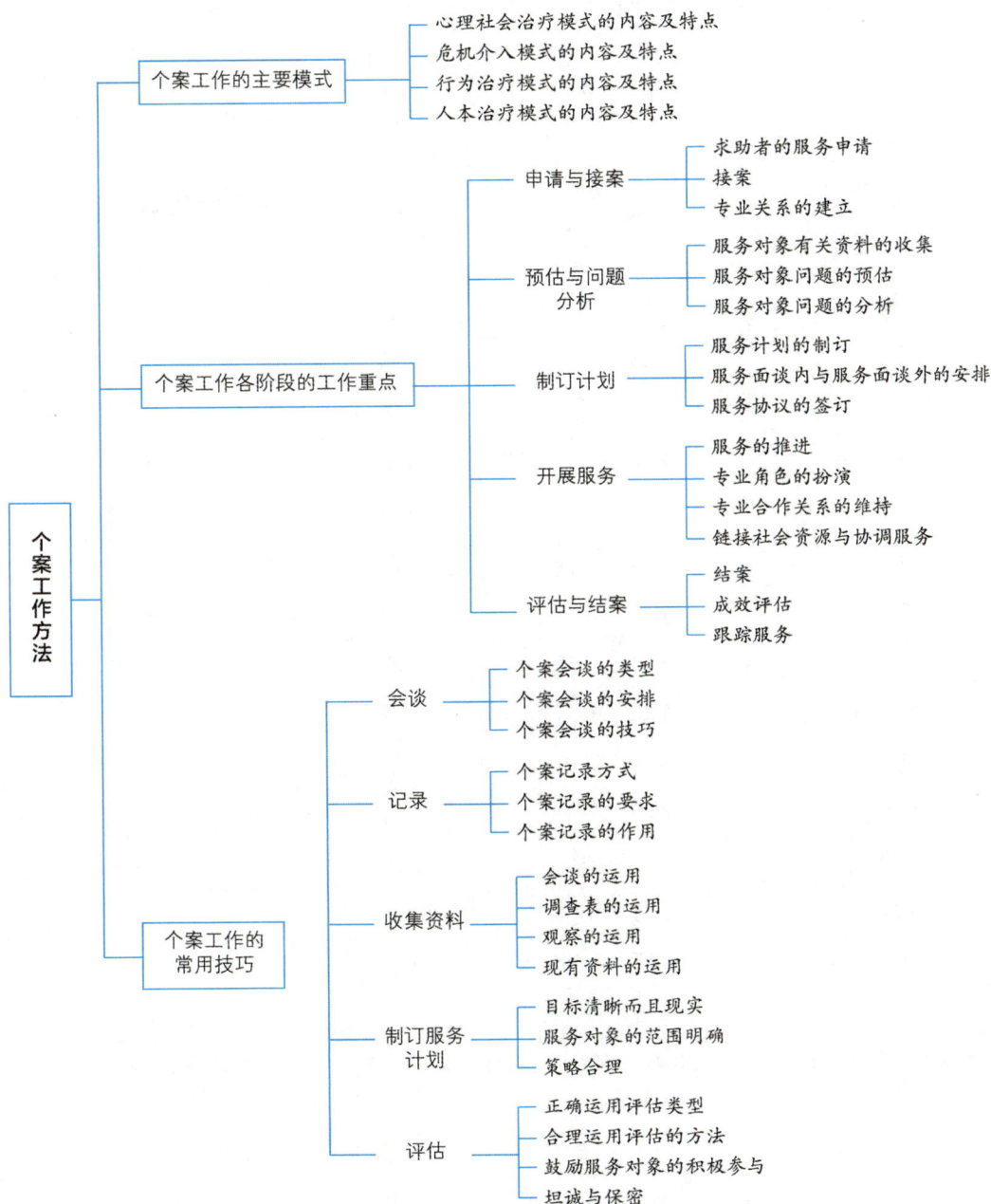

个案工作方法

- 个案工作的主要模式
  - 心理社会治疗模式的内容及特点
  - 危机介入模式的内容及特点
  - 行为治疗模式的内容及特点
  - 人本治疗模式的内容及特点

- 个案工作各阶段的工作重点
  - 申请与接案
    - 求助者的服务申请
    - 接案
    - 专业关系的建立
  - 预估与问题分析
    - 服务对象有关资料的收集
    - 服务对象问题的预估
    - 服务对象问题的分析
  - 制订计划
    - 服务计划的制订
    - 服务面谈内与服务面谈外的安排
    - 服务协议的签订
  - 开展服务
    - 服务的推进
    - 专业角色的扮演
    - 专业合作关系的维持
    - 链接社会资源与协调服务
  - 评估与结案
    - 结案
    - 成效评估
    - 跟踪服务

- 个案工作的常用技巧
  - 会谈
    - 个案会谈的类型
    - 个案会谈的安排
    - 个案会谈的技巧
  - 记录
    - 个案记录方式
    - 个案记录的要求
    - 个案记录的作用
  - 收集资料
    - 会谈的运用
    - 调查表的运用
    - 观察的运用
    - 现有资料的运用
  - 制订服务计划
    - 目标清晰而且现实
    - 服务对象的范围明确
    - 策略合理
  - 评估
    - 正确运用评估类型
    - 合理运用评估的方法
    - 鼓励服务对象的积极参与
    - 坦诚与保密

## 【本章导学】

　　本章主要介绍个案工作方法的主要模式、各阶段工作重点及常用技巧。个案工作是社会工作三大直接方法之一，是指运用专业的知识、方法和技巧，通过专业的工作程序，帮助有困难的个人或者家庭发掘和运用自身及其周围的资源，改善其与社会环境之间的适应状况。本章的内容具有较强的实用性，在往年试卷中分值所占较大，且试题大都以案例形式出现，因此考生在复习本章内容时要以理解为主。

## 【历年题型题量分析表】

| 年份 | 单选 | 多选 | 合计分值 |
|---|---|---|---|
| 2008 | 9 题 | 3 题 | 15 分 |
| 2009 | | 3 题 | 6 分 |
| 2010 | 9 题 | 3 题 | 15 分 |
| 2011 | 12 题 | 4 题 | 20 分 |
| 2012 | 8 题 | 3 题 | 14 分 |
| 2013 | 8 题 | 3 题 | 14 分 |
| 2014 | 8 题 | 3 题 | 14 分 |
| 2015 | 7 题 | 3 题 | 13 分 |
| 2016 | 8 题 | 3 题 | 14 分 |
| 2017 | 8 题 | 3 题 | 14 分 |
| 2018 | 8 题 | 3 题 | 14 分 |
| 2019 | 8 题 | 3 题 | 14 分 |
| 2020 | 8 题 | 3 题 | 14 分 |
| 2021 | 7 题 | 3 题 | 13 分 |
| 2022 | 8 题 | 3 题 | 14 分 |
| 2023 | 8 题 | 3 题 | 14 分 |

　　注：单项选择题每题 1 分，多项选择题每题 2 分（错选，本题不得分；少选，所选每个选项得 0.5 分）。

**本章考点解读** ★★★

## 第一节　个案工作的主要模式

### 考点 1：心理社会治疗模式的内容及特点

**例题：**（2023 年单选题）小费幼年时母亲病逝，后与父亲相依为命，初中时父亲也因车祸离世，只能由 80 岁的奶奶照顾。因缺乏管教，小费结识了一些"小混混"，偶尔小偷小摸，在学校还经常与其他同学发生冲突。社会工作者小汪了解情况后，对其问题进行诊断，分析他的行为问题与其生活经历相关。小汪运用的上述诊断方式属于（　　）。

A. 心理诊断　　　　　　　　　　　B. 缘由诊断

C. 人格诊断　　　　　　　　　　　D. 分类诊断

**答案：**B

**考点解读：**该考点涉及的内容较多，属于本章高频考点，需要考生在复习时识记和理解该模式的理论假设，识别直接与间接的治疗技巧、反思性直接治疗技巧与非反思性直接治疗技巧的区别。

1. 心理社会治疗模式的内容

（1）理论假设。包括对人的成长发展的假设、对服务对象问题的假设、对人际沟通的假设、对人的价值的假设。

（2）治疗技巧。包括直接治疗技巧和间接治疗技巧（如下表所示）。

**心理社会治疗模式的治疗技巧**

| | | | |
|---|---|---|---|
| 直接治疗技巧 | 非反思性直接治疗技巧：指社会工作者直接向服务对象提供各种必要的服务，而服务对象只处于被动服从位置的各种辅导技巧 | 支持 | 指通过社会工作者的了解、接纳和同理心等方式减轻服务对象的不安，给予服务对象必要的肯定和认可 |
| | | 直接影响 | 是社会工作者通过直接表达自己的态度和意见促使服务对象发生改变，如社会工作者直接表达自己不同的看法、直接指出服务对象某种行为可能带来的不良后果等，都属于直接影响的技巧 |
| | | 探索—描述—宣泄 | 指社会工作者通过让服务对象解释和描述自己困扰产生的原因和发展过程，为服务对象提供必要的情绪宣泄的机会，以减轻服务对象内心的冲突，改善服务对象不良的行为 |
| | 反思性直接治疗技巧：是指社会工作者通过与服务对象相互沟通交流，引导服务对象分析和理解自己的问题的各种具体技巧 | 现实情况反思 | 是指社会工作者帮助服务对象对自己所处的实际状况作出正确的理解和分析的技巧 |
| | | 心理动力反思 | 是指社会工作者协助服务对象正确了解和分析自己内心的反应方式的技巧 |
| | | 人格发展反思 | 是社会工作者帮助服务对象重新认识和评价自己以往的经历、调整自己人格的技巧 |

续表

| 间接治疗技巧 | 强调通过改善周围环境或者辅导第三方来影响服务对象 | 维持 |
| --- | --- | --- |
| | | 直接影响 |
| | | 探索—描述—宣泄 |
| | | 现实情况反思 |

2. 心理社会治疗模式的特点

(1) 注重从人际交往的场景中了解服务对象。

(2) 运用综合的诊断方式确定服务对象问题的原因。

(3) 采用多层面的服务介入方式帮助服务对象。

### 考点2：危机介入模式的内容及特点

**例题：**(2022年单选题) 初三学生小林的父母离异后，各自又很快组建了新的家庭，小林无法接受父母离婚的现实，感到自己被抛弃，十分绝望，无心学习，并在社交平台上多次表现出厌世的想法。学校社会工作者小夏发现后，决定采用危机介入模式帮助小林，小夏首先要做的是 (     )。

A. 与小林父母探讨原因　　　　B. 纠正小林的错误认知

C. 安抚小林绝望的心情　　　　D. 及时进行危险性评估

**答案：**D

**考点解读：**本考点属于本章高频考点，主要考查两部分内容：危机发展阶段和危机介入基本原则，考生要在理解的基础上对具体情境进行分析、判断，并注意区分危机发展的各阶段特点。

1. 危机介入模式的内容

(1) 危机介入理论。危机介入模式是一种具体的工作方法，既减轻危机事件的负面影响，又利用危机事件帮助服务对象解决目前面临的现实问题，并且同时提升服务对象适应环境的能力。

(2) 危机的定义。危机是指一个人的正常生活受到意外危险事件的破坏而产生的身心混乱的状态。包括普通生活经历的危机、特殊生活经历的危机两类。

(3) 危机的发展阶段。①危机：是指危机事件发生的最初阶段，在这个阶段随着危机事件的出现，生活的压力剧增，服务对象开始运用习惯的问题解决机制解决面临的生活困难。②解组：服务对象处于极度的情绪困扰中，认知和问题解决的能力下降，平衡生活被打乱。③恢复：是指服务对象经历了解组的痛苦经历之后，开始调整自己的行为方式，寻找适应危机环境的新的解决方法。④重组：服务对象从混乱的生活中重新拾回自信，恢复新的平衡生活，通常这个阶段还包括家庭关系的重建。

(4) 危机介入的基本原则。由于危机介入模式是围绕着服务对象的危机而展开的调适和治疗工作，它的目的是在有限的时间内快速、有效地帮助服务对象摆脱危机的影响，因而危机介入模式注重不同服务介入技巧的综合运用。其重要原则包括：①及时处理：社会工作者及时接案、及时处理，尽可能减少对服务对象及其周围他人的伤害，抓住有利的、可改变的时机。②限定目标：只有把精力集中在目前有限的目标上，社会工作者才能与服务对象共同协商和处理面临的危机。③输入希望：在危机中帮助服务对象的有效方法是给服务对象输入新的希望，让服务对象重新找回行动的动力。④提供支持：充分利用服务对象拥有的周围他人的资源，如父母亲的关心、朋友的支持等，为服务对象提供必要的支持。当然，同时也需要培养服务对象的自主能力。⑤恢复自尊：着手解决服务对象的危机时，首先需要了解服务对象对自己的看法，帮助服务对象恢复自信。⑥培养自主能力：整个危机介入过程就是社会工作者帮助服务对象增强自主面对和克服危机能力的过程。

2. 危机介入模式的特点

（1）迅速了解服务对象的主要问题。社会工作者需要将自己的注意力集中在服务对象最近的生活状况上，采用开放式的提问方式引导服务对象整理自己的想法和感受，迅速了解和分析服务对象面临的主要问题。

（2）快速作出危险性判断。需要对服务对象采取破坏行为的可能性和危险程度进行评估，以便给予及时的介入和治疗。

（3）有效稳定服务对象的情绪。需要借助简洁易懂的语言、专心的聆听、感情的支持等技巧稳定服务对象的情绪，与服务对象建立相互信任的合作关系。

（4）积极协助服务对象解决当前问题。一旦服务对象的情绪稳定之后，社会工作者就需要协助服务对象分析危机产生的原因，并根据危机发生的原因制订介入计划，解决当前面临的、亟须解决的问题。

# 第二节 个案工作各阶段的工作重点

### 考点 3：个案工作各阶段的工作重点

**例题：**（2023 年单选题）许女士的儿子患有先天性脑瘫，一直由孩子的奶奶帮忙照顾，最近她丈夫被查出患有癌症，需要做手术，全家因而陷入混乱和痛苦中。许女士不知道如何是好，便找社会工作者老吕帮忙，根据个案工作各阶段的工作重点，此时老吕首先要做的是（　　）。

A. 肯定许女士的求助并确认求助意向

B. 与许女士商讨之后的个案服务计划

C. 将许女士转介给医院的社会工作者

D. 对许女士的家庭情况开展问题评估

**答案：** A

**考点解读：** 本考点为本章的高频考点，每年题量基本保持在 3~5 题。本考点主要考查个案工作各阶段的工作重点，这需要考生结合具体的案例在实际中灵活运用知识点；此类题型逐年增加，考生需要重点掌握和了解各阶段需要完成的工作内容。个案工作的介入过程可以分为申请与接案、预估与问题分析、制订计划、开展服务、评估与结案 5 个不同的阶段。每个阶段都有自己需要处理的任务，都有自己的工作重点，同时各阶段之间又相互连接、相互影响，构成一个有机整体。

1. 申请与接案

（1）求助者的服务申请。对于前来寻求帮助的人，社会工作者首先需要了解他们的愿望，用心倾听他们的诉求，进行一个简要的评估，确定是否需要立即给予必要的帮助。

（2）接案。对于那些有需要立即寻求帮助并且正式提出服务申请的求助对象，社会工作者应给予及时、必要的鼓励，增强求助对象的改变动力和信心，促使其成为能够获得机构有效服务的服务对象，并纳入机构的服务计划中。这就是社会工作的接案。在接案过程中，社会工作者通常面临3项基本的任务：鼓励求助对象积极面对改变、明确求助对象的改变要求和确认求助对象的受助身份。

（3）专业关系的建立。专业关系建立的成功与否将直接影响服务对象进一步寻求服务机构帮助的动力和信心。

（4）转介。通常只有在以下两种情况下才允许为服务对象提供必要的转介服务：①服务对象需要解决的问题不属于本机构的服务范围；②服务对象生活在本机构的服务区域之外。

2. 预估与问题分析

（1）服务对象有关资料的收集。既要关注服务对象的个人情况，又要关注服务对象所处的周围环境，把服务对象置于一定的社会环境中观察和分析两者之间的互动状况。

（2）服务对象问题的预估。通常，社会工作者需要从横向和纵向两个方面进行分析：横向就是分析服务对象问题形成的影响因素，涉及生理、心理和社会三个不同层面；纵向就是分析服务对象问题发展变化的过程，包括服务对象的问题是从什么时候开始的，其中经历了哪些重要的影响事件以及服务对象曾经做过什么样的努力等。

（3）服务对象问题的分析，通常包括4个方面的内容。①服务对象问题的主要表现；②服务对象问题的成因；③服务对象的能力和环境拥有的资源；④实施干预的建议。

3. 制订计划

（1）服务计划的制订。服务计划的基本内容涉及7个方面：①服务对象的基本情况，包括服务对象的姓名、性别、年龄、婚姻状况及职业等情况；②服务对象希望解决的问题，包括主要问题以及其他一些相关的问题；③理论的依据，包括依据的主要理论、它的基本原理和重要概念；④服务计划的目标，包括总目标和每一阶段的子目标；⑤服务开展的基本阶段和采取的主要方法，包括各阶段需要解决的问题、采用的主要方法、预计达到的成效以及发掘和运用的资源；⑥服务开展的期限，包括每一次和每一阶段的时间安排以及总的时间期限；⑦联系方式，包括直接见面和不直接见面的联系方式。

为了制订一个完备的服务计划，社会工作者需要做到5点：①准确分析服务对象的需要和问题；②明确服务工作的目标、阶段和方法；③熟悉服务机构提供的具体服务；④清晰认识社会工作者具备的能力；⑤了解服务对象拥有的资源。

（2）服务面谈内与服务面谈外的安排。社会工作者在安排服务面谈内和服务面谈外的任务时，涉及4个方面的主要工作：①每次服务面谈结束之后，给服务对象设计和布置行动任务作为服务面谈外的任务；②在每次服务面谈的开始阶段，安排一定的时间用于回顾和总结服务对象前一次行动任务完成的情况；③在每一次服务面谈中，针对服务对象行动任务的完成情况给予面对面的指导；④每次服务面谈结束之前，让服务对象了解下一次行动任务的要求和要点。

（3）服务协议的签订。基本内容包括：①服务目标；②服务的内容和采用的方法；③服务双方应有的权利和义务；④服务的地点、时间、期限和次数；⑤服务双方的签字。

**4. 开展服务**

（1）服务的推进。①含义：所谓服务的推进是指社会工作者根据服务计划的安排运用专业的服务技巧，逐步推动服务对象发生积极改变的过程；②遵循原则：从能做的开始、从愿意合作的着手、采取综合的服务策略。

（2）专业角色的扮演。①使能者：社会工作者运用自身拥有的专业知识和技巧调动服务对象自身的能力和资源，发挥服务对象的潜在能力，促使服务对象发生有效改变。②联系人：社会工作者帮助服务对象与拥有资源的服务机构联系，保证服务对象能够获得合适的服务。③教育者：社会工作者指导服务对象学习处理问题的新知识、新方法，调整原来的行为方式。④倡导者：社会工作者利用自己的身份和权利倡议机构实行必要的改革，为缺乏资源的服务对象争取更合理的服务，或者动员服务对象一起争取一些合理的资源和服务。⑤治疗者：社会工作者运用专业的方法和技巧消除或者减轻服务对象的困扰。

（3）专业合作关系的维持。社会工作者与服务对象要保持良好的专业合作关系，必须做到：①接纳：无论服务对象面临什么问题，社会工作者都愿意理解服务对象，不是关注服务对象的问题，而是关心问题背后服务对象的发展要求。②无条件关怀：在服务开展过程中社会工作者不评价服务对象，尊重服务对象的价值，并且相信服务对象是可以改变的。③真诚：社会工作者在服务开展过程中对自己的感受保持开放的态度，并且愿意与服务对象交流和分享自己的真实感受。

（4）链接社会资源与协调服务。①社会资源的类型。非正式社会资源和正式社会资源；②链接社会资源的方式。社会工作者需要根据资源的存在方式以及提供过程中的要求采用不同的方式，常见的有6种：资源的提供、资源的发现、资源的培育、需求的表达、利益的协调和权益的保护；③服务的协调。服务面谈内与服务面谈外的协调；服务对象改变与周围他人改变的协调；服务对象改变与社会工作者改变的协调。

**5. 评估与结案**

（1）结案。①可结案的5种情况。②结案处置的4项工作：预告、巩固、探讨和鼓励。③结案形式：直接告诉服务对象、延长服务间隔的时间、变化联系的方式。

（2）成效评估。主要内容涉及3个方面：①服务对象的改变状况，包括哪些方面得到了改善以及改善的程度、哪些方面没有得到改善。②工作目标的实现程度，包括哪些工作目标实现了以及实现的程度、哪些没有实现。③服务介入工作的人力、物力和其他资源的投入，包括服务介入的人员、时间、经费以及其他资源等。

（3）跟踪服务。主要有3个方面的任务：①根据服务对象的状况安排一些结案之后的练习，巩固服务对象已经取得的进步，增强服务对象独立面对问题的能力。②调动服务对象的周围资源，增强服务对象的社会支持。③持续评估服务工作的效果。

# 第三节 个案工作的常用技巧

### 考点4：个案工作的常用技巧

例题：（2023年单选题）在一次个案工作面谈中，社会工作者与服务对象有如下对话：服务对象："最近我的状态不太好，快要到期末了，估计又有三门课要不及格了。我担心再这样下去，学校会让我退学，我其实也很想好好学习。"社会工作者："我能理解，但您的想法与行动有一定的差距，您对此有什么打算吗？"上述对话体现社会工作者运用的专业技巧是（    ）。

A. 对质　　　　　B. 建议　　　　　C. 忠告　　　　　D. 对焦

**答案：A**

**考点解读：** 本考点为本章的高频考点，且近几年题量基本保持在 4~5 题。主要考查在个案工作中社会工作者对技巧的把握，考生需要注重结合教材中的例子和知识点对各种技巧进行综合的理解和融会贯通。

1. 会谈

指社会工作者与服务对象进行面对面的、有目的的专业谈话（又称个案会谈）。

**个案会谈的类型、安排及技巧**

| 主要内容 | | 具体操作 |
|---|---|---|
| 个案会谈的类型 | 建立关系的会谈 | 帮助社会工作者与服务对象建立专业的合作关系<br>为了保证专业关系的顺利建立，社会工作者在这种会谈中的工作重点是创造一种宽松、信任的谈话氛围，让服务对象能够自由地表达自己的感受和想法 |
| | 收集资料的会谈 | 帮助社会工作者收集服务对象的相关资料，以便对服务对象的生活状况或者服务开展状况作出准确的判断 |
| | 诊断性会谈 | 在诊断性会谈中，社会工作者需要不断地从观察到的事实出发并作出各种推断，然后再验证这些推断，这样一步步地逐渐深化对服务对象的理解，最后形成有关服务对象问题的准确判断 |
| | 治疗性会谈 | 社会工作者除了需要了解服务对象各种问题的开展介入以及运用哪种专业技巧之外，还需要随时注意观察服务对象的反应，及时调整服务介入的策略和方法 |
| | 一般性咨询会谈 | 由于一般性咨询会谈通常会涉及一些专业知识，因此社会工作者在解释时需要根据服务对象的情况作出相应的调整，以适应服务对象的要求和理解能力 |
| 个案会谈的安排 | 准备 | 包括服务对象相关资料的阅读、会谈时间和地点的选择以及会谈场地的布置等 |
| | 内容安排 | 包括在会谈开始、中间和结束阶段的各项任务安排和具体的时间分配 |
| | 会谈内与会谈外的衔接 | 社会工作的个案会谈不同于一般的谈话，注重会谈内与会谈外的衔接，而两者之间的衔接主要依靠会谈内的行动任务的布置 |

续表

| 主要内容 | | | 具体操作 |
|---|---|---|---|
| 个案会谈的技巧 | 支持性技巧 | 专注 | 社会工作者借助友好的视线接触、开放的姿势以及专心的态度关注服务对象的表达 |
| | | 倾听 | 社会工作者用心聆听服务对象传达的信息，理解服务对象的感受 |
| | | 同理心 | 社会工作者设身处地体会服务对象的内心感受，理解服务对象的想法和要求 |
| | | 鼓励 | 社会工作者运用口头语言和身体语言的方式肯定服务对象的一些积极表现 |
| | 引导性技巧 | 澄清 | 社会工作者引导服务对象重新整理模糊不清的经验和感受 |
| | | 对焦 | 社会工作者对服务对象偏离的话题或宽泛的讨论进行引导，集中讨论的焦点 |
| | | 摘要 | 社会工作者将服务对象长段谈话或者不同部分的话题进行整理，概括和归纳其中的要点 |
| | 影响性技巧 | 提供信息 | 社会工作者借助自己的专业知识和经验向服务对象提供必要的知识和技巧 |
| | | 自我披露 | 社会工作者有选择地袒露自己的亲身经历或者处理事情的方法，为服务对象提供参考 |
| | | 建议 | 社会工作者根据服务对象的具体情况提供有利于服务对象改善生活状况的建设性意见 |
| | | 忠告 | 社会工作者向服务对象指出某些行为的危害性或者必须采取的行为 |
| | | 对质 | 社会工作者通过直接提问等方式让服务对象面对自己在行为、情感和认识等方面不一致的地方 |

2. 记录

指社会工作者根据服务开展的进程并对服务中所发生的事件进行科学、系统的记载和存档的过程。个案记录的方式、要求及作用见下表。

个案记录的方式、要求及作用

| 主要内容 | | 具体操作 |
|---|---|---|
| 个案记录方式 | 文字记录 | 在服务过程中随身携带本子和笔，在征得服务对象同意的情况下，现场记录事件发生的要点，等服务结束之后再对事件作详细的整理 |
| | 录音 | 通过录音工具记录服务事件发生的具体过程 |
| | 录像 | 借助影像设备记录服务事件的过程 |
| 个案记录的要求 | 基本格式要求 | 个案的基本情况；个案面临的主要问题；个案的背景和经历；个案的能力和资源以及个案的诊断 |
| | 现在与过去 | 关注服务对象现在生活状况的改善，把服务对象现在的问题作为描述重点，把服务对象的过去经历作为现在问题的补充解释，放在现在问题描述之后 |
| | 事实与推断 | 个案记录在呈现推断的时候需要有事实的描述，并且事实描述需要放在推断之前，这样社会工作者的推断才能有事实作为基础 |
| 个案记录的作用 | 跟进服务 | 依据服务对象个案记录的情况设计具体的服务计划，安排和组织后续的相关服务 |
| | 社会工作者评估 | 以服务对象个案记录作为基础，并与服务展开后的情况作对比，评估服务对象的改变状况和服务的质量 |
| | 转介依据 | 依据个案记录的情况安排服务对象的转介服务 |
| | 机构评估依据 | 把个案记录作为机构评估工作状况的依据，如考核机构帮助了多少服务对象、帮助了什么类型的服务对象以及帮助的成效如何等 |
| | 未来研究的参考 | 把个案记录作为进一步进行科学研究的资料，如作为研究分析中的案例资料，特别是一些新出现的问题或者新领域的案例 |

3. 收集资料

指社会工作者通过自己的观察以及与服务对象和周围他人的接触和会谈，调查、整理和分析服务对象问题的基本特征以及问题产生的原因和发展变化的过程，其中涉及的一些主要技巧见下表。

**收集资料的主要技巧**

| 主要内容 | | 具体操作 |
|---|---|---|
| 会谈的运用 | 自我陈述 | 允许服务对象按照自己喜欢的方式讲述自己的故事和情况，这样，就能够把服务对象的内心感受和主观经验充分呈现出来 |
| | 对答方式 | 可以采用严格的对答方式，以保证信息的完整性 |
| 调查表的运用 | 结构式调查表 | 要有预先设计好的固定的调查问题和调查问题的答案选项，调查对象只需挑选其中认为正确的答案。这种调查表比较适合于收集有明确答案而且比较容易识别的资料 |
| | 非结构式调查表 | 只有预先设计好的固定的调查问题，但没有调查问题的答案选项，调查对象需要根据自己的理解填写调查问题的答案。这种调查表比较适合没有明确答案的开放式问题的资料收集，特别是涉及价值原则和意义理解的调查问题 |
| 观察的运用 | 参与观察 | 在观察过程中直接参与观察服务对象的活动，这种观察方式让社会工作者与服务对象有直接的互动和交流，比较适合于那些有关服务对象或者周围他人内心想法和感受的资料收集 |
| | 非参与观察 | 在观察过程中不直接参与观察服务对象的活动，由于社会工作者不直接与服务对象进行互动。这种观察方式只依赖社会工作者自身的观察和分析，只适合那些可以通过外部观察就可以察觉到的现象 |
| 现有资料的运用 | 文献记录 | 是有关服务对象日常生活状况的文字记录，是社会工作者了解服务对象日常生活状况的重要资料 |
| | 实物 | 是服务对象与周围环境互动过程中留下的能够呈现服务对象生活状况的资料，如服务对象的学习作品、服务对象所做的环境布置等 |

**4. 制订服务计划**

制订一个好的服务计划，需要社会工作者掌握策划方案的基本要求（详见下表）。

**制订服务计划的基本要求**

| 内容 | 要求 | 具体内容 |
|---|---|---|
| 目标清晰而且现实 | 可观察 | 服务目标是可以直接观察到的，这样既可以保证社会工作者和服务对象及时了解服务的进程，还可以避免个人的主观猜测，减少社会工作者与服务对象之间的冲突 |
| | 可测量 | 服务目标是可以通过某种测量工具直接测量的，这样，服务对象的改变状况以及目标的实现程度，就可以直接通过测量工具呈现出来，避免社会工作者和服务对象的误判和模糊的认识 |
| | 积极正向 | 服务目标是服务对象的生活朝向积极方向的改变，这种方式制定的服务目标能够保证服务对象从积极的视角看待自己的生活 |

续表

| 内容 | 要求 | 具体内容 |
|---|---|---|
| 服务对象的范围明确 | 以服务对象为主 | 在服务计划的制订中关注遭遇困扰的服务对象，保证有充分的时间和资源帮助服务对象应对和处理日常生活中遭遇的问题 |
| | 以服务对象身边的重要他人为参与者 | 在服务计划中尽可能囊括服务对象身边的重要他人，他们通常是服务对象改变的重要支持者，而且他们的改变也为服务对象的改变提供更多的机会和空间 |
| | 以其他重要他人为支持者 | 在制订服务计划时，如果仍有服务的空间，在考察服务对象和服务对象身边重要他人之后，还可以把其他重要他人也纳入服务的范围，他们也是服务对象日常生活的重要影响者 |
| 策略合理 | 服务策略与服务目标一致 | 服务策略的安排有助于社会工作者帮助服务对象实现服务的目标 |
| | 服务策略之间的协调 | 由于社会工作经常采取综合的服务介入策略，因此，各服务策略之间的协调就成为服务策略安排的一项重要任务 |

### 5. 评估

这里是指服务介入结束阶段的评估，目的是对整个服务介入过程进行检查和反思，其中经常遇到的挑战和需注意的事项如下表。

评估需注意的事项

| 主要内容 | | 具体操作 |
|---|---|---|
| 正确运用评估类型 | 根据不同评估任务选择不同类型的评估 | 效果评估是针对整个服务介入过程的评定，它经常用来考核整个服务开展的状况或者服务机构的活动开展状况；而过程评估则主要关注服务开展的具体过程，它比较适用于服务过程中的影响因素以及服务策略和技巧使用状况的考察 |
| | 综合运用不同类型的评估 | 在实际服务中，评估任务是综合的，既可能涉及服务效果的评估，也可能涉及服务过程的评估，把两种类型的评估放在一起使用，也可以帮助社会工作者清晰地看到服务对象改变的具体轨迹和重要影响因素 |
| 合理运用评估的方法 | 行为评估、问卷评估和心理测量相结合 | 由于行为评估的重点在于测量服务对象外在的行为表现，而要说明这些行为表现的内在状况，则需要运用问卷评估和心理测量等不同方法 |
| | 问卷评估与心理测量相结合 | 问卷评估虽然简便易行，运用的范围很广。但是这种评估方式往往缺乏精确性，特别是针对服务对象内心状况的改变，更需要问卷评估与心理测量的结合，以保证资料的丰富性和准确性 |

续表

| 主要内容 | | 具体操作 |
| --- | --- | --- |
| 鼓励服务对象的积极参与 | 与服务对象共商评估事宜 | 针对服务评估中的任务，社会工作者与服务对象一起商讨如何处理评估，包括评估的内容、评估的方式和评估的时间等，让服务对象承担一部分评估工作 |
| | 让服务对象主导评估工作 | 由服务对象组织和安排评估工作，社会工作者作为协助者支持服务对象完成评估任务。在这样安排评估工作之前，社会工作者需要把评估任务转变成服务对象的成长发展的要求，让服务对象真正觉得需要评估 |
| 坦诚与保密 | 坦诚 | 在评估之前，社会工作者需要向服务对象说明评估是为了改进现有服务工作，表达自己的诚意 |
| | 保密 | 在评估过程中，社会工作者需要向服务对象承诺保密的原则，以减轻或者消除服务对象对待评估工作的担心 |

## ▶【模拟训练】

### 一、单项选择题（每题的备选项中，只有 1 个最符合题意）

1. 社区社会工作者老齐在走访社区高龄老人时，发现 85 岁的秦爷爷有一个 22 岁的孙子小兵赋闲在家。秦爷爷悄悄告诉老齐，小兵游手好闲，还抽烟吸毒，家人都拿他没办法，请老齐帮助小兵。与小兵耐心细致地沟通交流后，老齐证实了秦爷爷的说法。针对上述情况，老齐恰当的做法是（　　）。

　　A. 评估小兵问题的严重性　　　　　　B. 告诉秦爷爷自己解决此问题

　　C. 为小兵拟订服务计划　　　　　　　D. 转介小兵给禁毒社会工作者

2. 老林因患肝癌，深受病痛折磨，每次医生查房时，他都反复诉说自己严重失眠，要求增加安眠药的剂量。社会工作者小张发现老林根本没有服药，而是将安眠药积攒下来藏在枕头底下。经过了解和初步分析，小张认为老林因难以承受病痛，产生了自杀念头。这时，小张首先需要做的是（　　）。

　　A. 稳定服务对象情绪　　　　　　　　B. 预估服务对象问题

　　C. 通知家属前来探望　　　　　　　　D. 快速评估危机程度

3. 小媛是新近转学到某校的初中生，家长忙于工作无暇照顾她，她也因性格内向交不到新朋友，特别思念原来学校的同学。小媛找到社会工作者小陈说："我感觉特别不好，你说怎么办啊？"此时，小陈的工作重点应该是（　　）。

　　A. 收集小媛的背景资料　　　　　　　B. 签订服务协议

　　C. 明确小媛的求助需求　　　　　　　D. 接受小媛的请求

4. 小丽最近刚刚离婚，她不能接受婚姻失败的现实，将自己关在家中，其正常生活受到了严重影响。为此，她感到十分绝望但又无能为力。根据危机介入理论，小丽正处于危机发展的（　　）。

  A. 解组阶段   B. 危机阶段   C. 恢复阶段   D. 重组阶段

  5. 社会工作者对服务对象说："我不知道是否误会了你的意思，你上次一再告诉我，你很为自己的成就自豪，但刚才从你的谈话中，我感到你对自己很不满意。你对自己的看法到底是怎样的呢？"社会工作者运用的个案工作技巧是（　　）。

  A. 澄清    B. 自我披露   C. 摘要    D. 对质

  6. 社会工作者向服务对象收集资料时，针对一些涉及隐私或不便于在他人面前表达的资料时，最适宜采用的方法是（　　）。

  A. 自我陈述   B. 结构式调查表  C. 参与观察   D. 文献记录

  7. 社会工作者说："张阿姨，您刚才谈到母亲过世后，家里发生了一些变故，您与兄弟姐妹发生了矛盾，您还担心接下来父亲的照顾问题，那么您这次最想谈的是什么？"上述这段话中，社会工作者运用的技巧是（　　）。

  A. 同理    B. 摘要    C. 澄清    D. 对焦

  8. 服务对象孙大爷手术后回家休养，行动不便，社会工作者小马协助他联络到社区食堂为他送餐，并安排社区志愿者老李陪同孙大爷就医。上述服务中，社会工作者小马扮演的角色是（　　）。

  A. 使能者   B. 联系人   C. 倡导者   D. 治疗者

  9. 某社会工作服务机构负责人金老师接到社区工作者打来的求助电话，称14岁的少年佳佳最近经常逃学，在社区游荡。金老师让实习社会工作者小戴利用他自己也是年轻人的优势与佳佳聊聊，收集相关资料，并完成问题预估。小戴从纵向角度进行预估分析的内容是（　　）。

  A. 佳佳的社交状况      B. 佳佳的就学历程

  C. 佳佳的家庭状况      D. 佳佳的学业表现

  10. 服务对象小陆说自己在恋爱过程中总是患得患失，谈过两个女朋友都分手了，经过几次会谈后，社会工作者了解到小陆幼年时父母离异，被送到乡下奶奶家生活。于是，社会工作者帮助小陆一起回顾其成长经历，探讨童年发生的重要事件对现在生活的影响。依据心理社会治疗模式，这种治疗技巧是（　　）。

  A. 非反思性技巧      B. 反思性技巧

  C. 非影响性技巧      D. 影响性技巧

  **二、多项选择题**（每题的备选项中，有2个或2个以上符合题意，至少有1个错项。错选，不得分；少选，得部分分）

  1. 40岁的精神分裂症康复者梁女士告诉社会工作者小宋，丈夫跟她基本没话说，女儿上大学后很少回家，自己又是外地人，在这里也没有什么亲戚朋友。小宋在帮助梁女士的过程中，安排她学习夫妻沟通技巧，并指导其丈夫督促她按时服药；联络社区精神卫生服务站，鼓励梁女士参加社区活动。小宋在该个案服务中扮演的专业角色有（　　）。

  A. 治疗者  B. 联系人  C. 教育者  D. 管理者  E. 使能者

  2. 社会工作者小李在与流动儿童阳阳一家会谈的过程中，了解到阳阳的学习生活状况，与阳阳的父母讨论亲子沟通问题，布置家庭作业，鼓励阳阳父母陪伴孩子学习，并推荐阳阳一家参加亲子沟通训练营。在后续的服务中，小李跟进阳阳父母的家庭作业完成情况，并给予了进一步的辅导。小李与阳阳一家的会谈中，属于治疗性会谈的有（　　）。

A. 了解阳阳的学习和生活情况　　　　B. 与父母讨论亲子沟通面临的困扰

C. 鼓励阳阳父母陪伴孩子学习　　　　D. 跟进了解家庭作业任务完成情况

E. 提供亲子沟通训练营的资讯

3. 小刘因为感情困扰接受社会工作者小王的个案服务，经过两个多月的干预，双方都认为当前的服务目标已实现，小王计划结案。此时，小王需要做的工作有（　　）。

A. 预先告知小刘结案的时间和要求

B. 同理小刘遭遇感情困扰时的感受

C. 鼓励小刘表达对结案的看法和感受

D. 与小刘回顾服务过程，巩固其获得的改变

E. 与小刘深入探讨独立处理感情困扰的方法

4. 某学校班主任向社会工作者小陈反映，学生小星最近变得沉默寡言，学习成绩明显下降。小陈了解到小星父母平时忙于工作，很少与孩子交流，拟运用心理社会治疗模式对小星父母进行服务。下列谈话中，体现非反思性技巧的有（　　）。

A. "你们平时都忙于工作，一定很辛苦吧，晚上一般几点回家？"

B. "你们平时工作都很忙，建议让孩子来我们机构参加'四点半课堂'，可能会有帮助。"

C. "你们平时工作都很忙，我其实也很理解和同情你们的现状。"

D. "小星妈妈，您要是有什么情绪，就直接说出来吧，有时候压力太大是需要宣泄一下的。"

E. "你们平时都忙于工作，没时间管孩子，是不是你们小时候也这样？"

5. 35岁的齐女士长期忍受丈夫家庭暴力，但她出于种种顾虑一直没有离婚。最近，齐女士又一次被丈夫施暴，她忍无可忍，向社会工作者老郝求助。在建立关系的会谈中，老郝恰当的做法有（　　）。

A. 制定双方认可的谈话规则　　　　B. 创造宽松舒适的谈话氛围

C. 让齐女士自由地表达感受　　　　D. 质疑齐女士未离婚的想法

E. 建议齐女士与丈夫多交流

## ▶【模拟训练参考答案】

一、单项选择题

1. D　2. A　3. C　4. A　5. D　6. B　7. D　8. B　9. B　10. B

二、多项选择题

1. BCE　2. BCD　3. ACDE　4. BCD　5. BC

# 第五章　小组工作方法

## 【本章知识体系图】

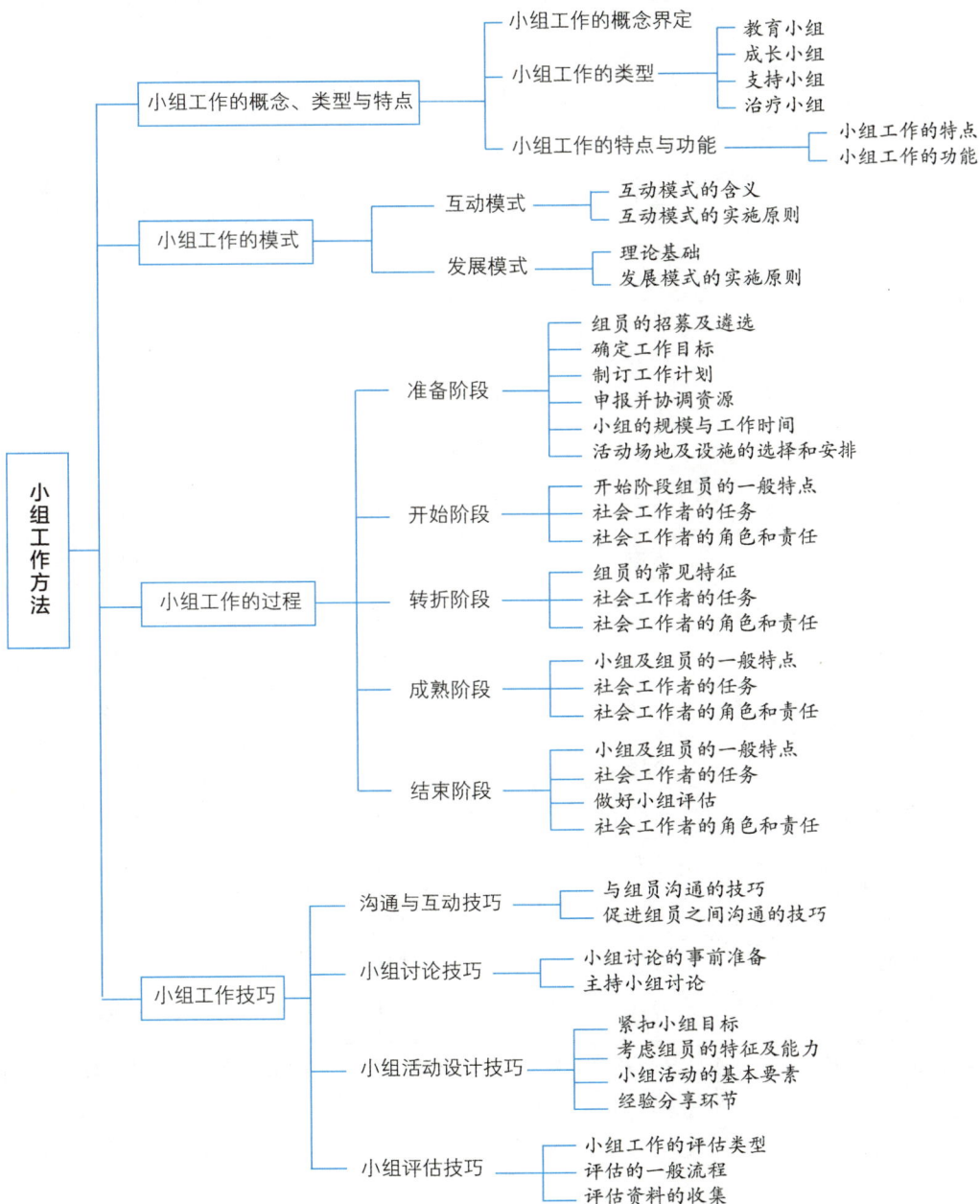

- 小组工作方法
  - 小组工作的概念、类型与特点
    - 小组工作的概念界定
    - 小组工作的类型
      - 教育小组
      - 成长小组
      - 支持小组
      - 治疗小组
    - 小组工作的特点与功能
      - 小组工作的特点
      - 小组工作的功能
  - 小组工作的模式
    - 互动模式
      - 互动模式的含义
      - 互动模式的实施原则
    - 发展模式
      - 理论基础
      - 发展模式的实施原则
  - 小组工作的过程
    - 准备阶段
      - 组员的招募及遴选
      - 确定工作目标
      - 制订工作计划
      - 申报并协调资源
      - 小组的规模与工作时间
      - 活动场地及设施的选择和安排
    - 开始阶段
      - 开始阶段组员的一般特点
      - 社会工作者的任务
      - 社会工作者的角色和责任
    - 转折阶段
      - 组员的常见特征
      - 社会工作者的任务
      - 社会工作者的角色和责任
    - 成熟阶段
      - 小组及组员的一般特点
      - 社会工作者的任务
      - 社会工作者的角色和责任
    - 结束阶段
      - 小组及组员的一般特点
      - 社会工作者的任务
      - 做好小组评估
      - 社会工作者的角色和责任
  - 小组工作技巧
    - 沟通与互动技巧
      - 与组员沟通的技巧
      - 促进组员之间沟通的技巧
    - 小组讨论技巧
      - 小组讨论的事前准备
      - 主持小组讨论
    - 小组活动设计技巧
      - 紧扣小组目标
      - 考虑组员的特征及能力
      - 小组活动的基本要素
      - 经验分享环节
    - 小组评估技巧
      - 小组工作的评估类型
      - 评估的一般流程
      - 评估资料的收集

## 【本章导学】

　　本章主要介绍小组工作方法的类型、主要模式、各阶段工作重点及常用技巧。小组工作是社会工作三大直接方法之一，其目的是经由社会工作者的策划与指导，通过小组活动过程及组员之间的互动和经验分享，帮助小组组员改善其社会功能，促进其转变和成长，以达到解决有关社会问题的目标。本章的内容具有较强的实用性，在往年考题中占的分值较大，且考题大都以案例形式出现，因此考生在复习本章内容时要以理解为主。

## 【历年题型题量分析表】

| 年份 | 单选 | 多选 | 合计分值 |
|------|------|------|----------|
| 2008 | 9题 | 3题 | 15分 |
| 2009 |      | 3题 | 6分 |
| 2010 | 8题 | 3题 | 14分 |
| 2011 | 8题 | 3题 | 14分 |
| 2012 | 8题 | 3题 | 14分 |
| 2013 | 8题 | 3题 | 14分 |
| 2014 | 8题 | 3题 | 14分 |
| 2015 | 8题 | 3题 | 14分 |
| 2016 | 8题 | 3题 | 14分 |
| 2017 | 8题 | 3题 | 14分 |
| 2018 | 8题 | 3题 | 14分 |
| 2019 | 8题 | 3题 | 14分 |
| 2020 | 8题 | 3题 | 14分 |
| 2021 | 8题 | 3题 | 14分 |
| 2022 | 9题 | 3题 | 15分 |
| 2023 | 9题 | 3题 | 15分 |

注：单项选择题每题1分，多项选择题每题2分（错选，本题不得分；少选，所选每个选项得0.5分）。

## 本章考点解读 ★★

# 第一节 小组工作的概念、类型与特点

### 考点1：小组工作的类型

例题：（2023年单选题）某医院妇产科开展了准妈妈小组活动，医务社会工作者小童通过交流分享、角色扮演等活动，让准妈妈们了解到孕中、孕后可能产生的各种需求，并学习新的知识和解决问题的办法。从小组工作类型的角度看，该小组属于（ ）。

A. 成长小组 　　 B. 教育小组 　　 C. 支持小组 　　 D. 治疗小组

答案：B

考点解读：该考点为本章的高频考点，主要通过情景案例的形式进行考查。该考点重点介绍了常见的4种小组工作类型。在复习时要求考生从小组工作类型的目标、适用范围等方面对4种小组工作类型进行记忆与理解，并加以区分。

1. 教育小组的宗旨在于，通过帮助小组组员学习新知识、新方法，或补充相关知识，促使成员改变其原来对于自己问题的不正确看法及解决方式，从而实现小组组员的发展目标。如青少年礼仪学习小组。

2. 成长小组的工作旨在帮助组员了解、认识和探索自己，从而最大限度地运用自己的内在及外在资源，充分发挥自己的潜能，解决所存在的问题并促进个人正常健康的发展。如青少年的野外拓展训练营。

3. 支持小组一般是由具有某一共同性问题的小组组员组成。通过小组组员彼此之间提供信息、建议、鼓励和情感支持，达到解决某一问题和成员改变的效果。如"单亲家庭自强小组""癌症患者小组"。

4. 治疗小组的组员一般来自那些不适应社会环境，或因其社会关系网络断裂破损而导致其行为出现问题的人群。如为吸毒人员提供服务的"美沙酮治疗小组"、为社区矫正对象开展的"星星点灯小组"。

### 考点2：小组工作的特点与功能

例题：（2011年单选题）在针对某企业员工的成长小组活动中，社会工作者不断强调说："这是我们的小组，它的成败完全取决于我们的表现。"在此过程中，多数组员特别重视小组目标，遵守小组规范，并劝阻那些违反规范的组员。上述过程体现的小组工作特点是（ ）。

A. 促进人际交往 　　　　　 B. 注重团体动力

C. 强调经验分享 　　　　　 D. 带来持久改变

答案：B

考点解读：本知识点虽然未出现在考试大纲中，但该知识点能帮助考生更好地理解小组工作的内涵，所以对此知识点的记忆和理解不可忽视。

1. 小组工作的特点

（1）小组组员问题的共同性或相似性。正是由于问题的共同性或相似性，组员一般会对小组产生认同感，组员之间具有较高的相互依存和影响，进而形成特定的小组文化和社会关系氛围。

（2）强调小组组员的民主参与。社会工作者对小组的引导本身包含了对小组组员即服务对象的平等意识和民主参与精神的强调。

（3）运用小组治疗性因素。小组社会工作者通过创建与改变小组，维持小组中的治疗性因素，促进个体的改变与成长。

（4）注重团体的动力。小组工作必然注重小组在解决问题中的发展动力。

2. 小组工作的功能

（1）塑造小组组员的平等意识和共同体归属感。社会工作者必须主导小组组员的平等意识和主人翁意识，塑造平等基础上的被接纳的文化感受。

（2）提供小组组员自我改变及"被肯定"的社会场景。在"小组"这个模拟社区的互动过程中，小组组员任何新的改变和提升都会被大家接受、肯定和分享，从而会激发他们对外在的真实社区、现实社会的信心，会激发他们以同理心去理解现实的社区和社会，进而以改变了的自我去融入社区和社会。

（3）创造相互帮助、共同成长的学习机会。小组组员通过诚实和真诚地回应其他成员的成长，表达的是对他人的接纳和肯定。这种接纳和肯定，使得小组组员彼此之间愿意和乐于相互学习、相互帮助，从而实现共同成长。

（4）打造增能的社会支持网络。小组工作过程中，通过小组组员之间、组员与社会工作者之间的互动分享，在每一个人的周围必然会形成一定的相互支持网络。

# 第二节　小组工作的模式

### 考点 3：小组工作的模式

例题：（2023 年单选题）社会工作者小程计划运用发展模式，为社区内亲子关系紧张的家庭开展小组活动，下列小组活动中，体现出发展模式中"使能者"原则的是(　　)。

A. "七嘴八舌话困境"：讨论家庭当前面临的亲子问题

B. "换个角度看家庭"：以角色扮演再现家庭沟通模式

C. "齐心协作立契约"：开放讨论小组应当遵循的约定

D. "立足当下寻资源"：发掘自身资源并寻找解决方案

答案：D

考点解读：本考点为本章的高频考点，主要是通过具体情景案例来让考生判断是属于哪种工作模式。针对该考点，考生要从其概念、理论基础及实施原则入手理解模式，可以通过关键字词来辅助记忆，如"互动模式"的关键词是"组员互动"；发展模式的关键词是"人有潜力"，并能够区分不同的模式。小组工作两种主要模式见下表。

小组工作两种主要模式

| | 概念 | 实施原则 |
|---|---|---|
| 互动模式 | 是基于人与环境和人与人之间的关系而建立的一种小组模式,旨在通过组员之间、组员与小组及社会环境之间、小组与社会环境的互动关系,促使组员在小组这个共同体的相互依存中得到成长,增强组员的社会功能,提升其发展能力 | 1. 开放性的互动<br>2. 平等性的互动<br>3. "面对面"的互动 |
| 发展模式 | 是较晚发展起来的一种小组工作模式,旨在解决和预防服务对象社会功能的衰减问题、恢复和发展服务对象的社会功能。这一种模式的应用范围极其广泛,如各类困难人群、面临危机的人群及寻求更大自我发展的人群等 | 1. 积极参与原则<br>2. "使能者"原则 |

# 第三节 小组工作的过程

### 考点 4：小组工作的过程

**例题:**(2023 年单选题) 在某单亲妈妈支持小组的第一次活动中,由于大多数组员彼此不熟悉,缺乏必要的了解,组员们不能敞开心扉。为了营造信任的小组气氛,社会工作者适宜的做法是( )。

A. 找出小组中每位组员的个性化特质

B. 就某个议题让组员表达自己的想法

C. 暂时回避组员之间可能存在的误解

D. 引导组员尽可能地接纳自己的现状

**答案:** B

**考点解读:** 本考点为本章的高频考点,要求考生精准把握:小组工作过程 5 个阶段需要完成的工作内容、组员及小组的特征、社会工作者的任务和角色进行理解运用,不仅能够根据现象判断小组阶段,而且还要能够对各个阶段进行区分。

1. **准备阶段**

(1) 组员的招募及遴选。包括对小组的成员进行招募、遴选和评估以及确定。

(2) 确定工作目标。在确定小组工作的目标时,要遵循以下几个原则:①目标清楚,可以测量和评估;②要有明确的时间限定,以便小组组员清楚在什么时间完成什么目标;③目标要适合小组组员的实际能力;④具体目标之间的相容性,不能相互冲突;⑤目标的表述尽量使用正面的肯定性语言或词汇,以便小组组员明确知道他们需要做的事情,而非强调不该做什么事情。

(3) 制订工作计划。通常,小组工作的方案或计划就是一份详细的小组计划书。在制订方案时,需要考虑许多要素(考生需掌握小组工作计划书的内容框架)。

（4）申报并协调资源。

（5）小组的规模与工作时间。①小组的规模。影响小组大小的因素有：一是小组目标；二是小组类型；三是探讨问题的性质；四是组员的成熟度；五是社会工作者的经验；六是有无协同领导者。②小组工作的时间。小组工作的时间包含 4 个方面的内容：一是工作的持续时间；二是小组聚会的频率；三是每次活动时间的长短；四是小组开始和结束的时间。

（6）活动场地及设施的选择和安排。主要有 3 个方面：①小组活动场地的选择。②活动所需的座位安排。③准备活动所需的其他设施和辅助材料。

2. 开始阶段

（1）组员的一般特点。①矛盾的心理与行为特征。②小心谨慎与相互试探。③沉默而被动。④对社会工作者的依赖性。

（2）社会工作者的任务。重点做好下列 6 项工作：①协助小组组员彼此认识以消除陌生感。组员的初步了解，有助于彼此关系的拉近及共同完成小组任务。②帮助小组组员厘清对小组的期望，提高他们对小组目标的认识。这样可以促进小组组员认识和接纳小组，做好融入小组的心理准备。③讨论保密原则和建立契约。这对小组组员与社会工作者之间建立专业关系，促进成员间的支持与互动都有积极的意义。④制定小组规范。小组规范有 3 类：秩序性规范、角色规范、文化规范。⑤营造信任的小组气氛。主要包括：主动与组员沟通，建立信任关系；创造机会让组员表达自己的想法，通过组员间的相互回馈和关怀自然地产生信任；寻找并强调组员之间的相似性；澄清组员之间的可能误解；培养组员积极倾听他人意见的良好习惯。⑥形成相对稳定的小组关系结构。主要包括：沟通结构，要建立能够最大限度鼓励组员进行沟通的理想结构；接纳结构，在组员之间形成能够相互接纳、相互包容的结构；权力结构，建立鼓励全体组员，特别是困难组员能够自我肯定、有所增权的权力结构；领导结构，在开放性和流动性的前提下，建立注重责任、轮流参与、有利于推动小组过程的领导结构；角色结构，协助建立每个组员都有位置、都适合的角色结构。

（3）社会工作者的角色和责任。①领导者：社会工作者处于小组的核心位置，具有指导小组发展、制订小组活动计划、统筹小组活动具体程序和细节的责任和领导角色。②鼓励者：社会工作者要鼓励组员主动表达自己对小组和其他组员的各种期望，尽快适应小组环境。③组织者：社会工作者要组织一些有助于组员之间相互了解的活动，促进组员之间尽快建立相对的熟人关系。

3. 转折阶段

（1）组员的常见特征。①对小组具有较强的认同感；②互动中的抗拒与防卫心理；③角色竞争中的冲突。

（2）社会工作者的任务。①处理抗拒行为；②协调和处理冲突；③保持组员对整体目标的意识；④协助组员重新建构小组；⑤适当控制小组的进程。

（3）社会工作者的角色和责任。在转折阶段，社会工作者在小组的权力与地位逐渐由中心位置向边缘位置转移。具体的角色包括：协助者、引导者、工作者、辅导者、调解人、支持者。

4. 成熟阶段

（1）小组及组员的一般特点。①小组的凝聚力大大增强；②组员关系的亲密程度更高；③组员对小组充满了信心和希望；④小组的关系结构趋于稳定。

（2）社会工作者的任务。①维持小组的良好互动；②协助组员从小组中获得新的认识；③协助组员把认知转变为行动；④协助组员解决有关问题。

（3）社会工作者的角色和责任。到了成熟阶段，组员对社会工作者的依赖逐渐减弱，社会工作者逐渐退移到边缘位置。社会工作者在此阶段的责任和角色主要有：①信息、资源的提供者和链接者，社会工作者要根据小组活动及组员的需要，做好信息的提供、资源的提供及链接工作，以便组员自己整合和运用好这些信息与资源；②小组及组员能力的促进者，社会工作者促使组员发挥他们自身的能力，并通过自己在小组的努力满足他们的需要，达到他们所要达到的目标；③小组的引导者和支持者，在组员可以自己选择、运作或解决问题的过程中，社会工作者需要扮演与组员同行的支持者和引导者，同时，对于个别组员的异常行为和特殊变化，应给予关注和必要的专业辅导。

5. 结束阶段

（1）小组及组员的一般特点。①浓重的离别情绪；②小组关系结构的弱化。

（2）社会工作者的任务。①处理组员的离别情绪与感受。在小组结束阶段最后一次聚会之前，社会工作者有必要告知每一名组员小组结束的日期，与组员一起讨论并处理他们此时内心的矛盾与伤感。②协助组员保持小组经验。模拟练习，树立信心，寻求支持，鼓励独立，跟进服务。

（3）做好小组评估工作。社会工作者自评、组员自评和观察人员或督导的评估。

（4）社会工作者的角色和责任。在小组结束阶段，社会工作者的角色又回到了小组的中心地位。①引导者：面对组员的离别情绪，社会工作者要以适当的接纳与支持，引导他们做好情绪表达和学习处理离别。②领导者：在结束期，社会工作者要以小组领导人的角色和专业职责，规划好小组结束的活动，安排好每一步骤，协助小组组员完成理想的结束过程。③评估者：在小组结束期，社会工作者还要担当小组评估者的角色，评估小组工作的成效、小组组员的改变及程度等。

# 第四节　小组工作技巧

### 考点 5：小组工作技巧

例题：（2022 年单选题）在青少年艺术治疗小组中，社会工作者小徐和组员一起用手工材料制作了名为"我的力量来源"的作品，但在分享环节，组员因为不知道如何进行分享而陷入沉默。下列小徐的回应中，能够体现出示范引导技巧的是（　　）。

A. "在分享环节，请大家先将自己的作品放在桌子上，然后用 3 分钟介绍一下作品。"

B. "我看到小汪制作了一本书，你能跟大家说说为什么会觉得书能给你带来力量吗？"

C. "我做的是一颗发芽的种子，它冲破束缚，茁壮成长，给逆境中的我带来向上的力量。"

D. "我发现大家都心灵手巧，做出了能够给自己力量的作品，哪位组员愿意分享一下？"

答案：C

考点解读：本考点为本章的高频考点，主要介绍了4种基本技巧，包括沟通与互动技巧、小组讨论技巧、小组活动设计技巧以及小组评估技巧。考生复习时要注重结合教材中的例子对各种技巧进行理解性记忆，并能加以区分。

小组工作技巧

| 小组工作技巧 | | 具体技巧 |
| --- | --- | --- |
| 沟通与互动技巧 | 与组员沟通的技巧 | ①营造轻松、安全的氛围<br>②专注与倾听<br>③积极回应<br>④适当自我表露<br>⑤对信息进行磋商<br>⑥适当帮助梳理<br>⑦及时进行小结 |
| | 促进组员之间沟通的技巧 | ①提醒组员相互倾听<br>②鼓励组员相互表达<br>③帮助组员相互理解<br>④促进组员相互回馈<br>⑤示范引导 |
| 小组讨论技巧 | 小组讨论的事前准备 | ①选择合适的主题<br>②注意讨论主题的措辞<br>③选择合适的讨论形式<br>④安排活动的环境<br>⑤挑选合适的参与者<br>⑥准备好讨论草案 |
| | 主持小组讨论 | ①开场的技巧<br>②了解的技巧<br>③提问的技巧<br>④鼓励的技巧<br>⑤限制的技巧<br>⑥沉默的技巧<br>⑦中立的技巧<br>⑧摘述的技巧<br>⑨引导的技巧<br>⑩讨论结束的技巧 |

| 小组工作技巧 | 具体技巧 | |
|---|---|---|
| 小组活动设计技巧 | 紧扣小组目标 | 要围绕小组工作的总目标或最终目标，根据小组工作各个阶段的目标要求，设计好与这些阶段相适应的一系列小组活动方案 |
| | 考虑组员的特征及能力 | 综合分析每一名组员的生理、心理、情绪、受教育程度等个体性特征。认识和把握组员的社会关系背景及文化背景，了解其以往的成长经历及成长过程中的主要问题 |
| | 小组活动的基本要素 | ①小组活动的目标<br>②小组活动的参与者<br>③小组活动的规模<br>④小组活动的时间分配<br>⑤组员的角色扮演和角色互换<br>⑥小组活动的环境设计<br>⑦小组活动的资源供应与经费预算<br>⑧小组活动的强度分布<br>⑨小组活动的预期结果<br>⑩防止和处理意外事件的预案<br>⑪总结与奖励 |
| | 经验分享环节 | ①鼓励组员发表参与小组活动的感受，讨论彼此在小组活动中的成长经验，总结有益启示<br>②是社会工作者评估小组活动是否达到预期目的的环节之一 |
| 小组评估技巧 | 小组工作的评估类型 | ①作为研究方法的小组评估。过程评估、结果评估<br>②作为工作方法的小组评估。组前计划评估、小组的需求评估、小组过程评估、小组的效果评估 |
| | 评估的一般流程 | ①评估方案的制订<br>②评估体系的建立<br>③各评估要素之间的联系<br>④按照评估流程实施评估<br>⑤评估后审核<br>⑥编写评估报告 |
| | 评估资料的收集 | ①测量工具的选择。小组记录；个人自我报告；分析报告；目标达成量表（GAS）、任务完成量表（TAS）和心理测量量表等<br>②资料收集。资料来源的多样性、收集资料、谁来作评估<br>③资料收集中常见的问题。组员与社会工作者之间的关系；非干扰性观察与干扰性观察 |

## ▶【模拟训练】

**一、单项选择题 (每题的备选项中，只有 1 个最符合题意)**

1. 社会工作者小李计划为医护人员开设减压小组。围绕小组第二节的目标，小李设计了"气球混战""冥想运动""按摩操"三个环节。督导者王老师指出该小组计划缺少一个环节，这个环节应贯穿小组的每一次服务，也是评估小组活动是否达到预期效果的重要环节。根据王老师的建议，小李的实施计划中还需要增设的环节是（　　）。

A. 理念澄清　　　　B. 经验分享　　　　C. 契约建立　　　　D. 角色分工

2. 为外来务工人员子女开设的自信心提升小组即将结束，社会工作者准备对该小组进行效果评估。下列评估指标中，属于小组效果评估指标的是（　　）。

A. 组员的出席情况　　　　　　　　B. 组员的过往经历
C. 组员的改变程度　　　　　　　　D. 组员的特征与能力

3. 针对新手妈妈常见的育儿问题，社会工作者小张开设了一个主题为"新手妈妈训练营"的小组。在小组中，小张与医生、心理咨询师合作，为新手妈妈普及科学育儿、新生儿常见疾病预防、新生儿护理及行为等方面的知识。该小组的类型是（　　）。

A. 教育小组　　　　B. 成长小组　　　　C. 支持小组　　　　D. 治疗小组

4. 社会工作者小王正在开展一个外来务工人员子女成长小组。在其中一节小组活动中，小王安排了一个"T恤秀"的游戏，让组员在白色T恤衫上画出自己印象中老家的房子，并向其他组员介绍自己的家乡。小王设计的这个游戏，有助于（　　）。

A. 促进组员积极表达，增进互相理解与支持
B. 应对抗拒行为，协调和处理组员间的冲突
C. 推动组员间形成相对稳定的关系结构
D. 保持小组经验，更好地适应社会生活

5. 在设计小组活动时，社会工作者要考虑小组活动与各个工作阶段目标的匹配度。小组的后期成熟阶段，社会工作者最适宜设计的活动是（　　）。

A. "破冰"游戏，引导组员相互熟悉，消除相互之间的陌生感
B. "同心协力"活动，引导组员相互沟通，增加彼此的了解
C. "谁是我"活动，引导组员真诚回馈，获得更深的自我认识
D. "角色冲突"情景剧，引导组员学习容忍和化解冲突的办法

6. 在一节小组活动中，组员小莫正分享他的故事，已经讲了大约10分钟。组员小欢打断了他："你讲的时间太长了，为什么你每次讲话都只想到你自己，从来不顾及我们的感受？"小欢的话令小莫感到愕然。小组随即一片沉默。此时社会工作者最适宜的回应是（　　）。

A. 小欢，我知道你的意思，但是你是否觉得你这样说话会伤害小莫呢？
B. 小莫，对不起，小组是大家的，用来解决这个问题不适合，你的分享时间有些长了。
C. 谢谢小莫与我们的分享！对小欢的意见我们待会儿再讨论，下面，我们先听其他

组员的分享, 好吗?

D. 是的, 这确实是这一段我们小组要注意的问题。不过小欢已经提出来了, 小莫好像也已经意识到了, 那我们继续往下进行吧。

7. 关于小组目标制定原则的说法, 正确的是 ( )。

A. 小组目标要强调组内的禁止事项　　　B. 小组目标要弹性安排活动时间

C. 小组目标要超越组员的能力限制　　　D. 小组目标要可测量且可评估

8. 社会工作者小顾在某养老机构开展了 "朝花夕拾" 高龄老人支持小组, 下列场景中, 可能出现在小组转折阶段的是 ( )。

A. 个别组员不愿结束小组, 反映自己的问题没有解决, 希望增加一次小组活动

B. 小顾与组员约定两个月之后举行 "银龄聚会", 承诺自己会持续跟进服务

C. 组员行为拘谨、沉默被动, 小顾运用 "击鼓传花" 游戏让组员进行自我介绍

D. 个别组员在 "往事回顾" 环节发生争执, 小顾带领组员重温并调整小组契约

9. 社会工作者小关开设了一个青少年朋辈关系改善小组。经过四次小组活动, 组员关系更为亲密, 对小关的依赖逐渐减弱, 小关也致力于提升组员的自我管理和自我决策能力。此时, 小关的主要角色是 ( )。

A. 促进者　　　　B. 辅导者　　　　C. 调解人　　　　D. 决策者

10. 在主题为 "我的社区我做主" 的小组活动第三节, 社会工作者小李让组员就社区广场舞噪声扰民问题进行头脑风暴式讨论, 随后组员你一句我一句开始议论广场舞领队张老师舞跳得好。这时小李说: "今天的讨论特别热烈, 因为时间关系, 接下来, 我们能不能一起讨论一下解决问题的办法呢?" 小李运用的技巧是 ( )。

A. 了解　　　　B. 引导　　　　C. 鼓励　　　　D. 描述

**二、多项选择题** (每题的备选项中, 有 2 个或 2 个以上符合题意, 至少有 1 个错项。错选, 不得分; 少选, 得部分分)

1. 社会工作者小田计划开展一个乳腺癌病友支持小组, 旨在为初次手术且存在紧张和忧虑情绪的乳腺癌病友提供支持。小田通过多种渠道招募小组成员, 下列对象中, 符合该小组组员筛选条件的有 ( )。

A. 甲, 无法接受乳腺癌复发及二次手术后对身体形象的再次损伤, 情绪低落

B. 乙, 新确诊为乳腺癌且完成手术, 但她不能接受身体残缺事实, 经常流泪

C. 丙, 三年前患食管癌, 此次肿瘤转移, 确诊为乳腺癌且完成手术, 情绪稳定

D. 丁, 新确诊为卵巢癌且完成手术, 担心肿瘤复发, 经病友推荐报名参加小组

E. 戊, 新确诊为乳腺癌且完成手术, 但不放心, 看到招募海报, 报名参加小组

2. 社会工作者小刘曾开设老年人防诈骗小组, 取得了良好的效果。最近, 小刘到另一社区举办同类主题的小组, 因不同社区的居民存在差异, 小刘在设计小组活动时应考虑的因素有 ( )。

A. 组员的文化背景　　　　　　　　　B. 组员的能力

C. 组员的家庭成员人数　　　　　　　D. 组员的社会关系背景

E. 组员的生理、情绪和认知状况

3. 社会工作者小燕带领的 "幸福家庭学习小组" 进入结束阶段, 她组织组员进行了自评。下列属于小组自评的有 ( )。

A. 小组的效能          B. 参加小组过程的感受

C. 工作人员的技巧运用        D. 组员之间的互动过程

E. 参与小组的目标是否达到

4. 某社会工作服务机构为轻度认知障碍的老人开设预防脑退化小组，目的是帮助他们延缓脑功能衰退。小组进行到第三节，社会工作者小茹带领组员进行趣味拼图游戏。这时黄奶奶拒绝参加，还大声说："那是小孩子玩的游戏，好幼稚!"小组气氛变得十分尴尬。对此，小茹适宜的做法有（    ）。

A. 向组员表示尊重黄奶奶的意愿，营造开放的气氛

B. 请其他组员劝说黄奶奶继续参加，配合小组进程

C. 跟组员协商这个游戏是否继续进行，并取得共识

D. 向黄奶奶解释游戏的目的，再次邀请黄奶奶参与

E. 重申小组的规范，主导处理由黄奶奶引起的冲突

5. 在小组中，专注于倾听能够有效地传达社会工作者对组员的尊重与接纳。下列做法中，属于专注于倾听的表现有（    ）。

A. 记住组员发言中所说的细节      B. 记住组员发言中提及的人名

C. 挖掘组员发言中的共同主题      D. 忽略组员言行不一致的现象

E. 鼓励组员放松地表达感受

## ▶【模拟训练参考答案】

一、单项选择题

1. B     2. C     3. A     4. A     5. C     6. C     7. D     8. D     9. A     10. B

二、多项选择题

1. BE     2. ABDE     3. ABE     4. ACD     5. ABCE

# 第六章　社区工作方法

## 【本章知识体系图】

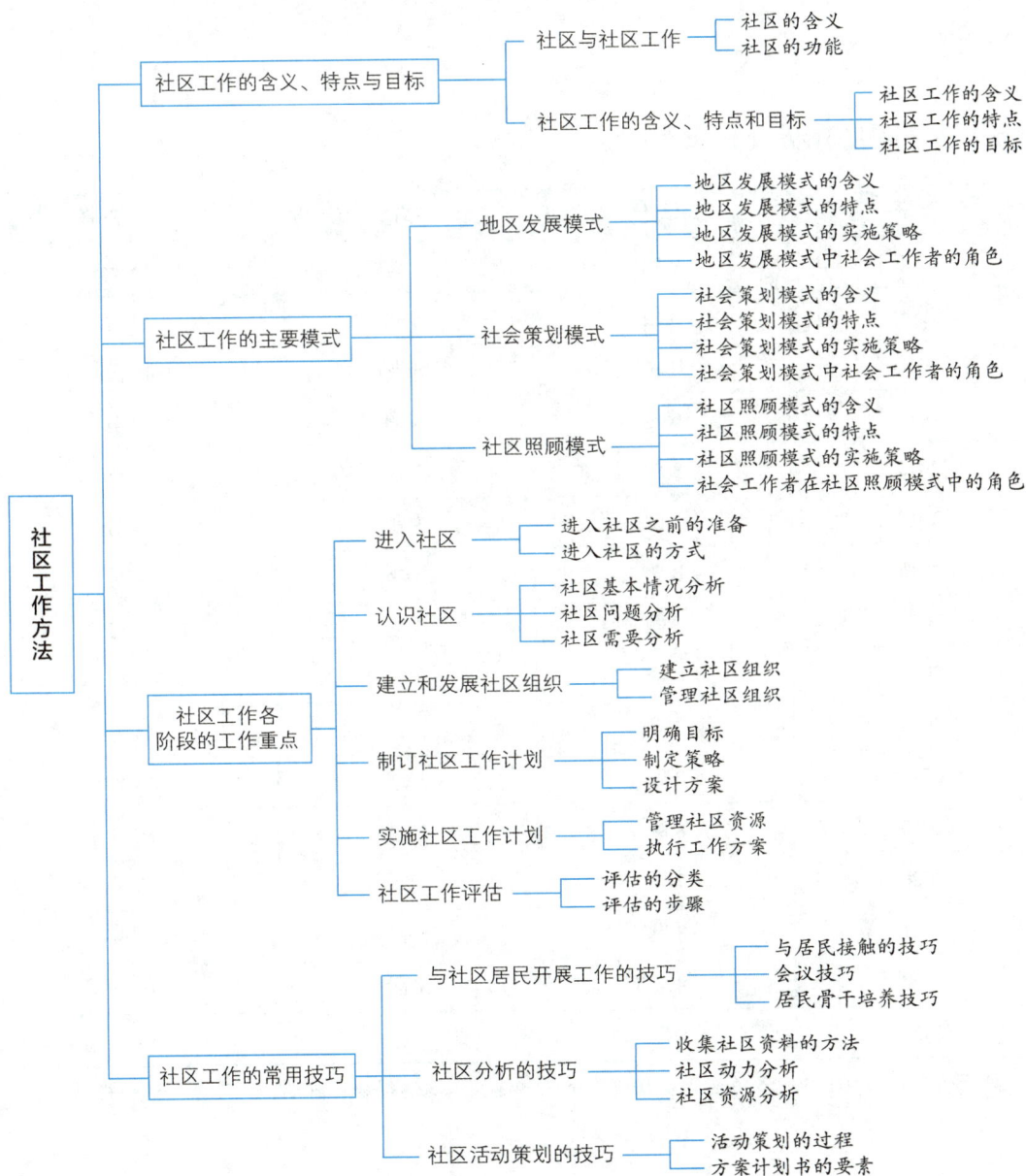

社区工作方法
- 社区工作的含义、特点与目标
  - 社区与社区工作
    - 社区的含义
    - 社区的功能
  - 社区工作的含义、特点和目标
    - 社区工作的含义
    - 社区工作的特点
    - 社区工作的目标
- 社区工作的主要模式
  - 地区发展模式
    - 地区发展模式的含义
    - 地区发展模式的特点
    - 地区发展模式的实施策略
    - 地区发展模式中社会工作者的角色
  - 社会策划模式
    - 社会策划模式的含义
    - 社会策划模式的特点
    - 社会策划模式的实施策略
    - 社会策划模式中社会工作者的角色
  - 社区照顾模式
    - 社区照顾模式的含义
    - 社区照顾模式的特点
    - 社区照顾模式的实施策略
    - 社会工作者在社区照顾模式中的角色
- 社区工作各阶段的工作重点
  - 进入社区
    - 进入社区之前的准备
    - 进入社区的方式
  - 认识社区
    - 社区基本情况分析
    - 社区问题分析
    - 社区需要分析
  - 建立和发展社区组织
    - 建立社区组织
    - 管理社区组织
  - 制订社区工作计划
    - 明确目标
    - 制定策略
    - 设计方案
  - 实施社区工作计划
    - 管理社区资源
    - 执行工作方案
  - 社区工作评估
    - 评估的分类
    - 评估的步骤
- 社区工作的常用技巧
  - 与社区居民开展工作的技巧
    - 与居民接触的技巧
    - 会议技巧
    - 居民骨干培养技巧
  - 社区分析的技巧
    - 收集社区资料的方法
    - 社区动力分析
    - 社区资源分析
  - 社区活动策划的技巧
    - 活动策划的过程
    - 方案计划书的要素

---

## 【本章导学】

　　本章主要介绍社区工作方法的目标、主要模式、各阶段工作重点及常用技巧。社区工作是社会工作的直接工作方法之一，它通过组织社区成员参与集体行动去界定社区需要，合力解决社区问题，改善居民生活环境及生活质量。本章的内容具有较强的实用性，在往年考题中占的分值较大，且考题大都以案例形式出现，因此考生在复习本章内容时要以理解为主。

## 【历年题型题量分析表】

| 年份 | 单选 | 多选 | 合计分值 |
|---|---|---|---|
| 2008 | 9 题 | 3 题 | 15 分 |
| 2009 | 8 题 | 3 题 | 14 分 |
| 2010 | 10 题 | 3 题 | 16 分 |
| 2011 | 6 题 | 3 题 | 12 分 |
| 2012 | 8 题 | 3 题 | 14 分 |
| 2013 | 8 题 | 3 题 | 14 分 |
| 2014 | 8 题 | 3 题 | 14 分 |
| 2015 | 8 题 | 4 题 | 16 分 |
| 2016 | 8 题 | 3 题 | 14 分 |
| 2017 | 8 题 | 3 题 | 14 分 |
| 2018 | 8 题 | 3 题 | 14 分 |
| 2019 | 8 题 | 3 题 | 14 分 |
| 2020 | 7 题 | 3 题 | 13 分 |
| 2021 | 8 题 | 3 题 | 14 分 |
| 2022 | 8 题 | 3 题 | 14 分 |
| 2023 | 8 题 | 3 题 | 14 分 |

注：单项选择题每题1分，多项选择题每题2分（错选，本题不得分；少选，所选每个选项得0.5分）。

## 本章考点解读

# 第一节　社区工作的含义、特点与目标

### 考点1：社区工作的含义、特点与目标

**例题：**（2021年单选题）社会工作者小赵发现新建的社区老年活动中心日常管理漏洞较多，打算通过动员社区居民参与解决问题。下列做法中，属于社会工作过程目标的是（　　）。

A. 调整老年活动中心的开放时间　　B. 鼓励居民自主讨论中心管理规范

C. 增加老年活动中心的安防设备　　D. 让社区居委会派人轮流值班管理

**答案：**B

**考点解读：**本考点为本章的高频考点，需要考生认真复习。本考点除了直接考查考生对知识点的识记，通常会结合一定的情境或者案例考查学生对知识点的理解。因此，要求考生能够把握社区和社区的功能，理解社区工作的含义、特点，懂得区分社区工作的目标，尤其是任务目标和过程目标之间的区别和联系。

1. 社区的含义

（1）社区是一个社会群体，他们住在相互邻近或衔接的地区，彼此常有往来。

（2）具有多方面的共同利益，彼此需要支援。

（3）具有许多共同的服务，如交通、学校、商店等。

（4）有相同的生活方式和文化。

（5）有多种共同需要，如生活的、心理的、社会的等。

2. 社区的功能

（1）经济的功能。社区必须能够满足其成员对生活必需品和服务的需求。

（2）社会化的功能。社区是社会化的重要场所和载体之一，社区成员通过彼此之间的交往互动得以完成自身的社会化。

（3）社会参与的功能。社区是人们认识社会和参加社会生活的首要场所。

（4）社会控制的功能。社区通过成文和不成文的规章、公约和习俗，确保其成员遵守社会规范，承担社会角色，从而维护已有的社会秩序，化解社会矛盾和社会冲突。

（5）互助的功能。社区是人们进行互动的场所，社区成员之间关系较为密切，信任程度也较高，易于在必要时对社区困难成员施以援手。

3. 社区工作的含义

社区工作是以社区为对象的社会工作介入手法。它通过组织社区成员参与集体行动去界定社区需要，合力解决社区问题，改善居民生活环境及生活质量。

4. 社区工作的特点

（1）分析问题的视角更加趋于结构取向。社区工作认为问题的产生并不完全是个人自身的原因，而是与社区周围的环境、社会制度及整个社会密切相关。

（2）介入问题的层面更为宏观。社区工作方法认为解决问题的责任不应完全放在个人

身上，政府、社区均有责任提供资源，以协助处理和解决问题。因此，社区工作较多涉及社会政策分析和社会制度的改变，注重资源和权力分配的公正。

（3）具有一定的政治性。社区工作的工作内容会涉及政治范畴，因为从广义上看，凡关系到资源和权力的分配都可视为政治。

（4）富有批判和反思精神。社区工作善于从社会结构、社会政策、制度和资源分配的角度分析和处理社区居民问题，加上社会工作专业本身的特点就是关注困难群体被忽视的权利，所以社区工作总是试图从根本上找出问题的症结，进而引发对现存制度、结构和政策的反思。

5. 社区工作的目标

（1）社区工作目标的分类。

①任务目标。所谓任务目标，是指解决一些特定的社会问题，包括完成一项具体的工作，满足社区需要，达到一定的社会福利目标等，如修桥铺路、安置无家可归者、解决社区环境污染问题等。

②过程目标。所谓过程目标，是指促进社区居民的一般能力，如加强社区居民对公民权利和义务的了解，增强社区居民解决社区问题的能力、信心和技巧，发现和培育社区居民骨干参与社区事务，建立社区内不同群体的合作关系等。

（2）社区工作的具体目标。

①推动社区居民参与。

②提高社区居民的社会意识。

③善用社区资源，满足社区需求。

④培养相互关怀和社区照顾的美德。

# 第二节　社区工作的主要模式

### 考点 2：地区发展模式

**例题：**（2022 年单选题）下列社会工作者的做法中，最能充分体现地区发展模式特点的是（　　）。

A. 注重社区任务目标的实现　　　B. 推动社区自上而下的改变

C. 建立社区非正式支持网络　　　D. 提升社区居民自组织能力

**答案：**D

**考点解读：**地区发展、社会策划和社区照顾 3 种社区工作模式在历年考试中多次出现，地区发展模式是其中的重点。考生需要理解地区发展模式的含义、特点、实施策略和社会工作者的角色，并能将地区发展模式与其他工作模式进行区分。

1. 地区发展模式的含义

地区发展模式强调社区成员通过参与和合作，以集体的形式挖掘和利用社区资源，共同解决社区问题、满足社区需求，增强社区凝聚力和归属感。

2. 地区发展模式的特点

（1）较多关注社区共同性问题。所谓共同性问题是指对社区中绝大部分居民的生活造成影响的问题。

（2）注意通过建立社区自主能力来实现社区的重新整合。

（3）在地区发展模式中，过程目标的地位和重要性超过任务目标。在地区发展模式看来，提升居民解决问题的能力来实现自助是最重要的发展目标。另外需要注意的是，重视过程目标不等于排除任务目标。

（4）地区发展模式特别重视居民的参与。地区发展模式能使居民在参与的过程中学会自决自助，提高居民参与社区事务的兴趣，改善居民之间、居民与社区团体之间、社区团体和团体之间的沟通和合作，培养他们的互助合作精神，增强居民对社区的认同和归属感。

3. 地区发展模式的实施策略

（1）促进居民的个人发展。主要是针对社区居民之间的冷漠和疏离所采取的策略。社会工作者一般会通过组织一系列社区活动，如文艺演出、老人书画比赛、青少年兴趣小组等，让居民在这些活动中相互熟悉、交往、沟通，并让部分有积极性的居民承担一些任务，或参与活动的策划或管理，以增强居民处理事务的能力和责任感。

（2）团结邻里。主要是针对社区中部分邻里关系不良而采取的策略。社会工作者一般会组织多元化的活动鼓励居民参与，推动建立社区归属感和认同感。

（3）社区教育。主要解决的是居民对社区资源不熟悉、社区认同感不强的问题。社会工作者可以通过绘制社区地图、印发宣传单等方式，向他们发放社会服务资料，告知社区资源的分布；同时也可以通过一些小组课程，告诉居民如何运用社会资源来改善生活。

（4）提供服务和发展资源。主要针对的是社区服务和社区资源缺乏的问题。在服务提供方面，社会工作者根据社区的需要，利用社会工作的专业知识和技巧，开展多种形式的社区活动或社区教育活动；发动社区资源，开展互助服务；对于一些有特殊需要的居民，也提供转介服务。

（5）社区参与。主要是处理社区居民面对的部分共同问题，如环境和设施问题等。社会工作者一般会通过动员居民集体参与来解决问题，还会建立居民小组来改善社区的动力系统。

4. 地区发展模式中社会工作者的角色

（1）使能者。协助居民表达对社区问题的不满，鼓励和协助居民组织起来，帮助他们建立良好的沟通渠道及人际关系，促进共同目标的产生，增强解决问题的能力，促成共同目标的实现。

（2）教育者。通过培训和其他方式，促进居民的社区认同，帮助居民掌握解决问题的技巧和组织技巧，激发他们积极参与和自助互助的精神。

（3）中介者。调动社区内外的各种资源，帮助实现资源链接，并将其有效地投入地区发展中，解决社区存在的问题。

（4）协调者。社会工作者在工作过程中，还应协调各方面的组织机构、社区团体以及居民之间的关系，增加了解，减少分歧，促进他们之间的团结、合作，甚至联合。

### 考点3：社会策划模式

例题：（2023年单选题）某社会工作服务机构承接了"十五分钟生活服务圈"示范街区建设子项目。该机构根据项目办要求，计划运用社会策划模式打造"公共服务空间"的人文关怀氛围。下列做法中，属于该模式实施策略中"分析环境和形势"的内容是(　　)。

A. 审视现行解决问题的手段有无不足

B. 列出所有能达到目标的可行性方案

C. 了解对计划有影响力的人士和团体的需要

D. 分析所属社会工作服务机构的优点和不足

**答案：C**

**考点解读：**社会策划模式在历年考试中出现的概率也比较大，通常以案例形式出现。该模式的含义、特点、实施策略、社会工作者的角色等方面和地区发展模式区别较大，考生复习时注意将其与其他工作模式进行区分。

1. 社会策划模式的含义

社会策划模式是在了解社区问题的基础上，依靠专家的意见和知识，通过理性、客观和系统化的分析，对解决社区问题的过程和方法进行计划的工作模式。

2. 社会策划模式的特点

(1) 注重任务目标的实现。以解决实质社会问题为主要工作方向。

(2) 强调运用理性原则处理问题。一方面强调过程的理性化；另一方面强调方法的科学化。

(3) 体现的是由上而下的改变。在社会策划模式中，社会工作者扮演着专家的角色，运用知识、科学的决策能力及其权威，推动及策划改变。

(4) 控制和指导着社区未来。社会策划模式通过分析当前和过去的资料，预测将会发生的事情，设计应对的策略，其目的是尽量降低将来的不稳定性，从而实现目标。

3. 社会策划模式的实施策略

(1) 了解组织的使命和目标。①组织使命。代表了社会服务组织未来的理想、蓝图、目标和信念。明确的服务使命可以鼓励社会工作者的认同，并指引他们明确工作的方向、范围、重要性、意义，以指导建立工作目标。②组织目标。指出了组织所要解决的社会问题和满足的社会需要。

(2) 分析环境和形势。①了解对新计划有影响力的人士和团体，分析他们的利益和需要。②考虑如何获得财政支持和人力支持。③预测整体环境的改变和发展趋势。④了解新计划可能面对的机会、竞争和障碍。

(3) 自我评估。社会工作者要评估自己所在社会服务组织的优点和不足，同改变社区的任务相比较，以清楚地确定服务目标、界定自己的工作范围。

(4) 界定和分析问题。了解社区问题的现状、特点、成因，目前有哪些解决这些问题的服务手段，它们存在怎样的不利或不足之处。

(5) 确定社区需要。评估需要的主要方法：①参与性方法，即由服务对象参与确定需要；②社会指标方法，即用社会或专业所认可的指标数字来指出需要；③服务使用情况方法，即通过目前使用服务者的资料来反映居民需要的程度；④社区调查方法，即通过问卷调查，科学地了解居民的需要。

(6) 确定目标和达到目标的标准。目标的确立要遵循以下原则：①与同事共同讨论；②应以文字表达，且是具体及可量度的；③有明确的服务对象，并被同事、社会人士和服务对象理解、认同和支持；④具有一定难度和挑战性，并强调对服务对象的改变；⑤有达到目标的时间限制，有清楚的先后次序和重点效果目标；⑥目标应与社会服务机构的能力、资源和责任相适应。

（7）寻找、比较并选择好的方案。在选择方案时，应充分考虑其可行性、效果和被接受的程度。

（8）测试方案。选定方案后，需要确定执行机构，制订所需资金和人力计划，说明工作程序。

（9）执行方案。在执行方案期间，策划者需要监管整个运作程序，以免工作偏离轨道。在方案执行过程中，也可能发现局部问题而对方案有所修改。

（10）评估结果。计划完成之后要进行评估，既要评估结果，也要评估过程。

4. 社会策划模式中社会工作者的角色

（1）技术专家。在社会策划模式中，社会工作者主要是扮演专家的角色。包括收集社区资料，进行社区分析、社区诊断、社会调查，对服务进行策划、组织运作和评估等。

（2）方案实施者。社会工作者有责任执行有关方案，与有关机构、团体保持良好关系，以推动方案的实施。在项目的管理、监督实施、反馈等各环节承担领导责任。

### 考点 4：社区照顾模式

**例题：**（2022 年单选题）某农村社区的青壮年大量外出务工，村里留守老人较多，老人们虽然平时生活能够自理，但普遍担心生病后在外工作的子女无法及时赶回，没有人照顾自己，社会工作者老周拟采用社区照顾模式，打消老人们的顾虑。下列老周的做法中，最能体现"由社区照顾"实施策略的是（　　）。

A. 协助部分老人入住养老机构　　　　B. 筹措资金建设社区老年照顾中心

C. 组织留守老人建立互助小组　　　　D. 动员外出务工的青壮年返乡工作

**答案：**C

**考点解读：**在往年考试中，社区照顾模式每年都会出现。考生需要理解社区照顾模式的含义、特点、实施策略和社会工作者的角色。社区照顾模式可以分为在社区照顾、由社区照顾、对社区照顾三种实施策略，考生重点理解三种实施策略的特点并懂得区分。

1. 社区照顾模式的含义

社区照顾是社会工作者动员社区资源，运用非正式支援网络，联合正式服务机构提供支援服务与设施，让有照顾需要的人士在家里或社区中得到照顾，过正常生活的活动。

2. 社区照顾模式的特点

（1）协助服务对象融入社区。社区照顾模式认为，服务对象所生活的社区是其正常的生活环境，这里有他们熟悉的人群，有同他们进行交往的机会，也有进行正常社会生活的条件，这对服务对象是十分有利的。

（2）强调社区责任。社区照顾的发展是福利国家社会福利制度的一种改变，它改变了过去完全靠政府提供资源和服务的方法，转而由政府、营利机构、志愿组织、社区、家庭及个人共同分担照顾责任。

（3）非正式照顾是重要因素。社区照顾模式认为，社区存在许多人际关系网络，这些关系网络对社区成员的生活有很大的影响，它可以为人们提供重要的精神、物质、服务方面的支援。如由家庭、亲朋好友、邻居提供的关照便是非正式照顾的表现。

（4）提倡建立相互关怀的社区。社区照顾模式强调动员家人、社区居民与志愿者开展服务，以在社区中建立互助互爱的关系。从定义中可以看出，社区照顾的过程目标是要建立一个相互关怀的社区。

3. 社区照顾模式的实施策略

（1）在社区照顾。核心是强调服务的非机构化，即将被照顾者放回社区内进行照顾，在他们熟悉的社区环境中生活，协助他们融入社区生活。

（2）由社区照顾。核心是强调动员社区内的资源，发动在社区内的亲戚、朋友和邻里协助提供照顾；其重点是积极协助困难群体和有需要人士在社区中重新建立支持网络。

（3）对社区照顾。要成功地进行社区照顾，单靠社区及家人的力量是不够的，为了不至于使这些照顾者被"耗尽"，还需要充足的支援性社区服务辅助，才能使社区照顾持续下去。这些社区服务包括日间医院、日间护理中心、家务助理、康复护士、多元化的老人社区服务中心、暂托服务、关怀访问及定期的电话慰问等。只有这些服务的充分提供，才能辅助社区人士把需要照顾的人留在社区里持续地生活下去。

4. 社会工作者在社区照顾模式中的角色

（1）治疗者。为个别服务对象提供行为治疗或其他心理治疗，也开展家庭治疗和小组治疗。

（2）辅导者和教育者。为照顾者提供辅导服务，为照顾者小组提供训练课程，教授有关的照顾技巧。

（3）经纪人。为服务对象寻找有关的服务；为照顾者小组的活动寻找社区资源；推动照顾者协助服务机构推行服务；向照顾者小组提供财政或社区资源的资料和申请渠道等。

（4）倡议者。为较为特殊的服务对象倡议和争取合适的服务等。

（5）顾问。就服务对象的情况向有关服务机构提供意见等。

# 第三节　社区工作各阶段的工作重点

## 考点 5：社区工作各阶段的工作重点

**例题：**（2023 年单选题）社区社会工作者在开展工作时，需要认识社区内的资源。下列做法中，属于社会工作者了解社区内资源的是（　　）。

A. 了解社区居民日常交往及如何相互影响

B. 了解社区内各个学校的位置及开放情况

C. 了解社区内爱心超市的盈利与收支情况

D. 了解社区内人大代表参与社区事务情况

**答案：**B

**考点解读：**该考点是本章的重点，也是本章的高频考点。根据社区工作的一般过程，可以划分为以下几个阶段：进入社区、认识社区、建立和发展社区组织、制订社区工作计划、实施社区工作计划、社区工作评估。不同阶段的工作重点不同，所采用的工作方法也各有侧重。在复习时，考生要结合教材，理解、掌握每个阶段的工作内容、工作方法等。

1. 进入社区

（1）进入社区之前的准备。①了解自己所任职的机构：了解机构的理念，了解自己所在的机构与社区其他组织和团体之间的关系；②了解机构分工和自己的工作内容：明确自己在机构分工中所处的位置，负责哪些方面的工作，主要的工作内容包括什么，自己职责的权限范围有多大，哪些事务可以自行处理，哪些必须向上级报告或经上级同意之后才能采取行动；③认识同事：在社区通常以团队的形式开展工作，因此必须与同事互相了解，建立默契，这样才能在工作上有效沟通，相互支持，形成合作。

（2）进入社区的方式。让社区认识社会工作者的方式：①积极参与社区重要活动：比如参加社区在节假日举办的活动或在社区已形成的传统活动中争取亮相的机会，这类活动居民的参与率通常较高，社区各团体和组织的代表也会出席，是获得广泛认识的好机会，让大家逐渐熟悉和了解自己；②主办社区活动：社会工作者所在的机构可以出面主办一些社区活动，邀请居民和其他社区团体参加，主动营造与社区其他成员互动的机会，也可借此宣传介绍自己所在机构的服务；③积极介入社区事务：社会工作者应积极参与讨论社区事务，出席相关的会议，提供意见和建议，并在力所能及的范围内提供适当的帮助；④经常出现在社区居民之中：社会工作者应经常在社区内走动，尤其应注意在居民聚集的公共场所稍作停留，主动与居民打招呼，话家常，拉近与居民的距离；⑤报道社区活动：社会工作者也可以定期或不定期地出版工作简报、通信，或者向社区的报纸、期刊投稿，报道自己机构在社区所开展的活动。

2. 认识社区

（1）社区基本情况分析。包括社区的地理环境、人口状况、资源、权力结构、文化特色等。

（2）社区问题分析。①描述问题：是认识问题的起点，意在弄清问题的表现或者症状；不应只关注客观存在的事实和状况，还要关注社区成员对现状的感知和察觉，明白居民对问题的认识和描述，理解居民对问题的体验感受。②界定问题：明确问题的性质，为解决问题提供方向。③明确问题的范围：弄清楚问题的范围，以判断问题的大小和严重程度。④找出问题的起源和解决问题的动力：找出导致社区问题产生、蔓延和加剧的原因，并进而发掘和思考解决这一问题可能的动力因素。

（3）社区需要分析。①规范型需要：是专业人员、行政人员或专家学者依据专业知识和现有规定或规范，所指出的特定需要标准；②感觉型需要：当个人被问及是否需要某一特定服务并作出回应时，其反应就是感觉型需要；③表达型需要：当个人把自身的感觉型需要通过行动来表达和展现时，即成为表达型需要；④比较型需要：需要的产生是基于与某种事物所作的比较。

3. 建立和发展社区组织

建立和发展社区组织是社区工作过程中相当重要的一个环节。

（1）建立社区组织。主要涉及以下程序：招收成员；订立组织规则；推选领导者；建立工作小组；筹措经费。

（2）管理社区组织。主要应关注的方面：①服务规划：包括长期的组织策略规划和短期的服务方案设计；②行销管理：包括服务产品行销、社会行销、观念行销和组织行销；③财务管理：包括经费筹措、制定预算、总务与会计；④人力资源管理：包括专职工作人员以及志愿者的招募、聘用、工作分配、培训、报酬、激励和奖惩；⑤研究与发展：服务方案的评估、新服务方案的开发、组织的评估、适应和引领组织变迁等。社会工作者在社区组织管理中所扮演的角色会随着组织的发展而有所不同。组织成立之初，社会工作者可能亲自承担较多的管理工作；发展过程中，社会工作者应注重建立和完善组织的内部规章制度，发现和培养组织的领导者；最终，社会工作者不再直接担负组织的管理工作，只在必要时为组织提供咨询服务，实现社区组织的自我管理。

4. 制订社区工作计划

社区工作计划是基于社区的实际情况，根据对社区需要和问题的分析，为实现社区工作目标而制订的行动方案。

（1）明确目标。①目标的构成：社区工作的目标是工作的方向和想要达到的目的，它可以是整个社区的改变，也可以是解决一个具体的社区问题，或以满足社区在某个方面的需求；②制定目标的原则：遵循社区参与和社区自决的原则，充分考虑社区成员的愿望，共同分享对工作目标的期望。

（2）制定策略。主要步骤：①提出策略：采取"头脑风暴"方法让规划小组成员提出各种策略；②评估策略：运用符合性、可接受性、可行性三个指标去评估上一阶段提出的每个策略，符合性考察的是策略是否符合机构的宗旨和目标，可接受性则关心策略是否为社区成员所接受，可行性指的是在现实中实现该策略的可能性以及资源是否能满足其需要；③筛选策略：就保留下来的策略，运用SWOT分析法逐一分析实践该策略的可能性，选出一个或几个策略。

（3）设计方案。方案计划书包括：工作目标、工作内容、工作时间、工作地点、工作人员、服务对象、工作方法、预算、预案等。

5. 实施社区工作计划

（1）管理社区资源。包括：①资源分析：要了解自己现有的资源，即自己现在所拥有或能够调动的资源类型、数量、质量、便利程度、使用成本等，并将这些信息与计划所需要的资源进行对照，有针对性地进行开发。②资源开发：通常涉及的是人力和资金，尤其是志愿者的招募和活动经费的筹措。③资源链接：链接的方式可以分为正式链接和非正式链接，正式链接是指拥有资源的各方通过会议、契约、合同等正式的方式相互交换资源，而非正式链接则是依靠平常的交情等非正式方式形成的资源交换，社区工作中非正式资源链接是常见的方式。良好的资源链接可以充分利用社区内外的各种资源，避免资源的闲置和浪费。④资源维系：维系社区资源应注意遵循以下原则：第一，以社区需要为前提对社区资源的使用进行规划；第二，应多方寻求资源；第三，对资源的使用做到公开透明，协助赞助者或捐赠者树立良好的社会形象；第四，与资源提供者建立良好而稳定的关系，经常与他们联系，定期向他们报告资源使用情况以及所带来的效果；第五，加强对资源的统筹协调，减少重复使用，发挥资源的整合性效果。

（2）执行工作方案。划分为3个阶段：①筹备阶段：主要任务是确认工作中将要涉及的所有环节，并对人员进行相应的分工，明确各自的职责和归属；②开展阶段：是按照计划好的工作方案稳步推进的过程，其间要注意推进的策略、方法和节奏，并注意经费的管理和控制，避免顾此失彼，社会工作者及其他核心成员也应做好分工，整个工作团队也应做好危机处理的准备；③结束阶段：在工作结束的时候，要对工作的过程和结果做详细的记录，建立工作档案，进行经费结算，并及时撰写工作总结，反思工作中的得失，为以后的工作提供借鉴。

6. 社区工作评估

评估系统过程见社会工作评估系统图（详见教材）。

（1）评估的分类。①过程评估：对工作过程质与量的评估，重点在于对有关的工作过程进行描述，包括投入的资源和人员配置、一系列工作的优先次序、各个程序的进展状况等；②成果评估：主要是考察工作成果在多大程度上实现了预定的目标；③效益评估：注重服务的成本收益分析，关注的是所取得的工作成果与所付出的代价孰大孰小的问题。

（2）评估的步骤。①明确评估目标：应注意与工作计划中所设定的目标相联系；必须清楚地界定目标的对象；对目标的表述必须清晰具体；各方应在评估目标上达成共识。②建立测评标准：将目标转换为可以观察和测量的指标。③设计评估研究方案：重点考虑测评的要素、对照组的设置、测评的时机、测评的次数。④收集与分析资料：评估中可以采取多种收集资料的方法，如问卷法、访谈法、文献法等。收集完资料之后，则需要选择相应的资料分析方法和工具，进行定量或定性分析，根据分析的结果对社区工作进行评价。⑤使用评估结果：一方面是对工作计划落实情况的一个交代；另一方面也是对过去工作经验教训的总结，为改进工作和确定未来的工作方向提供依据。

# 第四节　社区工作的常用技巧

### 考点6：社区工作的常用技巧

例题：（2022年单选题）为了深入了解社区需要并与居民建立关系，社会工作者最适宜采取的收集资料方法是（　　）。

A. 问卷法　　　　　B. 观察法　　　　　C. 文献法　　　　　D. 访问法

答案：D

考点解读：该考点是本章的重点，也是本章的高频考点。历年考题中，本考点多以案例和情景题出现，考生需要注意在识记的基础上理解各种技巧。社区工作主要有3种技巧，即与居民开展工作的技巧、社区分析的技巧和社区活动策划的技巧。

1. 与居民开展工作的技巧

（1）与居民接触的技巧。①事先准备：清楚接触居民的目标和出发点。②与社区居民的接触过程：介绍自己、展开话题、维持对话、结束对话。③以招募为目的的居民接触技巧。

（2）会议技巧。①会议的过程：会议前—会议中—会议后—行动。②主持会议的技巧包括：提问和邀请发言，进一步说明和转述，聚焦，摘要、综合和总结，关注、赞赏和鼓励。

（3）居民骨干培养技巧。包括鼓励参与、建立民主领导风格、培训工作技巧、增强管理能力。

2. 社区分析的技巧

（1）收集社区资料的方法。①文献分析法：人口普查数据、地方志及政府相关资料、社区居委会的工作资料、媒体报道和评论、其他个人和团体的资料；②观察法：进入社区直接观察社区的状况以及社区成员之间的互动，可以直观地了解社区；③访问法：通过与各类社区居民面对面的谈话，社会工作者能深入了解社区的需要，而且访问的过程本身也有助于与社区居民建立关系；④问卷调查法：需要在问卷的设计、发放、回收和分析等环节做到严谨和科学，符合问卷调查的规范；⑤社区普查法：当社区规模不大或涉及的问题具体而明确时，可以通过问卷调查法或访问法对社区中的每一个家庭进行调查，了解他们的需要以及对社区问题的看法；可将社区普查设计成社区居民共同参与的活动。

（2）社区动力分析。①社区系统分析：社区内部存在众多的个人、团体和组织，社区系统分析首先要对他们进行个别分析，了解其特性，然后在此基础上将他们划分为不同类型、不同取向、不同层次的系统。在分析社区系统时，应重点关注那些会影响该系统与外部关系的因素，包括理念、目标、构成、资源、期望以及社区内不同体系在社区事务上的活跃程度、发展阶段、组织风格等。②社区互动分析：目的在于厘清社区内各系统之间的复杂关系和互动模式，以便更有效地推进社区工作。社区各系统之间通常存在的互动关系包括：交换关系、授权式关系、联盟式关系、竞争关系。③社区动力分析步骤：列出社区内活跃的个人、团体、组织、机构，逐一分析；将取向相近且有共同利益的个人、团体、组织、机构归类到同一系统；从社区事件入手观察各系统的互动关系。

（3）社区资源分析。可采用的分析工具包括：①社区资源分析表：在进行社区资源分析时，需要对资源进行分类，可以分为人力资源、物力资源和财力资源3类，还可以制作社区资源分析表（详见教材）。②社区资源地图：能更直观地呈现各项资源的位置、距离远近、交通便利程度、使用成本、品质等多方面的信息，同时，又能形象地表现出社区资源的分布是否均匀合理。③社区资源档案：经过对社区资源的发现、整理和归类，社会工作者可以为每一项可能使用的资源建立档案，档案的内容包括资源的主要特征，如提供资源的单位或个人名称；联络地址、电话、传真、网址、电子邮件地址；所提供的资源项目；主要负责人和联络人；提供资源的条件；是否收费及收费标准等。

3. 社区活动策划的技巧

（1）活动策划过程。遵循社区工作重视居民参与的原则，其过程包括：①掌握活动的基本目标：服务对象的特点、组织的目的、问题的解决、提升居民意识；②衡量服务对象的特点、需要、兴趣；③符合机构的宗旨、赞助团体的期望；④评估本身拥有的资源以及可以动员的资源；⑤制订初步计划：订立具体目标、确定服务对象、设计活动形式、制订活动进度表；⑥评估可行性；⑦确立详细计划；⑧预期困难及解决方法：在制订出完整的方案计划之后，有必要再重新审查整个计划，检查策划过程中是否存在忽略或遗漏的因素，并预估在执行计划的过程中可能会遇到哪些困难和变化，制订出相应的解决方案和应对措施。

（2）方案计划书的要素。一份方案计划书通常应具备以下要素：方案名称、缘起与依据、宗旨与目的、举办单位、实施时间、实施地点、工作人员、服务对象、工作内容与工作方法、预算经费、预期效果、预案。

## ▶【模拟训练】

**一、单项选择题（每题的备选项中，只有1个最符合题意）**

1. 某临街小区的居民向社会工作者老钱抱怨单元门禁年久失修，给居民生活带来了安全隐患。老钱为此检查了整个社区单元门禁状况，并向其他居民了解情况，他发现除了门禁问题外，还有乱贴小广告、随地便溺等状况，很多居民都有意见。从社区问题分析的角度来看，上述老钱的做法最有助于（    ）。

  A. 界定问题的性质      B. 明确问题的范围

  C. 发掘问题的起源      D. 寻找解决的方案

  2. 某地农村青壮年劳动力大量外出打工，留守儿童现象比较普遍。某社会工作服务机构运用社会策划模式为这一地区的留守儿童提供服务。下列做法中，最能体现社会策划模式特点的是（    ）。

  A. 增进村民参与，自下而上地倡导重视儿童发展问题

  B. 开发村庄内部资源，以家庭互助方式照顾留守儿童

  C. 开展直接服务，为出现行为问题的留守儿童提供辅导

  D. 运用专业权威，根据理性原则设计留守儿童服务方案

  3. 社会工作者进入社区之初，应了解社区的基础情况。下列做法中，有助于社会工作者了解社区文化特色的是（    ）。

  A. 观察社区活动，发现热心社区事务的居民

  B. 开展入户调查，掌握社区的人户分离情况

  C. 访问社区老人，了解社区的历史与习俗

  D. 走访社区组织，分析社区的资源与需求

  4. 某社会工作服务机构在扎根社区的过程中发现，物业公司与社区居委会为了和居民联络感情，经常联合举办社区活动。活动筹备过程中，居委会负责提供场地和招募居民，物业公司负责提供活动物资经费。该社区居委会和物业公司之间的关系是（    ）。

  A. 竞争关系   B. 授权式关系   C. 交换关系   D. 联盟式关系

  5. 社会工作服务机构运用社区照顾模式为高龄老人提供服务。下列做法中，最能体现"对社区照顾"服务策略的是（    ）。

  A. 动员志愿者帮助老人打扫卫生   B. 为老人在社区建立日间照料中心

  C. 为老人申请在家中安装电铃呼叫系统  D. 建立同一类型的慢性病患者互助小组

  6. 社会工作者小苏开展了一个社区青年就业援助项目，最近该项目需要进行中期自评。从过程评估的角度看，小苏应重点评估的内容是（    ）。

  A. 成功就业的社区青年人数    B. 服务对象的满意度

  C. 链接就业资源的方式     D. 项目的投入产出比

  7. 社区工作方法强调通过居民参与，解决社区问题，满足社区需求，为此，社会工作者通常需要召集居民代表大会，讨论有关问题。在会议进行中，社会工作者需要完成的工作是（    ）。

  A. 让所有与会者及时并清楚会议的决定

  B. 与先到会场的居民打招呼、谈话，营造亲切气氛

  C. 按照会议议程逐项讨论，适当分配发言和讨论时间

  D. 做好会议记录，并分发给与会人员，以便工作开展

  8. 某社会工作服务机构受当地民政部门邀请，派出社会工作者小杨参与灾后重建工作。他观察到临时安置点的生活设施数量有限，居民之间会因使用拥挤而产生不愉快。针对这种情况，小杨最适宜采取的地区发展模式实施策略是（    ）。

A. 要求增加更多生活设施　　　　B. 直接安排居民轮流使用

C. 鼓励居民提出改善意见　　　　D. 重新规划设施分配方案

9. 社会工作者小刘在社区中开展困境老人关怀服务。小刘首先解决的是生活问题，接着，小刘将生活困境分为经济收入、生活照料、情感支持和权益保护等几个方面的具体问题，然后，小刘分析了这些具体问题产生的原因。从问题认识和分析方法的角度看，小刘的做法属于（　　）。

A. SWOT 分析法　　B. 分支法　　C. PEST 分析法　　D. 问题认识工作表

10. 社会工作者小张在社区环境综合整治项目中主要负责收集社区资料，进行社区分析、策划服务方案等工作。根据社会策划模式，小张扮演的角色主要是（　　）。

A. 技术专家　　　　B. 协调者　　　　C. 方案实施者　　　　D. 中介者

## 二、多项选择题（每题的备选项中，有 2 个或 2 个以上符合题意，至少有 1 个错项。错选，不得分；少选，得部分分）

1. 社会工作服务机构在制订社区工作计划时，可以运用 SWOT 分析法，找出能发挥优势因素、克服弱点因素、利用机会因素、化解威胁因素的对策，形成一项或几项社区工作的策略。下列因素中，属于社会工作服务机构外部机会因素的有（　　）。

A. 机构的志愿者队伍日益稳定　　　B. 政府购买服务资金逐年增加

C. 社区里的服务设施先进齐备　　　D. 机构社区服务经验日趋成熟

E. 社会工作评估制度日益健全

2. 某养老机构在社区新建了一个养老驿站，机构负责人委派社会工作者小李到社区开展前期工作。为了尽快让社区居民认识社会工作者，了解养老驿站的服务，小李适宜的做法有（　　）。

A. 参加社区重阳节活动，派发相关宣传资料

B. 去社区和老人聊天，介绍即将开展的工作

C. 拜访社区居委会的负责人，搞好私人关系

D. 举办社工节活动，现场邀请老年居民体验驿站服务

E. 招募大学实习生，开展问卷调查，了解居民的需要

3. 为了提高居民对社区公共环境的关注，社会工作者小余在社区开展了一项"社区随手拍"活动，鼓励居民将自己看到的社区环境中的亮点和问题用手机拍下来上传给社区，并定期将居民的作品制作成海报张贴在社区宣传栏内，小余发现整理照片需要大量人手，洗印照片和制作海报也需要一笔费用。为了实施这项活动，从社区资源开发的角度，小余可以进行的工作有（　　）。

A. 联络社区团体和组织，协助招募活动的志愿者

B. 发布社区活动广告，从居民中直接招募志愿者

C. 走访自己熟悉的社区商户，鼓励他们为活动捐献

D. 向所在区政府申请经费，为活动提供全程赞助

E. 申请机构专门款项，购买一台用于活动的照片打印机

4. 社会工作者小刘在某街道刚成立的党群服务中心工作。为了科学细致地了解该街道所辖各社区的基本情况，小刘需要开展的工作有（　　）。

A. 了解居民对社区问题的真切感受　　　B. 入户调查，掌握人户分离的情况

C. 评估居民对公共设施的利用情况　　　D. 参与社区活动，观察居民骨干的影响力

E. 出席社区工作会议，并提供专业性意见

5. 黄阿姨今年 65 岁，育有一子一女，老伴去世得早，儿子长期在国外工作。从建立非正式照顾系统的角度看，社会工作者可动员照顾黄阿姨的人员有（　　）。

A. 黄阿姨的女儿　　　B. 黄阿姨的朋友　　　C. 黄阿姨的邻居

D. 助餐服务送餐员　　　E. 日间照料中心社会工作者

## ▶【模拟训练参考答案】

一、单项选择题

1. B　　2. D　　3. C　　4. C　　5. B　　6. C　　7. C　　8. C　　9. B　　10. A

二、多项选择题

1. BCE　　2. ABD　　3. ABCD　　4. BCD　　5. ABC

# 第七章　社会工作行政

【本章知识体系图】

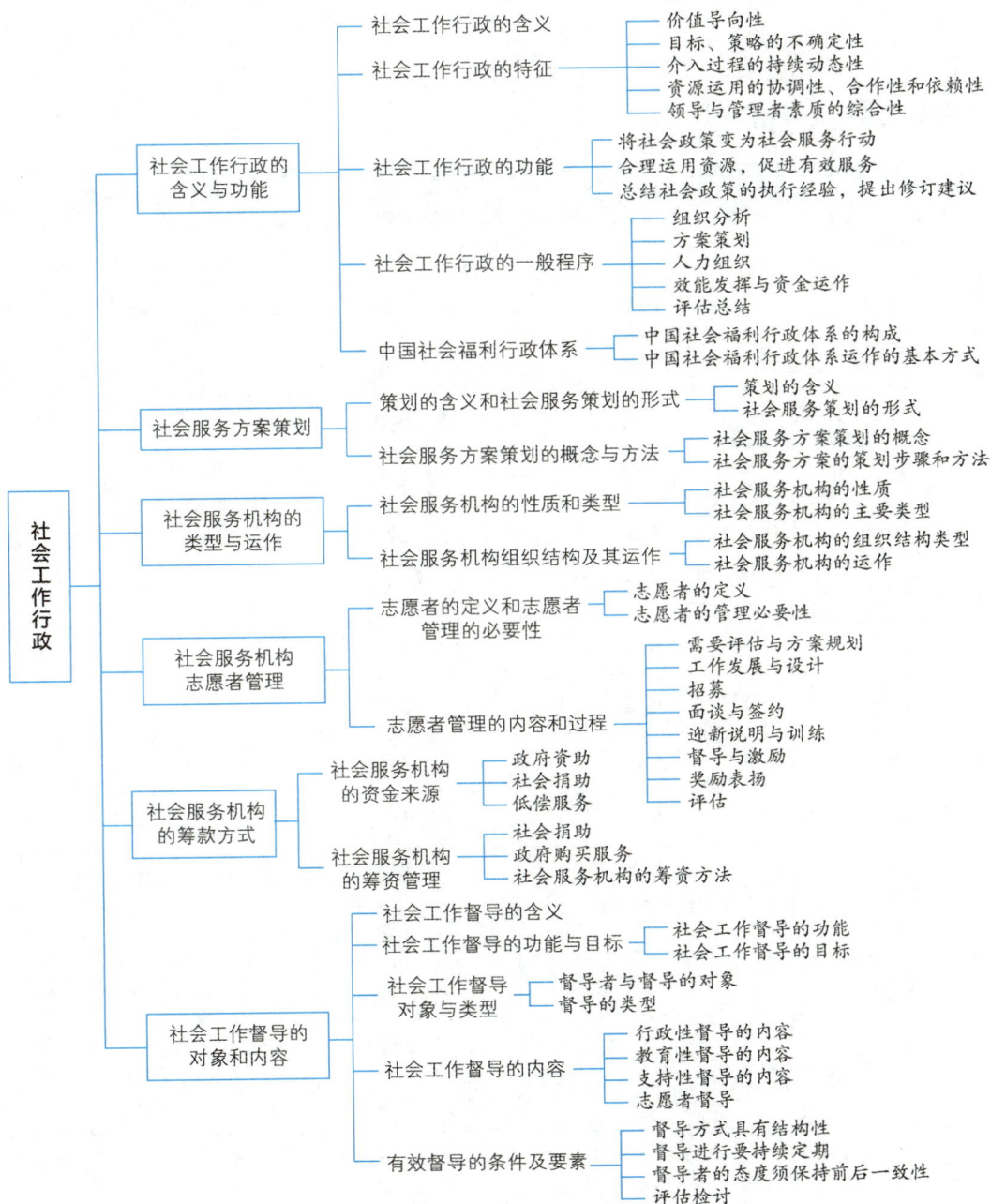

社会工作行政
- 社会工作行政的含义与功能
  - 社会工作行政的含义
  - 社会工作行政的特征
    - 价值导向性
    - 目标、策略的不确定性
    - 介入过程的持续动态性
    - 资源运用的协调性、合作性和依赖性
    - 领导与管理者素质的综合性
  - 社会工作行政的功能
    - 将社会政策变为社会服务行动
    - 合理运用资源，促进有效服务
    - 总结社会政策的执行经验，提出修订建议
  - 社会工作行政的一般程序
    - 组织分析
    - 方案策划
    - 人力组织
    - 效能发挥与资金运作
    - 评估总结
  - 中国社会福利行政体系
    - 中国社会福利行政体系的构成
    - 中国社会福利行政体系运作的基本方式
- 社会服务方案策划
  - 策划的含义和社会服务策划的形式
    - 策划的含义
    - 社会服务策划的形式
  - 社会服务方案策划的概念与方法
    - 社会服务方案策划的概念
    - 社会服务方案的策划步骤和方法
- 社会服务机构的类型与运作
  - 社会服务机构的性质和类型
    - 社会服务机构的性质
    - 社会服务机构的主要类型
  - 社会服务机构组织结构及其运作
    - 社会服务机构的组织结构类型
    - 社会服务机构的运作
- 社会服务机构志愿者管理
  - 志愿者的定义和志愿者管理的必要性
    - 志愿者的定义
    - 志愿者的管理必要性
  - 志愿者管理的内容和过程
    - 需要评估与方案规划
    - 工作发展与设计
    - 招募
    - 面谈与签约
    - 迎新说明与训练
    - 督导与激励
    - 奖励表扬
    - 评估
- 社会服务机构的筹款方式
  - 社会服务机构的资金来源
    - 政府资助
    - 社会捐助
    - 低偿服务
  - 社会服务机构的筹资管理
    - 社会捐助
    - 政府购买服务
    - 社会服务机构的筹资方法
- 社会工作督导的对象和内容
  - 社会工作督导的含义
  - 社会工作督导的功能与目标
    - 社会工作督导的功能
    - 社会工作督导的目标
  - 社会工作督导对象与类型
    - 督导者与督导的对象
    - 督导的类型
  - 社会工作督导的内容
    - 行政性督导的内容
    - 教育性督导的内容
    - 支持性督导的内容
    - 志愿者督导
  - 有效督导的条件及要素
    - 督导方式具有结构性
    - 督导进行要持续定期
    - 督导者的态度须保持前后一致性
    - 评估检讨

## 【本章导学】

本章主要介绍了社会工作行政的含义与功能、社会服务方案策划、社会服务机构的类型与运作、志愿者管理、社会服务机构的筹款方式、社会工作督导的主要内容及对象等。本章考点既要求考生能够识记知识点，又要求考生能够灵活运用，所以考生在复习时要结合教材进行记忆和理解。

## 【历年题型题量分析表】

| 年份 | 单选 | 多选 | 合计分值 |
|------|------|------|----------|
| 2008 | 7题 | 1题 | 9分 |
| 2009 | 10题 | 1题 | 12分 |
| 2010 | 7题 | 1题 | 9分 |
| 2011 | 12题 | 3题 | 18分 |
| 2012 | 6题 | 2题 | 10分 |
| 2013 | 6题 | 2题 | 10分 |
| 2014 | 6题 | 2题 | 10分 |
| 2015 | 6题 | 2题 | 10分 |
| 2016 | 6题 | 2题 | 10分 |
| 2017 | 6题 | 2题 | 10分 |
| 2018 | 6题 | 2题 | 10分 |
| 2019 | 6题 | 2题 | 10分 |
| 2020 | 7题 | 2题 | 11分 |
| 2021 | 6题 | 2题 | 10分 |
| 2022 | 6题 | 2题 | 10分 |
| 2023 | 7题 | 2题 | 11分 |

注：单项选择题每题1分，多项选择题每题2分（错选，本题不得分；少选，所选每个选项得0.5分）。

# 本章考点解读 ★★★

## 第一节　社会工作行政的含义与功能

### 考点1：社会工作行政的含义与功能

**例题**：（2023年单选题）组织分析是社会工作行政不可忽略的基础工作。下列内容中，属于组织外部环境分析的是（　　）。

A. 审视组织的服务领域和方向

B. 识别法人的权限和组织的规范性

C. 识别评估组织发展与收入来源的关系

D. 评估组织运行系统和技术资源的有效性

**答案**：C

**考点解读**：本知识点虽然未出现在考试大纲中，但2020年和2023年分别以单选和多选的形式考查了社会工作行政的一般程序。本考点主要是对社会工作行政作一个总的概述，介绍了社会工作行政的含义、特征、功能和一般程序。考生在复习"社会工作行政的一般程序"时，可以结合本章第二节"社会服务方案策划"、第八章第三节"社会工作研究的一般过程"进行理解。

1. 社会工作行政的含义

社会工作行政是社会服务机构的行政人员，在专业价值观和专业理论的指导下，有效整合利用社会资源，通过社会服务机构内部实施的计划、组织、人员任用、领导、控制、决策等，实现机构高效运转、输出社会服务的过程。

2. 社会工作行政的特征

（1）价值导向性。

（2）目标、策略的不确定性。

（3）介入过程的持续动态性。

（4）资源运用的协调性、合作性和依赖性。

（5）领导与管理者素质的综合性。

3. 社会工作行政的功能

（1）将社会政策变为社会服务行动。在将社会政策转变为具体服务的过程中要将宏观政策具体化，因而具有解释政策的功能。

（2）合理运用资源、促进有效服务。社会工作行政不但在宏观层面上策划社会服务，而且在具体服务的层面上对其进行统筹和管理，即具体地配置各种资源，形成社会服务的能力。

（3）总结社会政策的执行经验，提出修订建议。社会工作行政人员具备评价社会政策的合理性和可行性的能力，他们总结经验后可以向高层决策者提供意见，修订和完善社会政策，使之更具有现实合理性。

4. 社会工作行政的一般程序

（1）组织分析。包含组织外部环境和内部机制分析。①组织外部环境：一是识别和评估组织和服务对象的关系；二是识别与评估组织和其他组织的关系；三是识别并评估组织与收入来源的关系。②组织内部机制分析：一是识别法人权限和使命；二是了解组织结构和管理风格；三是评估工作和服务；四是评估人事政策、实施办法和实施情况；五是评估技术资源和系统的效用；等等。

（2）方案策划。效率与成效应成为社会服务方案策划中的重要评估指标。①效率：是指输入与输出的比值，即相对于方案的各项成本，所提供的服务有多少；②成效：是指服务对象达到各种成果的情境，也就是接受服务后生活品质的改善状况。

（3）人力组织。是由人事部署、工作分工和制度制定组成的系统，是落实工作方案、实现工作成效的制度安排。

（4）效能发挥与资金运作。①效能发挥是指借助领导艺术，在内部进行沟通协调、督导和激励，并与外部的政府、机构、媒体等进行良好联络。其目标在于实现高效服务，保障服务对象的福利。②资金运作涉及经费募集、预算、会计和审计等方面。资金募集是社会工作行政的重要任务。

（5）评估总结。是梳理过去经验、改善工作质量、提升机构和部门能量的关键步骤，有利于加强政府、机构与民众之间的沟通，促进福利体制的完善。

# 第二节　社会服务方案策划

### 考点 2：社会服务方案策划

**例题：**（2021 年单选题）某社会工作服务机构开展听障人士就医支持服务项目时，服务策划过程是：认识听障人士就医现状→界定听障人士就医需求→探索听障人士就医解决方法→认识就医解决方法可能存在的限制→选取应对办法→设计完整计划→发展评估计划，该方案策划的类型是（　　　）。

A. 战略性策划

B. 创新性策划

C. 问题解决策划

D. 方案发展策划

**答案：**C

**考点解读：**本考点为本章的高频考点，除了直接考查考生对知识点的识记外，还会结合一定的情景或者案例考查考生对知识点的理解。因此，考生要能够区分不同的社会服务策划形式，熟记不同形式策划的主要过程；还要掌握方案策划的 4 个阶段和方法。

1. 策划的含义和社会服务策划的形式

（1）策划的含义。①策划就是在没有采取实际行动前所进行的计划工作，是把目前的情况与将来的理想连接起来，带领个人和组织向理想的方向前进。②策划工作可以分为管制性策划、指导性策划。管制性策划：是以监管行为为主，目的在于减少偏差和统一行动。指导性策划：是通过指导要求下属或执行部门发挥所长，是非强迫性的。

（2）社会服务策划的形式。①战略性策划的主要过程是：需求评估→明确机构的使命→预测→设计可行的战略→选择机构的战略→将战略转变为服务方案目标→方案发展→评估；②方案发展策划的主要过程是：需求评估→目标制定→考虑机构的总目标→方案目标的修订→探索各种可行方法→认识机构的局限性→选择可行性方法→方案活动的详细发展；③问题解决策划的主要过程是：认识现有的问题→界定问题→探索可行的解决方法→认识各种可能的限制→选取解决办法→设计完整的计划→发展评估计划；④创新策划的主要过程是：认识特殊问题或状态→列出清楚的目标→收集其他机构创新的方法→提供资讯给机构的决策者思考→考虑政治、经济、社会方面的阻力→选择理想的方法→发展计划用作评估和拓展。

2. 社会服务方案策划的概念和方法

（1）概念。运用理性的方法，通过清楚了解服务机构的工作理念、政策、资源和发展方向从而确立服务目标，并从多个服务工作方案中选取一个最理想的工作策略，然后根据社会需要分配和动员资源，在推行服务的过程中能结合实际情况修改服务的运作过程。用系统概念来表达就是：输入→方案执行过程→输出→效果。

（2）步骤和方法。①问题的认识和分析阶段：问题的认识和分析主要是要认识需要解决的社会问题，方法有两种，一是"问题认识工作表"，二是"分支法"。需要评估包括界定处于危机的人口、目标对象人口以及求助者或受影响的人口。②目标制定阶段：界定总目标和影响性目标，建立目标的优先次序，主要需要考虑的是可拥有和可动员的资源，包括环境因素和情境状态，还有人力、财力、物力配置等。③方案安排阶段：制订各种可以实现目标的可行性方案：方案的详细内容包括目标、对象、活动形式、日期、时间、场地、服务程序表、人力分配、财政预算、所需设备、预期困难和应对方法等；选择理想的可行性方案，策划者可选用"可行性方案模型"来筛选理想方案，"筛选标准"涉及效率、效果、可行性、重要性、公平、附加结果6个方面。决定资源需求和争取资源，一般会考虑"经济上是否有效率""社会上是否接纳"与"政治上的可行性"；制订行动计划必须先将服务方案的目标分解成若干具有可操作性的执行目标，执行目标需要有方法及其完成的服务内容，并充分考虑完成服务方案的重要活动是什么，谁负责完成每项活动或任务，那些重要的活动应在何时开始等问题。④考虑服务的评估：评估一般采用两种方法，过程评估关注方案进行过程中服务对象和人数的变化，服务方案中必须完成的主要工作项目的完成情况、资源使用情况、经费支出情况、是否按照预定的日期进行；效果评估主要测量的是方案实施后所产生的效果，包括目标实现程度和服务对象的改变程度。

# 第三节　社会服务机构的类型与运作

### 考点3：社会服务机构的性质和类型

例题：（2023年单选题）社会工作者小王是某机构的项目负责人，每周一上午他都安排工作例会，请同事们介绍上周的服务情况，并就某个特定人群的服务优化进行交流讨论，让大家发表意见和提出建议。根据社会服务机构的团队式结构类型，小王所在的项目团队属于（　　）。

A. 多功能型团队　　　　　　　　B. 问题解决型团队

C. 自我管理型团队　　　　　　　D. 合作协商型团队

**答案：B**

**考点解读：**本考点为本章的高频考点，主要考查考生理解社会服务机构的一般结构类型，社会服务机构的运作过程，并结合一定的情景或者案例考查考生对知识点的理解。

1. 社会服务机构的性质和类型

（1）社会服务机构的性质。

①非营利机构，经费主要来源于政府财政拨款、社会捐助或国际援助。

②强调社会使命和社会责任，有明确和清晰的使命、宗旨、目标、服务重点和服务承诺、服务策略，作为自我评估和社会评价的依据。

③主要功能是提供福利服务，从业人员以社会工作者为主，也包括临床心理学家等其他专业人员，强调运用专业知识和技术提供优质服务。

（2）社会服务机构的主要类型（如下表所示）。

社会服务机构的主要类型

| 类型 | 含义 | 代表机构 |
|------|------|---------|
| 社会福利服务机构 | 无偿向特困群体、困境群体提供基本生活服务和照顾的机构，承担政府规定的社会福利服务（分为政府办或民办） | 儿童福利院<br>老人福利院 |
| 社会服务类民间组织 | 在民政部门登记成立，由民间自筹资金，向有特殊困难的群体提供无偿或低偿服务的机构 | 服务智障人士的"北京慧灵" |
| 民办社会工作服务机构 | 以社会工作专业人才为主体，坚持"助人自助"宗旨，遵循社会工作专业伦理规范，综合运用社会工作专业知识、方法和技能，开展困难救助、矛盾调处、权益维护、人文关怀、心理疏导、行为矫治、关系调适、资源链接等服务的民办非企业单位① | 各地社会工作服务机构 |

2. 社会服务机构的组织结构

（1）一般结构类型。

①直线式组织结构。最简单的组织方式，组织由上而下分成若干层级，各层级中每一个部门地位相等、权责相符，层级间只有直线和垂直关系。

②直线参谋式组织结构。指组织层级之间存在水平和垂直关系，而参谋作为专家有责任来协调直线部门的管理者。

③职能式组织结构。职能部门具有较大的权力，不仅收集信息和提供意见，也可以作决定和执行。

（2）团队式结构。

①多功能型团队。是指由来自同一等级、不同专业领域的成员组成，共同完成某一项任务的团队。

②问题解决型团队。一般由来自同一部门的5~12个员工组成，他们定期聚在一起，讨论并解决工作中某些具体问题。

---

① 依照民法典、慈善法等法律和政策规定，民办非企业单位统称为社会服务机构。

③自我管理型团队。也被称为高绩效团队，是自然形成的工作小组，被赋予了较大的自主权，集计划、指导、监督和控制于一身，包括控制工作节奏、决定工作任务的分配、安排工作休息等。但也要求团队成员能够高度自律，并能够有较好的工作业绩。

3. 社会服务机构的运作

主要是指机构内部的动态机制，即通过授权、协调、沟通、控制等过程，推动机构内部各部门、各岗位的运作。

（1）授权。授权内容主要包括：一是授权任务，即指派下属或员工完成多项任务；二是授予权力，通过授予下属或员工足够的职权来完成任务；三是明确责任，强调下属对分派的任务和所授权力要担负的责任。

（2）协调。社会服务机构的协调可分为程序性协调和工作性协调。程序性协调在活动设计过程中进行，工作性协调在服务进行过程中进行。

（3）沟通。社会服务机构的管理者在沟通方面扮演着非常重要的角色，包括上情下达、下情上传、与同事协调、向公众交代等。

（4）控制。具体控制行为有：一是确保行政实施计划的实施方向，使行政实施的工作状态与行政计划的工作状态尽量相符合，确保行政实施的结果和人们的预期目标一致；二是实行授权管理，对员工的工作进程和绩效加以考核；三是发现错误，纠正错误，减少冲突。

# 第四节　社会服务机构志愿者管理

### 考点 4：社会服务机构志愿者管理

**例题：**（2022 年多选题）某社会工作服务机构新招募了一批律师作为志愿者参与妇女维权服务。社会工作者小李负责该机构的志愿者管理工作，在志愿者迎新说明与训练环节，他需要完成的工作有（　　）。

A. 培训志愿者的沟通技巧　　　　　　B. 协助志愿者认识服务意义

C. 评估志愿者的参与动机　　　　　　D. 提升志愿者的服务信心

E. 规划志愿者的服务内容

**答案：**ABD

**考点解读：**本考点是本章历年出题相对集中的内容，历年均出过考题。本考点主要通过具体情景案例对考生进行考查，因而要求考生识记、理解有效的志愿者管理的 8 个步骤，熟记每个步骤的具体内容。

1. 志愿者的定义与志愿者管理的必要性

（1）志愿者的定义。

志愿者的"身份要素"包括 4 个方面：一是根据自由的意愿作选择；二是不计金钱财物的酬赏；三是以具体的行动参与、投入；四是所作所为是满足社会的需要。

（2）志愿者管理的必要性。

①志愿工作越来越多，政府或社会赞助者对其产生期待和压力，使得机构对志愿者的管理趋于严格，以确保他们不会忽视与机构签订的合约，并期望不断提升机构的效率和效

益，因而需要运用管理知识和技巧加以经营。

②社会越来越关注志愿服务所带来的负面效果，迫使社会服务机构加强管理那些由志愿者提供服务的方案。

③志愿者在奉献时间、知识和技能时，更重视自我的收获。

④志愿者参与志愿服务的方式和类型越来越多元化。

2. 志愿者管理的内容和过程

（1）需要评估和方案规划。主要包括进行志愿者评估、机构本身评估和服务对象需要评估。

（2）工作发展与设计。重要任务是撰写"志愿服务工作说明书"，帮助志愿者了解工作任务、工作需要的技能、需要完成的工作成果等。

（3）招募。是寻找志愿者的过程，要在这个过程中找到合适的志愿者。

（4）面谈与签约。①面谈：目的是了解志愿者的兴趣，掌握其个人资料，安排志愿者到合适的服务岗位，让志愿者了解社会服务机构，以便他们决定是否要承担服务岗位的工作。②签约：目的是肯定和提高志愿者的自我价值，明确彼此的期待，维护志愿者、社会服务机构及其服务对象的权益。

（5）迎新说明与训练。①迎新说明：为了让志愿者进一步了解社会服务机构的使命目标、服务对象、内容和运作方式，使志愿者积极地工作，促进机构目标的实现。②训练：包括知识、技巧和态度三方面的灌输和交流。

（6）督导与激励。①志愿者督导必须能够将志愿者看成自己的工作伙伴，平等对待，让志愿者感到自己是团队中的一员，并逐步对机构产生认同感和归属感。②机构要适时为志愿者提供帮助和反馈，协助志愿者处理困难和解决问题，及时表扬工作表现优良的志愿者，给予志愿者自我成长的机会，适当规划志愿者的工作等。

（7）奖励表扬。可以促使志愿者更坚定地助人、更能体会到自我成长。不要只奖励结果，而忽略对过程的奖励。

（8）评估。①对于志愿者而言，可以帮助他们了解自己的服务表现是否符合机构的要求，帮助志愿者发展自我潜能，以更深入地参与机构的服务工作；②对于机构而言，绩效评估可以保证机构服务质量，了解志愿者对机构志愿者管理制度的满意程度，改进志愿者管理。

# 第五节　社会服务机构的筹款方式

### 考点 5：社会服务机构的筹款方式

**例题：**（2023 年单选题）某企业以"共创财富，公益社会"为使命，每年将利润的1%捐赠给当地的儿童福利院，目的是通过帮助困难群体，履行企业的社会责任，提升企业良好声誉。该企业的捐款动机属于（　　）。

A. 市场营销　　　　B. 自我利益　　　　C. 公共关系　　　　D. 社会联谊

**答案：**C

**考点解读：**本考点为本章的高频考点，通常以案例形式出现，需要考生重点熟记社会服务机构的资金来源、筹资管理和筹资方法，懂得分析、判断不同捐款动机和筹资方式。

1. 社会服务机构的资金来源

（1）政府资助。主要通过购买服务和奖励实现。

（2）社会捐助。主要来自个人、企业、基金会的慈善捐款。

（3）低偿服务。主要指向非基本服务对象收取较低水平的服务费以抵充服务成本。

2. 社会服务机构的筹资管理

（1）社会捐助。①个人捐款。动机可以分为：个人需要（自尊和自我肯定、社会形象或习惯），外界影响（受亲戚、朋友、同事等影响而捐款），利他动机（雪中送炭、有难同当或道德责任）。②企业捐款。动机可以分为：市场营销、公共关系、自我利益、税法策略、社会联谊（俱乐部）。

（2）政府购买服务。政府购买服务就是通过发挥市场机制作用，把政府直接向社会公众提供的一部分公共服务事项，按照一定的方式和程序，交由具备条件的社会力量承担，并由政府根据服务数量和质量向其支付费用。

（3）社会服务机构的筹资方法。①项目申请；②私人恳请与电话劝募；③特别事件筹资活动。

# 第六节 社会工作督导的对象和内容

### 考点 6：社会工作督导的对象与内容

**例题：**（2022 年单选题）社会工作者小李在为精神障碍者小张开展服务时，始终无法与服务对象建立信任关系，觉得非常沮丧，督导者老陈知道后，肯定小李工作中所做的努力，协助他处理受挫的情绪，老陈的做法属于（　　）。

A. 行政性督导　　　B. 教育性督导　　　C. 支持性督导　　　D. 调解性督导

**答案：**C

**考点解读：**本考点为本章的高频考点，要求考生了解社会工作督导的基本含义、功能与目标、对象、类型、内容，关注有效督导的条件与要素。

1. 社会工作督导的含义

社会工作督导是专业训练的一种方法，是由机构内资深的社会工作者，对新进社工、一线初级社工、社工专业实习生、志愿者，通过一种定期和持续的监督、指导，传授专业知识和技术，以提高其专业技巧，促进其成长，确保服务质量。

2. 社会工作督导的功能与目标

（1）督导的功能。

①行政的功能。包括：督导者在被督导者的招募与选择、被督导者引导与安置、工作计划与分配、工作监督、回顾与评估、工作授权与协调等方面负指导责任。

②教育的功能。包括：督导者对被督导者完成任务时所需知识与技能给予指导、协助被督导者实现专业上的发展。

③支持的功能。包括：要求督导者向被督导者提供心理和情感上的支持、促使被督导者感到自我的重要性和价值感、促使被督导者能轻松面对工作。

（2）督导的目标。①保障服务对象权益。②保证专业服务品质。③促进督导对象成长。④实现组织服务承诺。⑤推动社会工作行业发展。

3. 督导者与督导对象

（1）社会工作督导者应满足以下要求。①具备社会工作从业资格；②具有不少于 5 年所督导服务领域的实务经验；③掌握所督导服务领域的专业知识技能和有关政策法规；④掌握开展督导的方法与技巧；⑤每年接受不少于 90 学时的继续教育。

（2）督导对象。包括新进的社会工作者、初级社会工作者、社会工作专业实习生、志愿者等。

4. 社会工作督导的 4 种类型

（1）师徒式督导。督导者扮演师傅的角色，提供教育训练，强调学习过程，被督导者承担更多责任。

（2）训练式督导。强调学习过程，被督导者扮演学生或受教育者的角色；但在专业方面，督导者承担更多责任。

（3）管理式督导。督导者是被督导者的上级或主管。强调实务工作的完成及其服务质量，聚焦于某些特殊议题，督导者承担更多责任。

（4）咨询式督导。强调实务工作的完成及其服务质量，督导者扮演纯粹的咨询角色；被督导者承担更多责任，主动寻求帮助与支持。

5. 社会工作督导的内容

**督导的主要内容**

| 类型 | 主要内容 |
| --- | --- |
| 行政性督导 | （1）督导内容：社会工作者的招募和选择；安置和引导工作人员；工作计划和分配；工作授权、协调与沟通；工作监督、总结和评估<br>（2）督导角色：缓冲器，倡导者，机构变迁推动人 |
| 教育性督导 | （1）督导内容：①教导有关"服务对象群"的特殊知识；②教导有关"社会服务机构"的知识；③教导有关"社会问题"的知识；④教导有关"工作过程"的知识；⑤教导有关"工作者本身"的知识；⑥提供专业性"建议和咨询"<br>（2）有效缓解社会工作者压力：①教导时间管理技巧；②教导沟通技巧；③培养价值伦理抉择能力；④发展压力管理培训课程 |
| 支持性督导 | （1）社会工作者的压力来源：服务对象、工作、服务机构、社会<br>（2）缓解社会工作者的压力感受、提升工作士气的督导原则<br>（3）督导内容：疏导情绪、给予关怀、发现成效、寻求满足 |
| 志愿者督导 | （1）志愿者督导目的<br>（2）志愿者督导的功能：（行政性）培养有效的志愿者；（教育性）培养能干的志愿者；（支持性）了解和关怀志愿者 |

6. 有效督导的条件及要素

（1）督导方式具有结构性。①从督导者与被督导者的对应关系看，一些机构常常采用的结构模式有：个别督导、个案咨询、小组督导、同事督导、协力督导。②从组织管理角度看，督导方式的结构性体现在以下几个方面：组织科层性、行业监管的程序性要求、督导过程性、临床治疗现场的结构性介入。

（2）督导进行要持续定期。通常需要每周召开督导工作会。

（3）督导者的态度须保持前后一致性。有效的督导者对机构、对自身以及对被督导者都倾心关注，杜绝虚伪和表面的工作态度。真诚、坦诚对待被督导者意味着督导者必须持守前后一致、表里一致的工作原则。既要极尽所能帮助被督导者，也要有承认不足的勇气。

（4）评估检讨。督导的效果主要体现在以下几方面：①生产力增加。指督导者指导其下属顺利完成机构所期待的工作目标。②服务质量控制。指督导者指导其下属最大限度地满足了受助者的需求，实施与服务方案、服务政策相符合的服务。③士气的提升。指督导者提高其下属的士气和工作的满足感、对机构的归属感的功能。④教育过程。指督导者改善自己和属下员工有关工作知识、工作技巧水平以及个人适应性的工作。

## ▶【模拟训练】

### 一、单项选择题（每题的备选项中，只有 1 个最符合题意）

1. 社会工作者小董运用"问题认识工作表"，了解和评估养老机构内老年人的主要问题，以便策划服务方案。根据系统观点，小董的工作属于社会服务方案策划的（　　）。

A. 输入　　　　　　B. 过程　　　　　　C. 输出　　　　　　D. 效果

2. 社会工作者小张在社区培育了一支为老年人服务的志愿者队伍，并担任志愿者督导。小张的主要工作是协助志愿者解决遇到的问题，保障志愿服务的质量，提供志愿者自我成长的机会，提升志愿者的成就感。从志愿者管理的过程看，小张的做法属于（　　）。

A. 需求评估　　　　B. 工作设计　　　　C. 监督与激励　　　　D. 奖励与表扬

3. 为了制订一个详细的社会服务方案，通常需要将服务方案的目标进行分解，使之具有可操作性。社会工作者可以列一个时间任务表来推动方案目标的实现。在列表过程中，除了将完成服务方案的"主要活动、完成时间、活动所需物资"列入外，还应列入的内容是（　　）。

A. 活动的评估方法　　　　　　　　B. 活动的负责人

C. 活动的记录表格　　　　　　　　D. 活动的投入产出

4. 为了实现服务机构的发展目标和良性运作，管理者应努力提高员工的满意度和工作动机，并发挥团队精神，将各部门的活动化为一致性行动，在这个过程中，管理者应进行（　　）。

A. 授权与沟通　　　B. 授权与协调　　　C. 沟通与协调　　　D. 沟通与控制

5. 为了缓解社区工作者的压力，提高社区工作者处理问题的能力，某区民政局建立了面向全区社区工作者的微信交流群，并邀请资深社会工作者入群督导，为遇到问题并寻求帮助的社区工作者提供支持。该督导类型属于（　　）。

A. 师徒式督导　　　B. 训练式督导　　　C. 管理式督导　　　D. 咨询式督导

6. 某社会工作服务机构设五个区域办公室，每个办公室均设有服务部、项目部、行政部等相关职能部门。由于这些区域办公室是平行关系，彼此之间缺乏资源整合和服务联动，导致机构资源分散、工作重复，管理成本急剧增加。为此，该机构计划将原来的直线式组织结构调整为职能式组织结构，其适宜的做法是（　　）。

A. 将各区域负责人纳入机构督导委员会

B. 授予服务主管对各区域的指挥权

C. 已在机构层面建立区域统筹中心

D. 取消各区域办公室的行政部

7. 社会工作者小姚大学毕业不久，目前主要负责为社区独居老人提供服务，她发现在个案辅导中，老人常把她当成孙辈，她认为这会使得服务很难深入，为此，她向督导寻求帮助。根据小姚工作中遇到的问题，督导最合适的做法是（　　）。

A. 向小姚介绍独居老人的心理特征，指导她改善专业关系

B. 建议小姚将自己的感受告诉老人，提醒她别与老人走得太近

C. 理解小姚的担忧，告诉她刚工作先保证完成机构分配的任务

D. 让小姚接受这一事实，并说明这种情况会随着阅历增长而改善

8. 某社区居住了多名精神疾病康复者，社区社会工作者为此招募了 6 名居民担任志愿者，开展结对服务。为了能更好地开展服务，社会工作者为志愿者仔细讲解了精神疾病康复者的一些特征，如担心复发、害怕环境吵闹影响睡眠、情绪容易波动。这属于社会工作者对志愿者（　　）的培训。

A. 服务理念和价值　　　　　　　　B. 服务实务知识

C. 服务实务技巧　　　　　　　　　D. 服务信心提升

9. 某社会工作服务机构计划在重阳节前夕举办老年人趣味运动会。某企业听说此事后，表示愿意出资支持，条件是以企业名称冠名运动会。由此分析，该企业捐款的动机是（　　）。

A. 市场营销和自我利益　　　　　　B. 市场营销和公共关系

C. 公共关系和税法策略　　　　　　D. 自我利益和税法策略

10. 随着服务项目的增多，某社会工作服务机构负责人决定采取授权的方式提高机构的工作效率。该负责人对项目任务进行了分解，将任务分配给能力适合的员工，并赋予其人、财、物的处置权。在授权过程中，该负责人还需要（　　）。

A. 带领员工做好协调工作　　　　　B. 明确员工及时汇报的责任

C. 分析员工任务管理能力　　　　　D. 评估员工工作成果和质量

## 二、多项选择题（每题的备选项中，有 2 个或 2 个以上符合题意，至少有 1 个错项。错选，不得分；少选，得部分分）

1. 社会工作者小李计划向某社区基金会申请项目资助。在项目申请书中，小李应说明的内容有（　　）。

A. 申请项目的意义和重要性　　　　B. 项目的具体实施过程及预期效果

C. 项目预算构成和经费使用途径　　D. 基金会的评委构成及其资助偏好

E. 向资助方及相关人士的交代方法

2. 某街道办事处针对社区空巢老人与高龄老人的现状，向社会工作者征集社会服务方案来解决这一问题。社会工作者老高组织了由居民小组长、社会工作者、老人代表共同组成的评估小组，大家决定采用"可行性方案模型"来筛选理想方案，其应依据的筛选标

准有（　　）。

A. 问题界定　　　　　B. 方案效果　　　　　C. 方案效率

D. 公平正当　　　　　E. 评估设计

3. 某服务对象向机构督导者老王抱怨社会工作者小李工作不太细心，有一次家访迟到了半小时。在督导面谈中，小李也谈到最近感觉工作任务多，时间不够，工作压力太大，有时晚上失眠，经常提不起精神。从教育性督导角度看，为缓解小李的压力，老王适宜采取的做法有（　　）。

A. 告诉小李与服务对象沟通的策略和技巧

B. 帮助小李进行压力管理训练，学习放松技巧

C. 指导小李做好时间管理，合理安排工作优先次序

D. 协助小李识别和处理服务过程中所产生的焦虑情绪

E. 给予小李情感关怀和心理支持，并鼓励其继续投入工作

4. 为及时发现和救助生活无着的流浪乞讨人员，某市社会救助站启动了"街头巡回流动救助月"项目，救助站从下列各方面进行评估，其中属于过程评估的有（　　）。

A. 救助活动的社会影响力　　　B. 流浪乞讨人员对服务的满意度

C. 救助资金和物资的使用情况　　D. 主要救助工作的完成情况

E. 救助活动是否按预定日期进行

5. 某社会工作服务机构计划在高校招募一批青年学生参加慰问社区老年人的志愿服务，为了做好志愿服务的需要评估与方案规划，该机构需要开展的工作有（　　）。

A. 评估志愿者参与服务的动机　　B. 分析志愿者服务给机构带来的利益

C. 了解老人对志愿者的接纳程度　　D. 收集志愿者的学历背景信息

E. 识别机构使用志愿者风险因素

## ▶【模拟训练参考答案】

一、单项选择题

1. A　2. C　3. B　4. B　5. D　6. B　7. A　8. B　9. B　10. B

二、多项选择题

1. ABCE　2. BCD　3. BC　4. CDE　5. ABCE

# 第八章　社会工作研究

## 【本章知识体系图】

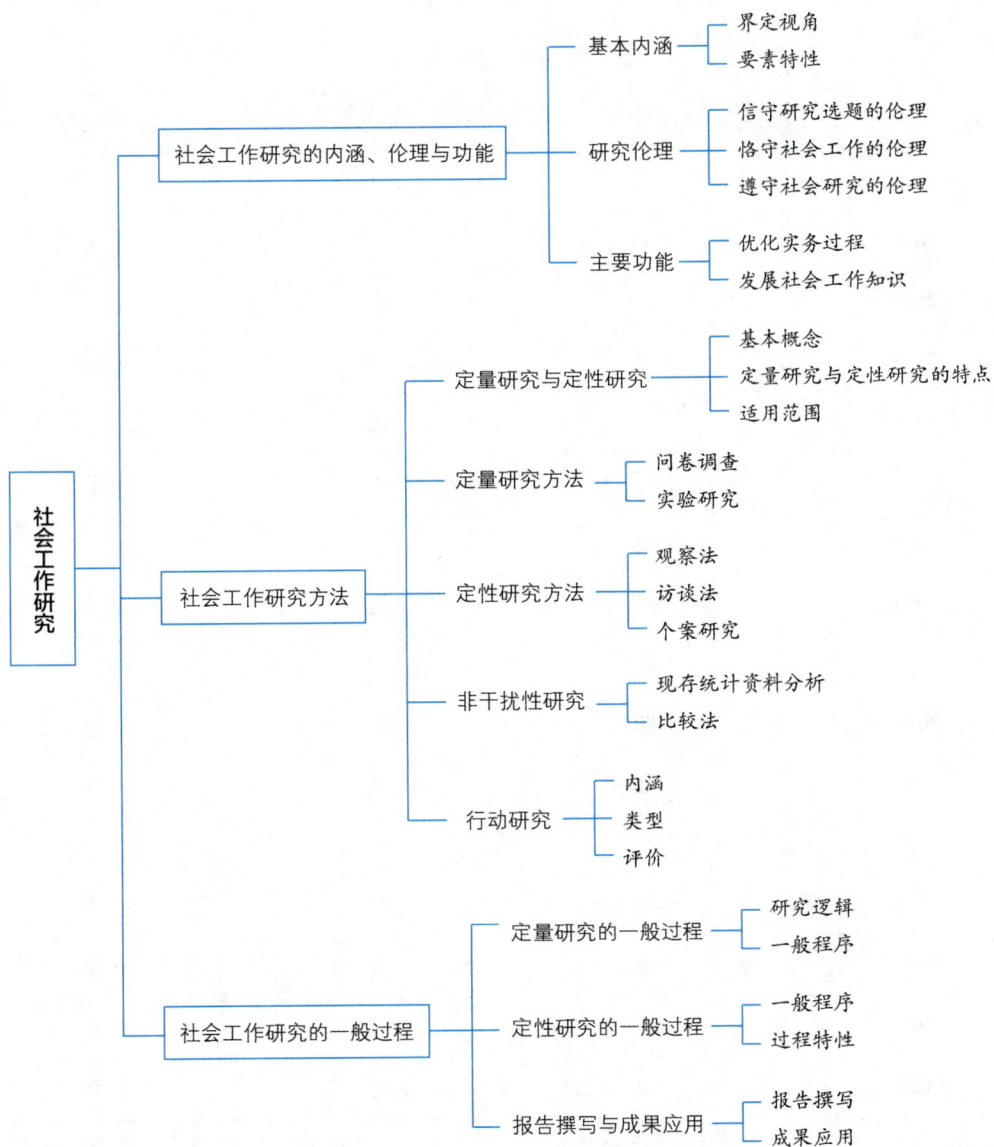

社会工作研究
- 社会工作研究的内涵、伦理与功能
  - 基本内涵
    - 界定视角
    - 要素特性
  - 研究伦理
    - 信守研究选题的伦理
    - 恪守社会工作的伦理
    - 遵守社会研究的伦理
  - 主要功能
    - 优化实务过程
    - 发展社会工作知识
- 社会工作研究方法
  - 定量研究与定性研究
    - 基本概念
    - 定量研究与定性研究的特点
    - 适用范围
  - 定量研究方法
    - 问卷调查
    - 实验研究
  - 定性研究方法
    - 观察法
    - 访谈法
    - 个案研究
  - 非干扰性研究
    - 现存统计资料分析
    - 比较法
  - 行动研究
    - 内涵
    - 类型
    - 评价
- 社会工作研究的一般过程
  - 定量研究的一般过程
    - 研究逻辑
    - 一般程序
  - 定性研究的一般过程
    - 一般程序
    - 过程特性
  - 报告撰写与成果应用
    - 报告撰写
    - 成果应用

## 【本章导学】

　　本章主要介绍了社会工作研究的内涵、伦理、要素特性和主要功能，社会工作研究的两种研究方法，定量研究与定性研究的适用范围、特点比较及其一般过程，撰写报告的方法。本章的学习难度较大，要求考生理解不同研究范式和研究方法。

## 【历年题型题量分析表】

| 年份 | 单选 | 多选 | 合计分值 |
|---|---|---|---|
| 2008 | 5 题 | 1 题 | 7 分 |
| 2009 | 8 题 | | 8 分 |
| 2010 | 4 题 | 3 题 | 10 分 |
| 2011 | 5 题 | 2 题 | 9 分 |
| 2012 | 5 题 | 2 题 | 9 分 |
| 2013 | 5 题 | 2 题 | 9 分 |
| 2014 | 5 题 | 2 题 | 9 分 |
| 2015 | 5 题 | 2 题 | 9 分 |
| 2016 | 5 题 | 2 题 | 9 分 |
| 2017 | 5 题 | 2 题 | 9 分 |
| 2018 | 5 题 | 2 题 | 9 分 |
| 2019 | 5 题 | 2 题 | 9 分 |
| 2020 | 5 题 | 2 题 | 9 分 |
| 2021 | 5 题 | 2 题 | 9 分 |
| 2022 | 4 题 | 2 题 | 8 分 |
| 2023 | 4 题 | 2 题 | 8 分 |

注：单项选择题每题 1 分，多项选择题每题 2 分（错选，本题不得分；少选，所选每个选项得 0.5 分）。

## 本章考点解读 ★★★

### 第一节 社会工作研究的内涵、伦理与功能

#### 考点 1：社会工作研究的内涵、伦理与功能

**考点解读：**本考点虽未在考题中出现，但该知识点涉及对社会工作研究基础概念的把握，因此需要考生了解掌握社会工作研究的特性、伦理及功能。

1. 基本内涵

（1）界定视角。社会工作研究是获取、发现与社会工作相关的知识和事实的过程。社会工作及相关领域的研究者依托社会工作伦理和社会研究伦理，使用社会研究的方法和程序，收集和分析与社会福利和社会工作有关的资料，以协助达到社会工作的目标。

（2）要素特性。①主要探究困难群体及其议题。②采用整合审视的研究视角。③坚守社会工作伦理和社会研究伦理。④旨在推进福利、促进实务和提升理论。⑤体现研究者的多元角色。

2. 研究伦理

（1）信守研究选题的伦理。

（2）恪守社会工作的伦理。

（3）遵守社会研究的伦理。

3. 主要功能

（1）优化实务过程。社会工作研究可以对服务对象及其场境进行研究，清楚了解服务对象的需要，提供合适服务。

（2）发展社会工作知识。社会工作研究可以检验基础理论和本体知识在特定场境的适用性。

### 第二节 社会工作研究方法

#### 考点 2：定量研究与定性研究

**例题：**（2023 年单选题）学校社会工作者小袁运用定量研究的方法，对青少年社会适应的影响因素进行研究。根据定量研究所遵循的演绎法研究策略，小袁首先要做的是（    ）。

A. 提出研究问题　　　　　　　　B. 开展研究设计

C. 编制调查问卷　　　　　　　　D. 进行资料分析

**答案：** A

**考点解读：**本考点为本章高频考点，要求考生重点掌握定量研究与定性研究的特点比较，注意理解两种不同研究范式的区别。

1. 基本概念

（1）定量研究。基于实证主义方法论，在严格设计的基础上，采用定量测量工具，收集量化资料，并对此进行统计分析。问卷调查和实验研究是常用的方法。

（2）定性研究。基于反实证主义方法论，注重具体独特的现象，收集和分析非数字化资料，描述回答者所经历的现实，探索社会关系，从而对个体进行理解、阐释和深度描述。观察法、访问法是常用的方法。

2. 定量研究与定性研究的特点

（1）研究者与研究对象的关系。①定量研究很大程度上排除了研究者对研究对象的影响，研究者往往被研究对象视为外人。②定性研究则把自然情境作为资料源泉，花费相当多时间深入具体情境中，研究者对自己行为及与研究对象之间的关系进行动态反思和调适，尽量设法将被研究对象视为自己人。

（2）研究和理论的关系。①定量研究一般依托某些理论，形成假设，再通过收集资料和分析数据来验证假设；②定性研究不一定事先设定假设，其理论假设可以在研究过程中逐步形成和完善，其过程发现需要进行抽象的提炼和归纳，才有可能达到理论层面。

（3）研究策略。①定量研究的逻辑方法是演绎法；②定性研究的研究问题、研究计划和内容可以根据当时当地的情况适当修订，并在资料收集过程中同步分析资料。

（4）资料特性。①定量研究主要收集和分析量化资料；②定性研究则主要获取描述性的、非数字的信息。

（5）结果范围。①定量研究注重研究问题的普遍性、代表性及其普遍指导意义，其研究结论在随机抽样时可以推论；②定性研究则注重研究对象，有助于发现研究问题的个别性和特殊性，研究发现并不作推论。

3. 适用范围

（1）定量研究。适用于研究问题已有大量资料、资料收集相对容易、需要探讨变量关系、宏观层面的大规模的调查与预测等场景。

（2）定性研究。适用于不熟悉的社会系统、无权威和不受控制的场景。

### 考点3：问卷调查方法

**例题：**（2023年单选题）社会工作者小李为了解社区居民对家庭服务的需求，设计了一份调查问卷。下列问题和答案的设计中，最适宜的是（    ）。

A. 您的婚姻状况？
  （1）未婚  （2）已婚  （3）离婚
B. 您家的家庭结构？
  （1）核心家庭  （2）主干家庭  （3）联合家庭  （4）其他（请说明）
C. 您家的家务主要由谁承担？
  （1）母亲  （2）父亲  （3）妻子  （4）丈夫
D. 您对家务分工满意吗？
  （1）非常满意  （2）比较满意  （3）一般  （4）比较不满意
  （5）非常不满意

**答案：** D

**考点解读：** 该考点为本章的高频考点。考生必须结合教材及教材中列举的案例，对问卷调查的问卷结构、问卷设计的原则、具体设计步骤等方面进行熟记和理解。

1. 问卷类型

（1）自填问卷。是由被调查者自己填答的问卷。

（2）访谈问卷。是访谈员向被调查者提问，并记录其回答信息，适合于被调查者文化水平不高、调查问题较复杂的情况，但不太适合了解敏感性问题。

2. 问卷结构

标题、封面信、指导语、问题和答案、编码、其他。

3. 问卷设计

（1）设计问卷的原则。

①问卷要有信度与效度。有较高信度，表明测量结果比较稳定，测量结果受时间、地点和对象变化的影响较小；有良好效度，表明测量结果较好揭示了实际情况。②考虑研究目的或研究类型。描述性研究的问卷应多围绕基本问题展开，解释性研究的问卷要围绕研究假设展开，多涉及关键变量提问。③以回答者视角为主。关注其教育程度及语言习惯，避免过长和过于复杂，保持卷面简洁，让回答者认可、容易理解和回答。④考虑问卷调查的障碍因素。如被调查者是否愿意、是否有能力回答等。⑤整合研究目的、内容、样本特征和资料处理方法等因素，保证调查的可行性。

（2）问卷设计的步骤。

①进行探索性工作：通过文献回顾或实地考察认识待研究的问题。②设计问卷初稿：通常有卡片法和框图法两种设计方法。③试用和修改问卷：为慎重起见，要将问卷初稿发放给少数专家，请他们提出意见和建议。④定稿和印制：注意版面设计、字体、行间距、外观等，使问卷整齐、宽松、醒目，以利于被调查者答题，然后印刷待用。

（3）问题和答案是问卷设计的核心。

①问卷采用封闭式问题和开放式问题。封闭式问题：由设计者提供答案给被访者进行选择。开放式问题：在问卷上留有空白并需被访者自己填写。②问题分态度、行为和状态3种类型。

（4）问题和答案的设计需要注意的细节。

①答案。开放式问题的答案注意空间大小的适当性，封闭式问题中单选答案必须满足"穷尽性"和"互斥性"。②语言。问题语言应该简短明了，避免双重含义，不要有倾向性，对敏感问题注意提问方式。③排序。被访者熟悉或感兴趣的、简单的、封闭的问题置于前面，行为、态度、背景、敏感的问题放在后面。④题数。回答问卷所花时间越短越好。一份问卷最好被调查者能在30分钟左右完成。

4. 评价

（1）优点。问卷调查采用匿名访问，有利于获得真实信息，收集数据的内容、时间、格式基本统一，从而使资料处理相对容易并便于比较分析。

（2）缺点。问卷调查要求访谈员有较好素质，这在大规模研究中较难达到，某些类型的问卷调查中访谈员无法当面指导和记录，填答质量可能难以保证。

## 考点4：个案研究方法

**例题：**（2023 年单选题）医务社会工作者小宋主要为骨肿瘤患儿及家属提供专业服务。为探索以家庭为中心的社会工作服务模式，小宋计划采用个案研究方法开展研究。小宋的下列做法中，正确的是（　　）。

    A. 把研究所提炼的专业服务模式推论至其他医院

    B. 重点研究社会工作者为骨肿瘤患儿服务的效果

    C. 将病房内所有的骨肿瘤患儿及家属都作为研究对象

    D. 将骨肿瘤患儿家庭参与服务的过程记录作为研究资料

**答案**：D

**考点解读**：该考点在历年考题中虽然所占分值不高，但基本每年均有出题。考生在复习时须对该研究方法的特点、步骤及评估进行理解并掌握。本考点在 2020 年教材中有较大改动，考生复习时需注意。

1. 含义

对单个对象（如家庭、团体、机构、组织、社区、学校等）的某项特定行为或问题进行探索研究。寻找原因、提出策略、建构理论、协助发展和提升绩效是个案研究的几个目标。

2. 特性

（1）个案研究适用于了解真实场景中的现象、考察现象与其场景边界不清、资料多元、资料不易量化或数据化等情况。

（2）资料收集有特色。①非正式，可以不拘时间、地点并用多种方法进行研究；②手段和资料多元，研究者可以运用各种手段，采用不同角度，进行访问、观察、记录等，详细记载研究对象的各方面资料；③详尽深入，对个人生活史及有关文献都加以考虑，常使用历史视角把握资料，过程中注重服务的主观感受；④强调应用性研究，注重改变行为的模式。

（3）在收集资料的过程中，研究者必须认真评判和处理所得资料。

3. 评价

（1）优点。①它可以了解研究对象各方面之状况，进而对其有全面和深入的认识；②有助于澄清概念和确定变量，从而有利于作进一步实证研究；③有助于进行探索性研究，发现重要的变项以及提供有用的范畴，从而拟定假设或建立理论；④有利于客观、深入、准确地把握研究对象的问题、需要及其原因机制，有利于提出有效和具体的处理办法或解题方案。

（2）缺点。需要花费许多时间；不容易补充数据，样本很少和对象缺乏代表性，研究发展不能进行推论。

## 第三节　社会工作研究的一般过程

### 考点 5：社会工作研究的一般过程

**例题**：（2015 年多选题）某社会工作服务机构正在进行一项问卷调查，问卷类型为访问问卷。为了控制这次调查的质量，该机构应该（　　）。

    A. 规定调查员在 30 分钟内完成问卷

    B. 在调查过程中派督导进行同步指导

C. 在调查进行之前对调查员进行培训

D. 对每位调查员完成的问卷进行抽检和回访

E. 利用培训软件对输入的资料进行技术检查

**答案：**BCDE

**考点解读：**该考点虽然在历年考试中出现的频率不高，但考生仍需要重视对该知识点的复习，要求考生能够结合案例形式对定量研究、定性研究一般过程进行理解与区分。考生可结合教材第二节中对定量研究和定性研究阐述的内容进行记忆和理解。

1. 定量研究的一般过程

（1）研究逻辑。①定量研究的根本目标在于把握事实和获得知识："赞同性事实"大部分知识来自认同和相信，即在被告知其真实性且他人都认可时自己也予以认同。"经验性事实"小部分知识来自个人的直接经验和发现。②定量研究包含归纳推理和演绎推理：归纳推理是从观察到的资料出发，加以概括，从而解释事物之间的联系，是由经验上升为理论的过程。演绎推理是从某个普遍法则出发，将其运用到具体事例，是在应用中检验理论的过程。归纳推理和演绎推理都有局限性，前者可以发现事物间的一定联系，但无法揭示具有普遍意义的理论；后者主要采用三段论，大前提或小前提的错误都会导致结论错误。③定量研究的逻辑方法：假设演绎法（又称试错法），由旋进的归纳和演绎过程构成；演绎推理：理论→假设→观察的过程；归纳推理：观察→检验→理论的过程。

（2）一般程序。定量研究由研究准备、资料收集、研究分析和总结应用（见教材报告撰写与成果应用等相关部分）4个阶段组成：①研究准备：定量研究的准备阶段需要完成确定研究问题、提出研究假设和进行研究设计三项任务。②资料收集：根据研究问题，选择性别、年龄、经历等方面合适的人士担任访谈员；对访谈员进行培训；同步督导访谈员的资料收集工作；首日问卷的回收、审核与指导。③研究分析：资料整理与分析是整个研究的重要环节工作，包括资料整理，定量资料的整理工作有固定的程式：给答案编数字代号；将完成编码的问卷资料输入电脑，并进行逻辑检查和幅度检查；统计分析，统计分析可以分为多个层面，描述单变量的集中趋势和离中趋势，可以发现众数、中位数和平均数等反映集中趋势的指标，发现双变量间关联（如性别与收入），探索多变量间的关系（如分析以前职业、退休金水平与社区参与程度间的关系）。

2. 定性研究的一般过程

（1）一般程序。定性研究由研究准备，资料收集、整理和分析，总结应用等阶段组成：①研究准备：定性研究的准备阶段也需要选择对象、确定分析单元和选择研究方法；②资料收集、整理和分析：耐心、细微是其必须遵循的原则；③总结应用：旨在从丰富繁杂的资料中，由表及里、去伪存真，提炼某个概念、变量关系乃至理论。

（2）过程特性：①定性研究的核心特色是资料收集、整理与分析的动态互动；②分析解释是定性研究的核心所在；③研究成败与品质取决于研究者的技巧、训练、洞察力和能力。

3. 报告撰写与成果应用

（1）报告撰写。①报告撰写的基本原则；②研究报告的一般结构；③社会工作实务研究报告的基本结构。

（2）成果应用。成果应用是社会工作研究与其他研究的最大不同。研究者要采用口头发表、内部书面发表、公开出版等形式，与课题委托者、同行和社会人士分享研究成果，以使研究成果发挥最大社会效应，最终促进社会工作专业和职业的积极发展。研究者要根据研究建议，促进形成具体的干预方案。其中，有些方案可以是临床社会工作实务，有些方案可以是宏观社会工作实务，有些方案可以是针对所有原因开展问题导向的整合社会工作。在方案形成后，要促使相关主体积极推行。

## ▶【模拟训练】

### 一、单项选择题（每题的备选项中，只有1个最符合题意）

1. 关于定量研究和定性研究特点的说法，正确的是（    ）。

A. 定量研究重视假设检验，定性研究注重发现问题的独特性

B. 定量研究注重发现新问题，定性研究注重结论的代表性

C. 定量研究的计划灵活可变，定性研究的工具更加系统化

D. 定量研究需深入具体情境中，定性研究要排除观察者偏差

2. 社会工作者小秦计划通过问卷调查了解某老年公寓中老人的需求，老年公寓负责人提醒小秦，只抽取部分老人参与调查可能会让这些老人不理解。下列封面信内容中，能够避免让老人产生误解的是（    ）。

A. "我们绝不会公开您的个人资料"

B. "我们希望了解老年朋友们院舍照顾的需求"

C. "我们是老年公寓社会工作部的社会工作者"

D. "我们通过入住老人登记编号进行随机抽样"

3. 某居家养老服务中心的社会工作者希望通过问卷调查了解老年人的社会支持网络情况。问卷问题设计中应避免出现"双重含义"，下列问题中具有"双重含义"的是（    ）。

A. 您的性别？（1）男    （2）女

B. 您的亲戚和朋友多吗？（1）多    （2）较多    （3）一般    （4）较少    （5）很少

C. 当心情烦闷时，您最喜欢找_____聊天？（1）家人    （2）过去同事    （3）社会工作者    （4）邻居    （5）其他    （请说明_____）

D. 您是否接受过志愿者的帮助？（1）是    （2）否

4. 老王在一次全体督导会上提出，老年餐桌满意度调查问卷并不能很好地反映老年餐桌的实际运营情况。老王的意见体现出问卷设计应遵循的原则是（    ）。

A. 保证问卷调查的可行性    B. 从被研究者的视角出发

C. 问卷要有效度    D. 问卷要有信度

5. 某社会工作者计划运用个案研究法开展研究工作，在资料收集过程中，其正确的做法是（    ）。

A. 以多种手段来收集资料，记录研究对象的多元资料

B. 在研究前建构研究假设，为资源收集提供准确指引

C. 在资料收集中积极互动，引导研究对象的正面行为

D. 以生活工作阅历为基础，解剖研究对象的主观感受

6. 在社区老年人外出活动结束后，社会工作者小林设计了一份调查问卷，旨在了解

社区老年人参与外出活动的满意度。这份调查问卷中涉及 3 个问题，根据问题设计的排序原则，适宜的排序是（　　）。

（1）总体上看，您对社区居委会组织的老年人外出活动满意吗？

　　□ 1. 非常满意　□ 2. 比较满意　□ 3. 一般　□ 4. 比较不满意

　　□ 5. 非常不满意

（2）对于以后社区居委会组织的老年人外出活动，您有什么具体的建议？

（3）您参加过社区居委会组织的老年人外出活动吗？

　　□ 1. 参加过　□ 2. 没参加过

A.（2）（1）（3）　　　　　　　　B.（3）（2）（1）

C.（3）（1）（2）　　　　　　　　D.（2）（3）（1）

7. 如果社会工作者小王采用随机抽样方法对某城市的社会工作者状况进行问卷调查，在资料整理阶段，小王需要（　　）。

A. 输入数据后删除不合格资料　　　B. 给每个答案编上数字代号

C. 在资料缺失时进行补充调查　　　D. 同步督导调查人员的工作

8. 根据问卷设计的要求，下列问题和答案中，设计最合适的是（　　）。

A. 你的出生地是_____。（1）上海（2）其他地区（3）国外

B. 你的年龄是_____。（1）24 周岁及以下（2）25~29 周岁（3）30~34 周岁

（4）35 周岁及以上

C. 根据本市政策，考上社会工作师可以增加工资，你愿意报考社会工作师职业水平考试吗？（1）愿意（2）说不清（3）不愿意

D. 你父母支持你去北京工作吗？（1）支持　（2）不支持　（3）不知道

9. 社会工作者老王一直从事农村社区发展的实务与研究，他选择 A 村作为研究对象，并获准进入 A 村，探索如何使"空心化"的乡村重新焕发出新的活力。根据个案一般步骤，老王接下来应该（　　）。

A. 总结 A 村社区发展经验，报告研究结果与发现

B. 整理观察日记和访谈记录，分析 A 村社区发展路径

C. 查询地方志和文史资料，了解 A 村的历史文化资源

D. 了解 A 村语言和文化，与村民们建立信任关系

10. 问卷中问题指标属性分为状态、行为与态度三种，下列问题中，旨在了解被研究者"行为"的是（　　）。

A. 你在哪个领域工作？

（1）民政　（2）教育　（3）其他

B. 你属于哪个年龄段？

（1）20 岁以下　（2）20~39 岁　（3）40~59 岁　（4）60 岁及以上

C. 过去一个月你参加过几次社会工作者考试辅导？

（1）0 次　（2）1~2 次　（3）3~4 次　（4）5 次及以上

D. 你认为社会工作综合能力科目辅导老师的讲课水平如何？

（1）不好　（2）一般　（3）好

二、多项选择题（每题的备选项中，有 2 个或 2 个以上符合题意，至少有 1 个错项。错选，不得分；少选，得部分分）

1. 小林和小王分别采用不同研究方法对 A 村留守儿童的生活照料情况进行研究，并根据研究结果设计服务项目。小林通过量表收集了 A 村所有留守儿童生活照料情况，而小王则通过深度访谈收集了 A 村 1/5 留守儿童生活照料情况。关于小林和小王研究的说法，正确的有（　　）。

A. 小王的研究主要获取描述性的信息

B. 小林的研究能够体现抽样调查的基本特性

C. 小林的研究可以发现 A 村留守儿童生活照料的普遍需求

D. 小林的研究可以在研究过程中根据当地情境修改完善量表

E. 小王的研究可以逐步形成影响 A 村留守儿童生活照料的理论假设

2. 关于定量研究与定性研究特点的说法，正确的有（　　）。

A. 定量研究与定性研究是对立的两种研究方法

B. 定量研究与定性研究可以用于同一研究主题

C. 定量研究与定性研究依据的方法论基础不同

D. 定量研究与定性研究的研究假设是需要根据理论事先设定的

E. 定量研究与定性研究的研究内容可以根据具体情况灵活变化

3. 某社会工作服务机构决定采用定性研究方法了解本地区残障人士对康复服务的要求。该机构的下列做法中，符合定性研究特点的有（　　）。

A. 排除本机构对研究对象的影响

B. 通过了解本地区残障人士的困境，预测服务的规模

C. 了解残障人士及其所处环境的基本状况

D. 发现本地区残障人士康复服务需求的特殊性

E. 运用非正式会谈方法收集相关资料

4. 小林采用定性方法研究城市困境家庭精准救助服务输送系统。他选取了 10 个社区的困境家庭作为研究对象，邀请了 10 位社区驻点社会工作者进行访谈，获取了城市困境家庭精准救助服务的特点、机制、内容、效果等信息。关于该研究的说法，正确的有（　　）。

A. 该研究可以呈现精准救助服务帮助困境家庭的过程

B. 该研究可以发现影响精准救助服务发挥作用的普遍因素

C. 小林可以与 10 位驻点的社会工作者讨论相关问题

D. 小林的研究结论可以推论到同一城市的其他街道

E. 小林进行深度访谈时可以随时提出新发现的问题

5. 小林以 F 机构为样本，开展个案研究，目的是了解项目化运作对社会工作服务机构发展的影响。关于该研究的说法，正确的有（　　）。

A. 该研究能更多地体现 F 机构发展的个别性特点

B. 该研究需要严格按照预定步骤进行各项研究工作

C. 该研究可以帮助形成社会工作服务机构发展影响因素的理论

D. 该研究结果可以反映 F 机构所在地域的所有机构发展的情况

E. 该研究收集的资料包括 F 机构的访谈记录、观察记录和服务档案等

# ▶【模拟训练参考答案】

一、单项选择题

1. A　　2. D　　3. B　　4. C　　5. A　　6. C　　7. B　　8. B　　9. D　　10. C

二、多项选择题

1. ACE　　2. BC　　3. CDE　　4. ACE　　5. ACE

# 第九章　社会政策与法规

## 【本章知识体系图】

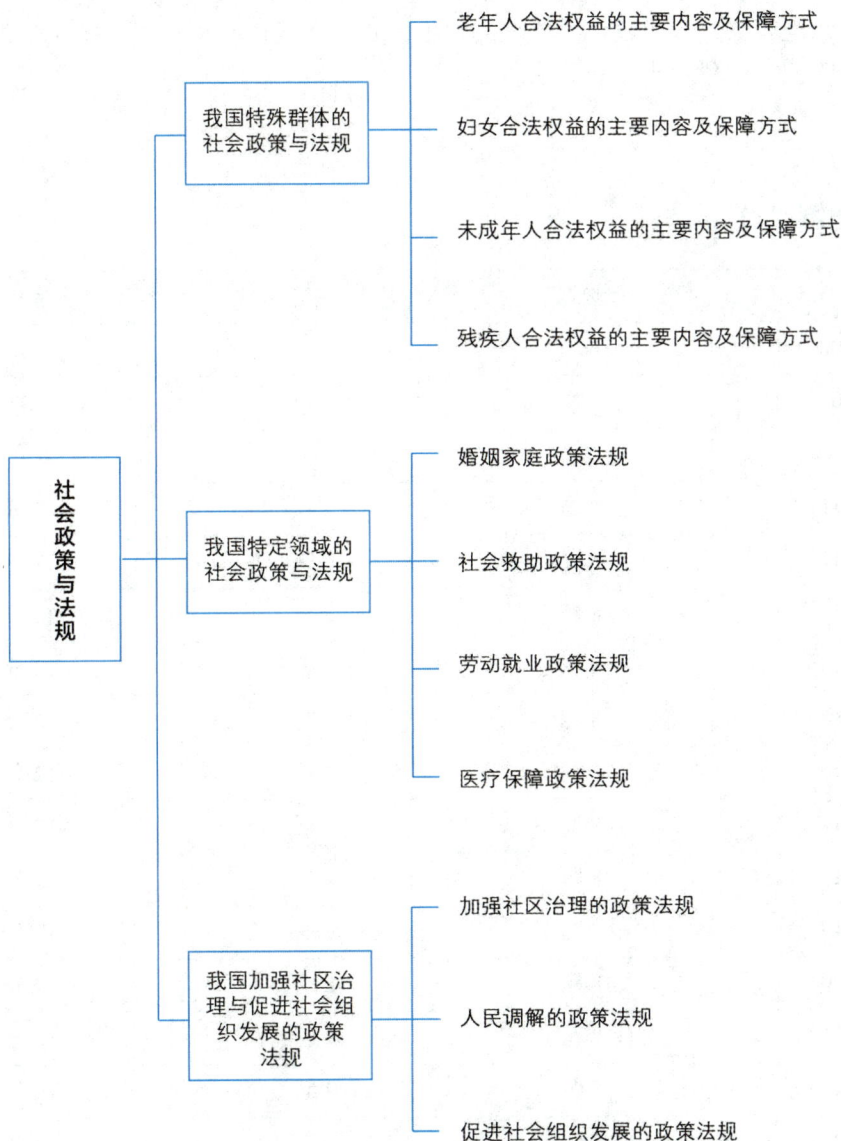

```
                          ┌─ 老年人合法权益的主要内容及保障方式
                          │
         我国特殊群体的    ├─ 妇女合法权益的主要内容及保障方式
         社会政策与法规    │
                          ├─ 未成年人合法权益的主要内容及保障方式
                          │
                          └─ 残疾人合法权益的主要内容及保障方式


                          ┌─ 婚姻家庭政策法规
                          │
社会      我国特定领域的    ├─ 社会救助政策法规
政策      社会政策与法规    │
与                        ├─ 劳动就业政策法规
法                        │
规                        └─ 医疗保障政策法规


                          ┌─ 加强社区治理的政策法规
         我国加强社区治    │
         理与促进社会组    ├─ 人民调解的政策法规
         织发展的政策      │
         法规              └─ 促进社会组织发展的政策法规
```

## 【本章导学】

本章主要介绍在社会工作提供专业服务过程中涉及的主要相关政策，考点在于具体的政策法规，即特殊群体的政策法规（老年人、妇女、未成年人、残疾人）和特定领域的政策法规（婚姻家庭、社会救助、劳动就业和医疗保障）两大方面。对于特殊群体的领域，核心记忆是具体的内容；特定领域的政策法规，核心记忆的是数字，可以采用列表对比的形式来记忆。同时，考生也需要紧跟时事，结合我国近年来颁发、修订的政策法规与精神文件，记忆本章内容。2021年1月1日施行《中华人民共和国民法典》(以下简称民法典)后，婚姻法、继承法、民法通则、收养法、担保法、合同法、物权法、侵权责任法、民法总则将同时废止，值得考生密切关注。

## 【历年题型题量分析表】

| 年份 | 单选 | 多选 | 合计分值 |
| --- | --- | --- | --- |
| 2008 | 6题 |  | 6分 |
| 2009 | 5题 | 2题 | 9分 |
| 2010 |  |  | 0分 |
| 2011 | 8题 | 2题 | 12分 |
| 2012 | 8题 | 2题 | 12分 |
| 2013 | 8题 | 2题 | 12分 |
| 2014 | 8题 | 2题 | 12分 |
| 2015 | 8题 | 2题 | 12分 |
| 2016 | 8题 | 2题 | 12分 |
| 2017 | 8题 | 2题 | 12分 |
| 2018 | 8题 | 2题 | 12分 |
| 2019 | 8题 | 2题 | 12分 |
| 2020 | 8题 | 2题 | 12分 |
| 2021 | 8题 | 2题 | 12分 |
| 2022 | 8题 | 2题 | 12分 |
| 2023 | 8题 | 2题 | 12分 |

注：单项选择题每题1分，多项选择题每题2分（错选，本题不得分；少选，所选每个选项得0.5分）。

# 本章考点解读

## 第一节　我国特殊群体的社会政策与法规

### 考点1：我国针对特殊群体的社会政策与法规

**例题：**（2023年单选题）根据未成年人保护法，保护未成年人，应当坚持（　　）的原则。

A. 平等保护

B. 个人信息公开

C. 最有利于未成年人

D. 保护与惩罚相结合

**答案：**C

**考点解读：**本考点是本章的高频考点，要求考生掌握老年人、妇女、未成年人及残疾人等特殊群体合法权益的主要内容及保障方式，关注特殊群体相关的法律条文。

1. 老年人合法权益的主要内容及保障方式

（1）老年人合法权益的主要内容。

①获得家庭赡养与扶养的权利。老年人权益保障法对老年人的"家庭赡养与扶养"作出专门规定，涉及老年人的家庭赡养、扶养与监护、婚姻、财产、继承与接受赠与等。

家庭赡养。老年人权益保障法规定，老年人养老以居家为基础，家庭成员应当尊重、关心和照料老年人。

扶养与监护。老年人权益保障法规定，老年人与配偶有相互扶养的义务。由兄、姐抚养的弟、妹成年后，有负担能力的，对年老无赡养人的兄、姐有扶养的义务。其次，监护人在老年人丧失或者部分丧失民事行为能力时，应依法承担监护责任。

不得侵犯老年人婚姻自由、继承权等合法权益。

②获得社会保障的权利。老年人权益保障法"社会保障"部分对老年人获得社会保障的权利作出了规定，涉及社会保险、护理保障、社会救助、社会福利、社会扶养等。

③获得社会服务的权利。2012年修订后的老年人权益保障法专门增加了"社会服务"章，规定地方各级人民政府和有关部门应当采取措施，发展城乡社区养老服务，鼓励、扶持专业服务机构及其他组织和个人，为居家的老年人提供生活照料、紧急救援、医疗护理、精神慰藉、心理咨询等多种形式的服务。具体内容包括：发展城乡社区养老服务、依法兴办养老机构、健全养老服务相关制度、培养养老服务专业人才、加强老年医疗卫生服务、发展老龄产业等。

④获得社会优待的权利。老年人权益保障法"社会优待"章规定县级以上人民政府及其有关部门根据经济社会发展情况和老年人的特殊需要，制定优待老年人的办法，逐步提高优待水平。对常住在本行政区域内的外埠老年人给予同等优待。具体包括：社会服务优待、法律服务优待、医疗服务优待、公共服务优待。

⑤获得宜居环境的权利。老年人权益保障法规定国家采取措施，推进宜居环境建设，为老年人提供安全、便利和舒适的环境。具体包括：制定宜居环境建设标准、推动宜居社区建设。

⑥参与社会发展的权利。老年人权益保障法规定，国家和社会应当重视、珍惜老年人的知识、技能、经验和优良品德，发挥老年人的专长和作用，保障老年人参与经济、政治、文化和社会生活。国家和社会采取措施，开展适合老年人的群众性文化、体育、娱乐活动，丰富老年人的精神文化生活。具体包括：老年人可以开展有益身心健康的活动、老年人有权提出老年人权益保障等方面的意见和建议、鼓励老年人自愿和量力从事社会活动、老年人参加劳动的合法收入受法律保护，老年人有继续受教育的权利。

（2）老年人合法权益的保障方式。

①老年人合法权益受到侵害的，被侵害人或者其代理人有权要求有关部门处理。对不履行保护老年人合法权益职责的部门或者组织，其上级主管部门要对其给予批评教育，责令改正。如果国家工作人员违法失职，致使老年人合法权益受到损害，由其所在组织或者上级机关责令改正，或者依法给予处分；构成犯罪的，则依法追究刑事责任。

②国家机关、社会团体、企业事业单位和其他组织，基层群众性自治组织和依法设立的老年人组织，以及居民委员会应当反映老年人的要求，维护老年人合法权益，为老年人服务。

2. 妇女合法权益的主要内容及保障方式

（1）妇女合法权益的主要内容。

①政治权利。包括：妇女有权参与公共事务管理；妇女享有选举权和被选举权；国家积极培养和选拔女干部、采取措施支持女性人才成长。

②人身和人格权益。包括：妇女享有人身自由权；妇女的人格尊严不受侵犯；妇女享有生命权、身体权、健康权；禁止拐卖、绑架妇女；禁止对妇女实施性侵害；妇女享有姓名权、肖像权、名誉权、荣誉权、隐私权等人格权益；在恋爱等亲密关系中面临危险的女性可依法申请人身安全保护令；国家建立健全妇女健康服务体系；妇女享有生育权；国家逐步建立妇女全生育周期系统保健制度；政府在规划、建设基础设施时应考虑妇女的特殊需求。

③文化教育权益。包括：保证适龄女性未成年人接受并完成义务教育；妇女平等享有受教育权；政府提高妇女受教育程度的责任；妇女享有与男子平等的文化权利。

④劳动与社会保障权益。包括：政府促进女性公平就业的责任；禁止用人单位招录（聘）过程中歧视妇女；男女同工同酬；妇女与男性的晋升和培训机会平等；妇女的特殊劳动保护权；妇女的社会保障权；政府对困难妇女的关爱服务责任。

⑤财产权益。包括：妇女享有农村集体经济组织中的各项权益；妇女享有在城镇集体所有财产关系中的权益；妇女享有继承权。

⑥婚姻家庭权益。包括：妇女享有婚姻自主权；婚姻登记机关应当提供婚姻家庭辅导服务；禁止对妇女实施家庭暴力；妇女对夫妻共同财产享有平等的占有、使用、收益、处分的权利；妇女享有离婚经济补偿请求权；夫妻平等享有对未成年子女的监护权。

（2）妇女合法权益的保障方式。

①主管部门保护：各级主管部门对保障妇女合法权益负有责任。

②司法保护：完善立法、强化执法是保障妇女合法权益最重要的手段。

③妇女组织、工会组织、共青团组织保护。

3. 未成年人合法权益的主要内容及保障方式

（1）未成年人合法权益的主要内容。

①生存权。是未成年人最基本的权利，国家保障每个未成年人平等的生存权利，禁止对未成年人实施家庭暴力，禁止虐待、遗弃未成年人，禁止溺婴和其他残害婴儿的行为，不得歧视女性未成年人或者残障未成年人。

②发展权。是未成年人享有的以未成年人个体全面发展为目标，以保障未成年人公平公正地分享发展成果和平等参与社会实践为基本内容的发展权利。

③受保护权。1989年联合国通过的《儿童权利公约》中进一步丰富了儿童受保护权的权利内容，包括平等保护、优先保护、全面保护以及困境儿童的特殊保护。

④参与权。指未成年人参加家庭、文化和社会生活并通过发表言论和采取行动对其产生影响的权利。

（2）未成年人合法权益的保障方式。

①家庭保护。第一，家庭监护：未成年人的父母或者其他监护人应当履行10项监护职责。第二，家庭教育：未成年人的父母或者其他监护人应当"学习家庭教育知识，接受家庭教育指导，创造良好、和睦、文明的家庭环境"。对存在养而不教、教而不当等监护问题的父母，可以要求他们参加相应的家庭教育指导。第三，身心健康保障：未成年人的父母或者其他监护人应当为未成年人提供安全的家庭生活环境。第四，委托照护：父母或其他监护人应当亲自履行监护职责，不得随意推卸监护责任；未成年人的父母或者其他监护人因外出务工等原因在一定期限内不能完全履行监护职责的，应当委托具有完全民事行为能力人代为照护；曾实施性侵者、吸毒等违法犯罪行为的不得作为被委托人。

②学校保护。第一，建立未成年学生保护的工作制度。学校应当全面贯彻国家教育方针，坚持立德树人，实施素质教育，提高教育质量，注意培养未成年学生认知能力，合作能力、创新能力和实践能力，促进未成年学生全面发展。第二，落实学校、幼儿园的教育、保育职责。第三，落实学校的安全保障责任。包括校园安全管理制度；校车安全管理制度；学生欺凌防控制度；预防性侵害、性骚扰未成年人工作制度。

③社会保护。第一，明确社会保护的责任主体及其责任。第二，提供多样化的未成年人活动场所及服务。第三，禁止对未成年人实施性侵害等违法犯罪行为。第四，优化未成年人健康成长的社会环境。第五，明确公共场所的未成年人安全保障义务。第六，强化未成年人的特殊劳动保护。第七，确立未成年人密切接触单位的从业查询制度。第八，尊重未成年人的隐私。

④网络保护。第一，明确相关主体对未成年人网络素养教育和未成年人网络行为引导监督的责任。第二，鼓励支持有利于未成年人健康成长的网络内容创作与传播。第三，强化对未成年人网络保护工作的监督检查。第四，防控未成年人沉迷网络的机制。第五，保护未成年人隐私和个人信息。第六，明确未成年人网络欺凌处置机制。

⑤政府保护。第一，细化政府职责。第二，加强政府保护工作机构和队伍建设。第三，确立国家监护制度。未成年人保护法明确了应当由民政部门临时监护的7种情形以及长期监护的5种情形。第四，国家建立性侵害等违法犯罪人员的信息查询系统。

⑥司法保护。第一，加强司法机关专门化建设。第二，听取未成年人的意见。第三，保护未成年人的信息。第四，依法提供法律援助或司法救助。第五，检察院对未成年人受害人的保护。第六，法院对未成年人的保护。第七，审理涉及未成年人案件应适应未成年人身心发展特点。第八，对未成年人受害人的保护措施。第九，对违法犯罪的未成年人，坚持教育为主、惩罚为辅的原则。

4. 残疾人合法权益的主要内容及保障方式

（1）残疾人合法权益的主要内容。

①康复：第一，总体方针。第二，康复机构建设与服务开展。第三，社区康复场所设立与服务开展。第四，康复服务要求。第五，康复人才培养。第六，康复器械提供。②教育：第一，教育方针。第二，义务教育。第三，职业教育。第四，学前教育。第五，普通高级中等以上教育及继续教育。③劳动就业：第一，就业方式。第二，就业促进。第三，就业保护和培训。④文化生活：国家和社会采取5项措施丰富残疾人的精神文化生活。⑤社会保障：第一，社会保险与社会救助。第二，困难残疾人生活补贴和重度残疾人护理补贴。第三，法律援助。第四，残疾人供养和托养。第五，残疾人公共服务。⑥无障碍环境：第一，无障碍设施：应当符合残疾人的实际需要。第二，无障碍信息交流：国家采取措施，为残疾人信息交流无障碍创造条件。第三，无障碍公共空间：为残疾人提供语音和文字提示、手语、盲文等信息交流服务，并提供优先服务和辅助性服务；公共交通工具应当逐步达到无障碍设施的要求；有条件的公共停车场应当为残疾人设置专用停车位。第四，无障碍政治参与：组织选举的部门应当为残疾人参加选举提供便利；有条件的，应当为盲人提供盲文选票。

（2）残疾人合法权益的保障方式。

残疾人保障法规定：残疾人的合法权益受到侵害的，有权要求有关部门依法处理，或者依法向仲裁机构申请仲裁，或者依法向人民法院提起诉讼。对有经济困难或者其他原因确需法律援助或者司法救助的残疾人，当地法律援助机构或者人民法院应当给予帮助，依法为其提供法律援助或者司法救助。

# 第二节　我国特定领域的社会政策与法规

### 考点2：我国特定领域的社会政策与法规

**例题：**（2023年单选题）根据《社会救助暂行办法》，县级人民政府民政部门以及乡镇人民政府街道办事处应当对获得最低生活保障家庭的人口状况、收入状况和（　　）进行定期核查。

A. 就业状况　　　　B. 财产状况　　　　C. 教育状况　　　　D. 健康状况

**答案：**B

**考点解读：**该考点是本章的高频考点。社会政策除可以按特殊群体分类外，也可以根据特定领域分类。在我国，面向特定领域的社会政策主要包括婚姻家庭、社会救助、劳动就业和医疗保障等政策，本考点主要阐述这些社会政策的相关规定。考生在复习时要注意对该领域社会政策与法规的适用人群进行识别，并对相关的数字进行记忆。

1. 婚姻家庭政策法规

2020年5月28日，第十三届全国人民代表大会第三次会议通过了《中华人民共和国民法典》（以下简称"民法典"），自2021年1月1日起施行。民法典共七编，婚姻家庭编是其中的第五编，原来单行的婚姻法废止。

（1）结婚的规定。

①结婚的条件。第一，结婚的必备条件：结婚必须男女双方完全自愿，不许任何一方对他方加以强迫或任何第三者加以干涉；必须达到法定婚龄。男不得早于22周岁，女不得早于20周岁；必须符合一夫一妻的基本原则。第二，结婚的禁止条件：直系血亲或者三代以内的旁系血亲。②结婚登记程序。第一，申请：户口簿、身份证、本人无配偶以及与对方当事人没有直系血亲和三代以内旁系血亲关系的签字声明；第二，审查：一是审查证件，在验当事人提交的证件、证明、声明材料是否齐全、是否符合法律规定；二是审查当事人双方是否符合法律规定的结婚条件；第三，登记：符合结婚条件的，应当当场予以登记，将结婚证分别颁发给结婚登记当事人双方。完成结婚登记，即确立婚姻关系。③婚姻无效。有下列情形之一的，婚姻无效：第一，违反一夫一妻制的；第二，当事人为禁止结婚的亲属关系的；第三，未到法定婚龄的。④可撤销婚姻。法律规定有两类可撤销婚姻：第一，胁迫的可撤销婚姻；第二，隐瞒重大疾病的可撤销婚姻。

（2）家庭关系的规定。

①夫妻关系。第一，人身关系：姓名权；职业、学习和社会活动自由权；日常家事代理权；扶养的权利义务；继承权。第二，财产关系。我国现行的夫妻财产制在总体上是法定财产制与约定财产制相结合，在法定财产制中是共同财产制与个人特有财产制相结合。②父母子女关系。包括：父母对子女的抚养义务；父母对未成年子女有教育和保护的权利和义务；成年子女对父母有赡养扶助的义务；父母子女之间有相互继承遗产的权利。③其他家庭成员间的关系。第一，祖父母、外祖父母对于未成年的孙子女、外孙子女有抚养的义务。孙子女、外孙女对于祖父母、外祖父母有赡养的义务。第二，兄、姐对于未成年的弟、妹有扶养的义务。由兄、姐扶养长大的有负担能力的弟、妹对缺乏劳动力且缺乏生活来源的兄、姐有扶养的义务。

（3）离婚的规定。

①登记离婚：第一，登记离婚的条件：双方自愿离婚；双方对子女抚养、财产以及债务处理等事项协商一致。第二，登记离婚的程序：申请→审查→登记。离婚冷静期：30日内夫妻任何一方或者双方不愿意离婚的，可以向婚姻登记机关撤回离婚申请。

②诉讼离婚：第一，诉讼离婚的法定标准，法定理由是"感情确已破裂"。民法典婚姻家庭编列了常见的4类具体离婚原因，使法定离婚理由的概括性规定与列举性规定互相补充、结合运用。第二，诉讼离婚的程序。调解→判决。第三，诉讼离婚的两项特别规定：现役军人的配偶要求离婚，须征得军人同意，但军人一方有重大过错的除外。重大过错有3种情形。女方在怀孕期间、分娩后一年内或终止妊娠后六个月内，男方不得提出离婚。

③离婚救济制度。第一，离婚经济帮助制度：离婚时，如一方生活困难，有负担能力的另一方应给予适当帮助，具体办法由双方协议；协议不成时，由人民法院判决。第二，离婚损害赔偿制度。有损害事实；配偶一方有法定过错；过错行为须与损害事实之间存在因果关系；离婚损害赔偿仅限于离婚时，如果当事人不离婚，则不适用离婚损害赔偿；请求权人无过错。

2. 社会救助政策法规

（1）城乡居民最低生活保障政策法规。

①低保对象资格。户籍状况、家庭收入和家庭财产是认定低保对象的三个基本要件。持有当地常住户口的居民，凡共同生活的家庭成员人均收入低于当地低保标准，且家庭财产状况符合当地人民政府规定条件的，可以申请低保。

②低保的申请与审核。申请低保应当以家庭为单位，由申请家庭确定一名共同生活的家庭成员作为申请人，向户籍所在地乡镇人民政府（街道办事处）提出书面申请；实施网上申请受理的地方，可以通过互联网提出申请。申请人有下列情况之一的，可以单独提出申请：一是，最低生活保障边缘家庭中持有中华人民共和国残疾人证的一级、二级重度残疾人和三级智力残疾人、三级精神残疾人；二是，最低生活保障边缘家庭中患有当地有关部门认定的重特大疾病的人员；三是，脱离家庭、在宗教场所居住三年以上（含三年）的生活困难的宗教教职人员；四是，县级以上人民政府民政部门规定的其他特殊困难人员。另外，最低生活保障边缘家庭一般指不符合最低生活保障条件，家庭人均收入低于当地最低生活保障标准1.5倍，且财产状况符合相关规定的家庭。五是，成年无业重度残疾人可以参照"单人户"提出低保申请。

③低保申请者的家庭经济状况调查。家庭经济状况是指共同生活家庭成员拥有的全部家庭收入和家庭财产。家庭收入指共同生活的家庭成员在规定期限内获得的全部现金及实物收入。主要包括：工资性收入、经营净收入、财产净收入、转移净收入、其他应当计入家庭收入的项目。下列收入不计入家庭收入：国家规定的优待抚恤金、计划生育奖励与扶助金、奖学金、见义勇为等奖励性补助；政府发放的各类社会救助款物；"十四五"期间，中央确定的城乡居民基本养老保险基础养老金；设区的市级以上地方人民政府规定的其他收入。对于共同生活的家庭成员因残疾、患重病等增加的刚性支出、必要的就业成本等，在核算家庭收入时可按规定适当扣减。乡镇人民政府（街道办事处）应当自受理最低生活保障申请之日起3个工作日内，启动家庭经济状况调查工作；调查可通过入户调查、邻里访问、信函索证或者提请县级人民政府民政部门开展家庭经济状况信息核对等方式进行。

④低保申请的民主评议。乡镇人民政府（街道办事处）应当根据家庭经济状况调查核实情况，提出初审意见，并在申请家庭所在村、社区进行公示。公示期为7天。公示期满无异议的，应当及时将相关材料报送县级人民政府民政部门。公示有异议的，应当重新组织调查或者开展民主评议，重新提出初审意见，并将相关材料报送县级人民政府民政部门。

⑤低保申请的审核审批以及低保金发放。县级人民政府民政部门应当自收到乡镇人民政府（街道办事处）上报的申请材料、家庭经济状况调查核实结果和初审意见等材料后10个工作日内，提出审核确认意见。县级人民政府民政部门经审核，对符合条件的申请予以确认同意，同时确定救助金额，发放最低生活保障证或确认通知书，并从作出确认同意决定之日下月起发放最低生活保障金。最低生活保障审核确认工作应当自受理之日起30个工作日之内完成。对低保审核确认权限下放到乡镇（街道）的地方，一般应当自受理之日起20个工作日之内完成。发生公示有异议、人户分离、异地申办或者家庭经济状况调查难度较大等特殊情况的，可以延长至45个工作日。最低生活保障金可以按照审核确定的申请家庭人均收入与当地最低生活保障标准的实际差额计算；也可以根据申请家庭困难程度和人员情况，采取分档方式计算。对获得最低生活保障后生活仍有困难的老年人、未

成年人、重度残疾人和重病患者，县级以上地方人民政府应当采取必要措施给予生活保障。

（2）医疗救助政策法规。

①医疗救助的对象。第一，医疗救助的对象包括最低生活保障家庭成员、特困供养人员和县级以上人民政府规定的其他特殊困难人员。第二，逐步将低收入家庭的老年人、未成年人、重度残疾人和重病患者等困难群众以及县级以上人民政府规定的其他特殊困难人员纳入救助范围。

②医疗救助的形式。第一，对救助对象参加城镇居民基本医疗保险或者新型农村合作医疗的个人缴费部分，给予补贴。第二，对救助对象经基本医疗保险、大病保险和其他补充医疗保险支付后，个人及其家庭难以承担的符合规定的基本医疗自负费用，给予补助。

（3）流浪乞讨人员救助政策法规。

①救助对象。国家对生活无着的流浪、乞讨人员提供临时住宿、急病救治、协助返回等救助。

②救助形式。对流浪乞讨人员实行救助的形式主要为救助站救助。救助站对流浪乞讨人员的救助是一项临时性社会救助措施，救助站应当根据受助人员的情况确定救助期限，一般不超过10天。救助站提供符合食品卫生要求的食物；提供符合基本条件的住处；对在站内突发急病的，及时送医院救治；帮助与其亲属或者所在单位联系；对没有交通费返回其住所地或者所在单位的，提供乘车凭证。

3. 劳动就业政策法规

（1）劳动关系的相关规定。

①劳动就业规定。劳动法提出了劳动用工基本要求，包括：劳动者就业不因民族、种族、性别、宗教信仰不同而受歧视；妇女享有与男子平等的就业权利，在录用职工时，除国家规定的不适合妇女的工种或者岗位外，不得以性别为由拒绝录用妇女或者提高对妇女的录用标准；残疾人、少数民族人员、退出现役的军人的就业，法律、法规有特别规定的，从其规定；禁止用人单位招用未满16周岁的未成年人。

②劳动合同规定。第一，劳动合同的订立和变更。订立原则：劳动合同的订立和变更应当遵循平等自愿、协商一致的原则，不得违反法律、法规的规定。订立形式：劳动合同应当以书面形式订立。第二，劳动合同的效力。劳动法规定，劳动合同依法订立即具有法律约束力，当事人必须履行劳动合同规定的义务。下列情况，劳动合同无效：违反法律、行政法规的劳动合同；采取欺诈、威胁等手段订立的劳动合同。劳动合同是否无效，由劳动争议仲裁委员会或者人民法院确认。第三，劳动合同的内容。劳动合同的内容一般包括必备条款和约定条款两部分。必备条款有：一是劳动合同期限；二是工作内容；三是劳动保护和劳动条件；四是劳动报酬；五是劳动纪律；六是劳动合同终止的条件；七是违反劳动合同的责任。第四，劳动合同的解除有两种方式：协商解除：经当事人协商一致，可以解除劳动合同。法定解除：形式有即时辞职、预告辞职、即时辞退、预告辞退、经济性裁员五种情形。禁止用人单位解除劳动合同：患职业病或者因工负伤并被确认丧失或者部分丧失劳动能力的；患病或者负伤，在规定的医疗期内的；女职工在孕期、产期、哺乳期内的；法律、行政法规规定的其他情形。

③工作时间规定。第一，工作时间。国家实行劳动者每日工作时间不超过8小时，平均每周工作时间不超过44小时。第二，延长工作时间及报酬。人员的限制：对怀孕7个

月以上或有哺乳未满1周岁的婴儿的女职工，不得安排延长工作时间；延长工时的长度限制：一般每日不得超过1小时；因特殊原因需要延长工作时间的，在保障劳动者身体健康的条件下延长工作时间每日不得超过3小时，但是每月不得超过36小时。对延长工作时间的工资报酬，劳动法规定，安排劳动者延长工作时间的，应当支付不低于工资的150%的工资报酬。休息日安排劳动者工作又不能安排补休的，支付不低于工资200%的工资报酬。法定休假日安排劳动者工作的，支付不低于工资300%的工资报酬。第三，休假方面。法定节假日，包括元旦、春节、国际劳动节、国庆节，以及法律、法规规定的其他休假节日；年休假，劳动者连续工作1年以上的，享受带薪年休假；产假，女职工生育享受不少于98天的产假；婚丧假，劳动者在婚丧假期间，用人单位应当依法支付工资。

④工资保障规定。工资应当以货币形式按月支付给劳动者本人；最低工资的具体标准由省、自治区、直辖市人民政府规定，报国务院备案；用人单位支付劳动者的工资不得低于当地最低工资标准。

(2) 失业保险的相关规定。

①失业保险金领取条件。具备下列条件的失业人员，可以领取失业保险金：第一，按照规定参加失业保险，所在单位和本人已按照规定履行缴费义务满1年的；第二，非因本人意愿中断就业的；第三，已办理失业登记，并有求职要求的。

②停止领取失业保险。有下列情形之一，停止领取失业保险金，并同时停止享受其他失业保险待遇：第一，重新就业的；第二，应征服兵役的；第三，移居境外的；第四，享受基本养老保险待遇的；第五，无正当理由，拒不接受当地人民政府指定的部门或者机构介绍的适当工作或者提供的培训的。

③失业保险金领取的期限：第一，累计缴费时间满1年不足5年的，领取失业保险金的期限最长为12个月；第二，累计缴费时间满5年不足10年的，领取失业保险金的期限最长为18个月；第三，累计缴费时间10年以上的，领取失业保险金的期限最长为24个月；第四，重新就业后再次失业的，缴费时间重新计算，领取失业保险金的期限可以与前次失业应领取而尚未领取的失业保险金的期限合并计算，最长不得超过24个月。

(3) 工伤保险政策法规。

①工伤认定。第一，职工应当认定为工伤的情形：在工作时间和工作场所内，因工作原因受到事故伤害的；工作时间前后在工作场所内，从事与工作有关的预备性或者收尾性工作受到事故伤害的；在工作时间和工作场所内，因履行工作职责受到暴力等意外伤害的；患职业病的；因工外出期间，由于工作原因受到伤害或者发生事故下落不明的；在上下班途中，受到非本人主要责任的交通事故或者城市轨道交通、客运轮渡、火车事故伤害的；法律、行政法规规定应当认定为工伤的其他情形。第二，视同工伤的情形：在工作时间和工作岗位，突发疾病死亡或者在48小时之内经抢救无效死亡的；在抢险救灾等维护国家利益、公共利益活动中受到伤害的；职工原在军队服役，因战、因公负伤致残，已取得革命伤残军人证，到用人单位后旧伤复发的。第三，不得认定为工伤或者视同工伤的情形：故意犯罪的；醉酒或吸毒的；自残或者自杀的；法律、行政法规规定的其他情形。

②工伤保险待遇。从工伤保险基金支付的包括：治疗工伤的医疗费用和康复费用；住院伙食补助费；到统筹地区以外就医的交通住宿费；安装配置伤残辅助器具所需费用；生活不能自理的，经劳动能力鉴定委员会确认的生活护理费；一次性伤残补助金和一至四级伤残职工按月领取的伤残津贴；终止或者解除劳动合同时，应当享受的一次性医疗补助

金；因工死亡的，其遗属领取的丧葬补助金，供养亲属抚恤金和因工死亡补助金；劳动能力鉴定费。

（4）劳动争议政策法规。

①劳动争议的处理范围。我国劳动争议调解仲裁的适用范围包括：因确认劳动关系发生的争议；因订立、履行、变更、解除和终止劳动合同发生的争议；因除名、辞退和辞职、离职发生的争议；因工作时间、休息休假、社会保险、福利、培训以及劳动保护发生的争议；因劳动报酬、工伤医疗费、经济补偿或者赔偿金等发生的争议；法律、法规规定的其他劳动争议。

②劳动争议的处理机构。第一，我国处理劳动争议的机构，有劳动争议调解组织、劳动争议仲裁委员会和人民法院。第二，我国劳动争议调解组织包括：企业劳动争议调解委员会；依法设立的基层人民调解组织；在乡镇、街道设立的具有劳动争议调解职能的组织。

③劳动争议的处理程序。劳动争议实行协商、调解、仲裁和诉讼等处理程序。

4. 医疗保障政策法规

城镇所有用人单位，包括企业（国有企业、集体企业、外商投资企业、私营企业等）、机关、事业单位、社会团体、民办非企业单位及其职工都要参加职工基本医疗保险。乡镇企业及其职工、城镇个体经济组织业主及其从业人员是否参加基本医疗保险，则由各省、自治区、直辖市人民政府决定。

（1）城镇职工基本医疗保险制度。

①城镇职工基本医疗保险制度的覆盖范围：城镇所有用人单位；乡镇企业及其职工、城镇个体经济组织业主及其从业人员是否参加基本医疗保险，由各省、自治区、直辖市人民政府决定。②城镇职工基本医疗保险制度的缴费办法：基本医疗保险费由用人单位（职工工资总额的6%）和职工（本人工资收入的2%）共同缴纳。③城镇职工基本医疗保险基金的规定：基本医疗保险基金由统筹基金和个人账户构成。

（2）城乡居民基本医疗保险制度。

①原有的新型农村合作医疗制度和城镇居民基本医疗保险制度基础上整合而来的。②个人缴费与政府补贴相结合。

## 第三节 我国加强社区治理与促进社会组织发展的政策法规

**考点3：** 我国加强社区治理与促进社会组织发展的政策法规

**例题：**（2022年单选题）根据《中共中央 国务院关于加强和完善城乡社区治理的意见》，街道办事处（乡镇人民政府）在社区治理体系中发挥的是（ ）。

A. 核心作用  B. 主导作用  C. 基础作用  D. 协同作用

**答案：** B

**考点解读：** 本考点是近年的新增考点之一，基本保持每年1题。本考点的内容主要包括我国加强社区治理、人民调解和促进社会组织发展的社会政策与法规等。考生在复习时要注意对政策法规落实过程中的流程或任务进行识记。

1. 加强社区治理的政策法规

为进一步加强基层治理体系和治理能力现代化，2021年发布的《中共中央 国务院关于加强基层治理体系和治理能力现代化建设的意见》提出以习近平新时代中国特色社会主义思想为指导，坚持和加强党的全面领导，坚持以人民为中心，以增进人民福祉为出发点和落脚点，以加强基层党组织建设、增强基层党组织政治功能和组织力为关键，以加强基层政权建设和健全基层群众自治制度为重点，以改革创新和制度建设、能力建设为抓手，建立健全基层治理体制机制，推动政府治理同社会调节、居民自治良性互动，提高基层治理社会化、法治化、智能化、专业化水平。

（1）完善党全面领导基层治理制度。

①加强党的基层组织建设，健全基层治理党的领导体制。积极推行村（社区）党组织书记通过法定程序担任村（居）民委员会主任、村（社区）"两委"班子成员交叉任职。

②构建党委领导、党政统筹、简约高效的乡镇（街道）管理体制。县直部门设在乡镇（街道）的机构原则上实行属地管理。继续实行派驻体制的，要纳入乡镇（街道）统一指挥协调。

③完善党建引领的社会参与制度。培育扶持基层公益性、服务性、互助性社会组织。支持党组织健全、管理规范的社会组织优先承接政府转移职能和服务项目。搭建区域化党建平台，推行机关企事业单位与乡镇（街道）、村（社区）党组织联建共建，组织党员、干部下沉参与基层治理、有效服务群众。

（2）健全基层群众自治制度。

①加强村（居）民委员会规范化建设。

②健全村（居）民自治机制。

③增强村（社区）组织动员能力。

④优化村（社区）服务格局。

（3）推进基层法治和德治建设。

①推进基层治理法治建设。乡镇（街道）指导村（社区）依法制定村规民约、居民公约，健全备案和履行机制，确保符合法律法规和公序良俗。

②加强思想道德建设。培育践行社会主义核心价值观，推动习近平新时代中国特色社会主义思想进社区、进农村、进家庭。健全村（社区）道德评议机制，开展道德模范评选表彰活动，注重发挥家庭家教家风在基层治理中的重要作用。

③发展公益慈善事业。完善社会力量参与基层治理激励政策，创新社区与社会组织、社会工作者、社区志愿者、社会慈善资源的联动机制，支持建立乡镇（街道）购买社会工作服务机制和设立社区基金会等协作载体，吸纳社会力量参加基层应急救援，完善基层志愿服务制度，大力开展邻里互助服务和互动交流活动。

（4）加强基层智慧治理能力建设。

①做好规划建设。市、县级政府要将乡镇（街道）、村（社区）纳入信息化建设规划，统筹推进智慧城市、智慧社区基础设施、系统平台和应用终端建设，强化系统集成、数据融合和网络安全保障。

②整合数据资源。实施"互联网+基层治理"行动，完善乡镇（街道）、村（社区）地理信息等基础数据，共建全国基层治理数据库，推动基层治理数据资源共享，根据需要向基层开放使用，完善乡镇（街道）与部门政务信息系统数据资源共享交换机制，推进基

层数据资源建设。

③拓展应用场景。加快全国一体化政务服务平台建设，推动各地政务服务平台向乡镇（街道）延伸，建设开发智慧社区信息系统和简便应用软件。

2. 人民调解的政策法规

人民调解制度既是人民群众实现自我管理、自我约束和自我服务的一项民主制度，也是化解社会矛盾和维护社会稳定的一项法律制度。2010 年 8 月 28 日《中华人民共和国人民调解法》（以下简称人民调解法）正式颁布，并于 2011 年 1 月 1 日起正式实施，这对于完善人民调解制度、推动人民调解工作的改革与发展、充分发挥人民调解工作的职能作用具有十分重要的作用。

（1）人民调解的原则。包括：依法调解原则、自愿平等原则、尊重当事人权利的原则。

（2）当事人在调解中的权利和义务。

①权利。人民调解法规定，当事人在参与调解活动的过程中享有下列权利：选择或者接受人民调解员；接受调解、拒绝调解或者要求终止调解；要求调解公开进行或者不公开进行；自主表达意愿、自愿达成调解协议。

②义务。人民调解法在规定了调解活动中当事人享有的权利外，还同时规定了当事人的义务，主要包括 3 个方面的内容：如实陈述纠纷事实；遵守调解现场秩序，尊重人民调解员；尊重对方当事人行使权利。

（3）人民调解的程序。

①受理纠纷。包括两种方式：申请调解、主动调解。

②调查研究。人民调解委员会受理纠纷以后，为了确定纠纷性质，正确解决纠纷，要及时开展调查研究，查明纠纷发生的原因、争执的焦点、发展的过程，以便有针对性地进行调解。

③进行调解。人民调解委员会根据调解纠纷的需要，可以指定一名或者数名人民调解员进行调解，也可以由当事人选择一名或者数名人民调解员进行调解；调解民间纠纷，应当坚持原则，明法析理，主持公道。调解民间纠纷，应当及时、就地进行，防止矛盾激化。

④结束调解。结束调解分两种情况：一是在调解会上，纠纷当事人双方在平等协商、互谅互让的基础上提出纠纷解决方案，自愿达成调解协议，调解成立而结束调解；二是纠纷当事人双方经过反复协商不能达成协议，调解不能成立而结束调解。

（4）调解协议的内容、效力及确认。

①调解协议的内容。调解协议可以载明下列事项：一是当事人的基本情况；二是纠纷的主要事实、争议事项以及各方当事人的责任；三是当事人达成调解协议的内容，履行的方式、期限。

②调解协议的效力。经人民调解委员会调解达成的调解协议，具有法律约束力，当事人应当按照约定履行。

③调解协议的确认。经人民调解委员会调解达成调解协议后，双方当事人认为有必要的，可以自调解协议生效之日起 30 日内共同向人民法院申请司法确认，人民法院应当及时对调解协议进行审查，依法确认调解协议的效力。

3. 促进社会组织发展的政策法规

为进一步规范社会组织登记管理，推动我国社会组织高质量发展，民政部于2021年发布了《"十四五"社会组织发展规划》，对促进社会组织发展提出了总体要求、主要任务和保障措施。

（1）总体要求。

①指导思想。以习近平新时代中国特色社会主义思想为指导，坚持党的全面领导，增强"四个意识"、坚定"四个自信"、做到"两个维护"，坚持稳中求进工作总基调，以推进社会组织高质量发展为主题，以优化社会组织结构布局为主线，以满足人民日益增长的美好生活需要为根本目的，统筹积极引导发展和严格依法管理。进一步加强社会组织登记管理机关能力建设，进一步健全社会组织综合监管服务体系，推动社会组织发展从"多不多""快不快"向"稳不稳""好不好"转变，从注重数量增长、规模扩张向能力提升、作用发挥转型，推动社会组织在全面建设社会主义现代化国家新征程中发挥积极作用。

②基本原则。坚持党建引领，保证发展方向；坚持政治属性，履行法定职责；坚持人民至上，加强能力建设；坚持居安思危，统筹发展安全。

③主要目标。到2025年，协同推动社会组织党建工作管理体制和工作机制更加完善，社会组织党的组织和党的工作有效覆盖；党建引领、统一登记、各司其职、协调配合、分级负责、依法监管的中国特色社会组织管理体制更加健全；政社分开、权责明确、依法自治的社会组织制度更加完善；结构合理、功能完善、竞争有序、诚信自律、充满活力的社会组织发展格局更加定型。

④相关发展预期指标。到2025年，在社会组织登记数量严格保持合理规模基础上，社会组织专职工作人员数量达到1250万人，社会组织固定资产达到5900亿元，获得3A（含）以上评估等级的全国性、省本级登记的社会组织占其登记社会组织比例达到25%，法人治理结构健全、无不良信用信息记录的社会组织占全部社会组织比例超过80%，社会组织发展质量得到明显改善与提升。

（2）主要任务。

①加强社会组织党的建设。推进社会组织党的组织和党的工作全覆盖。

②完善社会组织法律制度。包括：加强顶层制度设计、发挥地方立法先行先试作用。

③规范社会组织登记。包括强化社会组织登记审查、优化社会组织结构布局、提升社会组织登记服务效能。

④健全社会组织监管体系。包括：推进制度化监管、推进精细化监管、推进多元化监管、推进专业化监管。

⑤提升社会组织执法水平。包括：加大执法力度、完善执法机制、规范执法程序、提升执法能力。

⑥加强社会组织自身建设。包括：加强内部治理、加强品牌建设、加强数字赋能。

⑦引导支持社会组织发展。包括：按照国家有关规定对政治过硬、作用明显、贡献突出的社会组织进行表彰奖励；深化落实财政部、民政部《关于通过政府购买服务支持社会组织培育发展的指导意见》，提高政府购买服务项目资金使用效益；深化社会组织人才资源开发，建立健全社会组织负责人能力提升制度，重点提升社会组织负责人政治能力和专业素养。

⑧发挥社会组织积极作用。包括：推动社会组织服务大局、推动社会组织服务基层、

实施"培育发展社区社会组织专项行动"、实施"社会组织治理体系和治理能力建设工程"、发挥民政部部管社会组织示范作用。

（3）保障措施。

①加强组织领导。积极争取党委和政府重视与支持，进一步加强党对社会组织的领导，推动建立健全社会组织工作协调机制，把加强和改进社会组织管理工作列入重要议事日程。

②完善投入机制。围绕基层社会治理与服务急需，鼓励地方政府支持社会组织参与社会服务。引导社会资金参与社会组织发展项目，形成多元化投入机制。

③强化研究宣传。发挥高等院校、研究机构和社会智库作用，深入开展社会组织政策理论研究，探索中国特色社会组织高质量发展规律与模式。加强舆情监测和信息采集，及时回应社会关切，增强社会组织公信力。强化移动新媒体建设，拓宽宣传渠道，创新宣传形式，提升宣传效果。

④抓好考核评估。建立动态监测和定期调度相结合的工作机制。

## ▶【模拟训练】

**一、单项选择题（每题的备选项中，只有 1 个最符合题意）**

1. 根据劳动法和《女职工劳动保护特别规定》，对怀孕（    ）个月以上的女职工，用人单位不得延长劳动时间或安排夜班劳动。

A. 4          B. 5          C. 6          D. 7

2. 老张年老体弱，无力耕种承包的田地，只得让儿子小张耕种。根据老年人权益保障法，小张耕种父亲老张田地的收入应当（    ）。

A. 归小张所有                    B. 归老张所有

C. 由老张和小张平分              D. 由老张和小张决定分配

3. 村民任某丧夫，育有独生儿子小君。任某与小君的爷爷、奶奶共同居住，共同照料小君。后任某改嫁邻村王某，小君的爷爷、奶奶不允许任某将小君带走，要求自行监护。关于对小君监护权的说法，正确的是（    ）。

A. 爷爷、奶奶对小君有优先监护权

B. 任某因再婚对小君不再有监护权

C. 任某对小君的监护权不因再婚而改变

D. 任某对小君是否具有监护权要看小君是否改姓再定

4. 根据残疾人保障法，国家保障残疾人享有康复服务的权利，康复服务应以（    ）为基础。

A. 残疾人家庭      B. 康复机构      C. 福利性单位      D. 社区康复

5. 民法典规定的结婚年龄是（    ）。

A. 男不得早于 20 周岁，女不得早于 18 周岁

B. 男不得早于 22 周岁，女不得早于 20 周岁

C. 男不得早于 25 周岁，女不得早于 22 周岁

D. 男不得早于 25 周岁，女不得早于 23 周岁

6. 转移性收入指国家、机关企事业单位、社会组织对居民的各种经常性转移支付和居民之间的经常性收入转移。以下不属于转移性收入的是（　　）。

A. 赡养费　　　　　B. 失业保险金　　　C. 储蓄性保险投资　　D. 遗属补助金

7. 根据妇女权益保障法，丧偶妇女对公婆尽了主要赡养义务的，可作为公婆的（　　）继承人。

A. 第一顺序　　　　B. 第二顺序　　　　C. 第三顺序　　　　D. 第四顺序

8. 根据劳动法，下列人员中，用人单位不得与其解除劳动合同的是（　　）。

A. 甲，在试用期被证明不符合录用条件

B. 乙，因工作原因患职业病，但未丧失劳动能力

C. 丙，因失职泄露商业机密，给用人单位利益造成重大损失

D. 丁，正处于哺乳期

9. 根据《最低生活保障审核确认办法》，共同生活的家庭成员（　　）低于当地低保标准，且家庭财产状况符合政府规定条件的，可以申请低保。

A. 总收入　　　　　B. 可支配收入　　　C. 纯收入　　　　　D. 人均收入

10. 小宇大学毕业后，当年 7 月到某银行工作。次年 3 月，因经济危机裁员，小宇被银行辞退，随即办理失业登记，并积极求职。工作期间，银行和小宇按规定缴纳了 9 个月的失业保险费。根据《失业保险条例》，小宇（　　）。

A. 可领取 9 个月失业保险金　　　　B. 可领取 6 个月失业保险金

C. 可领取 3 个月失业保险金　　　　D. 不可领取失业保险金

## 二、多项选择题（每题的备选项中，有 2 个或 2 个以上符合题意，至少有 1 个错项。错选，不得分；少选，得部分分）

1. 根据《工伤保险条例》，下列人员中，应当认定为工伤或视同工伤的有（　　）。

A. 韩某，醉酒后操作生产设备失误受伤

B. 王某，在车间生产线工作时被脱落的顶棚砸伤

C. 李某，步行下班途中被一个醉酒司机驾车撞伤

D. 张某，赴外地支援抗疫被感染

E. 周某，上班期间在办公室突发疾病，在医院抢救 72 小时后死亡

2. 80 岁的老李丧偶三个月后，结识了离异的张奶奶，并欲与其办理结婚登记，遭到了子女们的强烈反对及阻挠。老李的子女提出双方老人可以共同生活，但绝不允许办理婚姻登记，否则他们不再承担赡养与照顾义务，并会要求老李搬离由他们承租的房屋。根据老年人权益保障法，老李可以子女侵犯了他的（　　）为由，向人民法院提起诉讼。

A. 婚姻自由权　　　　　B. 享受最低生活保障待遇的权利

C. 生活保障权　　　　　D. 享受家庭赡养的权利

E. 住房权

3. 小程最近失业了，根据《失业保险条例》，小程领取失业保险金应具备的条件包括（　　）。

A. 小程家庭经济困难，享受低保待遇

B. 小程家庭成员患有大病，享受医疗救助

C. 失业前小程及其所在单位已按规定缴纳失业保险金满 1 年

D. 非因小程本人意愿中断就业

E. 小程已办理失业登记，并有求职要求

4. 为了方便推轮椅带老伴出门，王大爷私自请工人将单元楼一楼出口的全部台阶改造成坡道。楼上几家邻居觉得坡道会影响大家的日常出行，于是到社区居委会反映情况，居委会人民调解委员会派调解员张阿姨进行调解。根据人民调解法，关于该调解事项的说法，正确的有（    ）。

A. 如果王大爷接受调解，则中途不得要求终止调解

B. 如果王大爷不信任张阿姨，可以要求换一位调解员

C. 如果双方以口头方式达成调解协议，则该调解协议无效

D. 如果达成调解协议，人民调解委员会要督促王大爷尽快执行

E. 如果达成调解协议后，邻居不放心，可以在 45 天内申请司法确认

5. 根据《国务院关于开展城镇居民基本医疗保险试点的指导意见》，关于城镇居民基本医疗保险的说法，正确的有（    ）。

A. 城镇居民基本医疗保险可自愿参加

B. 城镇居民基本医疗保险以家庭缴费为主

C. 参加城镇居民基本医疗保险可享受政府补助

D. 城镇居民基本医疗保险参保对象不包括技校学生

E. 城镇居民基本医疗保险重点保障城镇从业居民的大病医疗需求

▶【模拟训练参考答案】

一、单项选择题

1. D    2. B    3. C    4. D    5. B    6. C    7. A    8. D    9. D    10. D

二、多项选择题

1. BCD    2. ADE    3. CDE    4. BD    5. ABC

# 历年真题选编（一）

一、单项选择题（共60题，每题1分；每题的备选项中，只有1个最符合题意）

1. 党的二十大报告指出，"增进民生福祉，提高人民生活品质"，在宏观层面上为我国社会工作的发展指明了方向。根据党的二十大精神，在保障和改善民生方面，更能发挥社会工作专业优势服务的是（　　）。（2023年）

A. 为困难群体提供社会服务　　　　　　B. 为学龄前儿童提供环保教育

C. 为患病人士提供治疗咨询　　　　　　D. 为大学生群体创造就业机会

2. 在新建社区中，社会工作者组织各种社区活动，建立社区互助平台，梳理并链接社区内外资源。上述社会工作者的做法，主要体现的社会工作功能是（　　）。（2021年）

A. 建构社会资本　　B. 解决社会问题　　C. 推动社会进步　　　D. 维持社会秩序

3. 社会工作者小李发现一些老年人不会使用智能手机，为了解决老年人的困难，小李在社区中举办活动，教老年人学习使用智能手机。上述小李所开展的工作领域是（　　）。（2022年）

A. 服务社会工作　　　　　　　　　　　B. 救助社会工作

C. 老年社会工作　　　　　　　　　　　D. 矫正社会工作

4. 高三学生小勤在一次重要考试中失误，未能如愿获得理想的结果。她不能原谅自己，无法走出考试失误的阴影，对自己丧失了信心。社会工作者大林对小勤的情况进行全面客观评估后，鼓励小勤加入听障儿童志愿服务队。经过几次开导，小勤加入了志愿服务队，并逐渐成为骨干，在为孩子们提供服务的同时，又重拾信心。社会工作者大林在上述服务中扮演的直接服务角色是（　　）。（2021年）

A. 关系协调者　　　B. 治疗者　　　　　C. 资源筹集者　　　　D. 支持者

5. 下列人员中，属于社会工作基本服务对象的是（　　）。（2022年）

A. 参与社区活动的志愿者

B. 协助子女抚育孙辈的随迁老人

C. 因家庭经济困难导致就医困难的儿童

D. 社会工作服务机构新入职员工

6. 关于社会工作要素的说法，正确的是（　　）。（2023年）

A. 社会工作者秉持利他主义，从事的是志愿服务工作

B. 社会工作基本对象包括因退休需要调整适应的老人

C. 社会工作者与一般助人者都会运用专业的助人方法

D. 助人活动是社会工作者与服务对象互动合作的过程

7. 关于社会工作价值观与专业伦理的说法，正确的是（　　）。（2022年）

A. 社会工作者与服务对象之间的反移情必然会发生

B. 社会工作者在服务的同时必须具备自我照顾能力

C. 社会工作者在服务中任何情况都要对服务对象信息保密

D. 社会工作者在服务时，要将部门的评估标准置于首位

8. 社会工作者小李在为 65 岁的低保对象老林提供服务的过程中，得知老林最近在照顾瘫痪在床的哥哥。虽然他经济上有压力、照顾起来力不从心，但也不忍心将哥哥送到养老院，更不愿意麻烦别人，从未对别人说起过自己的困难。根据社会工作伦理决定的核心价值观，小李最适宜的做法是（　　）。（2022 年）

A. 尊重老林的决定，协助其学习照顾失能老人的技巧

B. 相信老林是可以改变的，积极引导其改变传统观念

C. 保护老林的隐私，不向他人透露其照顾哥哥的困难

D. 征得老林的同意，通过机构内筹款缓解其经济压力

9. 社会工作者小陶在与服务对象小范会谈时得知，其女友最近与他分手了，小范非常恼怒，准备用暴力伤害女友。基于对小范的了解，小陶认为事态严重，迅速将此事报告给督导，并联系相关单位进行干预，妥善处理了此事。根据社会工作伦理困境处理原则，小陶的做法遵循的是（　　）。（2020 年）

A. 隐私保密原则　　　　　　　　　　B. 生命质量原则

C. 自由自主原则　　　　　　　　　　D. 保护生命原则

10. 保健品代理商吴先生了解到养老院社会工作者小李经常组织老年人活动，与院内老年人关系很好，于是找到小李，向他介绍保健品有助于老年人提高免疫力、预防心脑血管疾病，请他帮忙向老年人推荐保健品。吴先生承诺，如果小李推荐成功，他还可以资助养老院的一些活动。根据社会工作专业伦理原则，小李最恰当的做法是（　　）。（2023 年）

A. 考虑到保健品有利养生，答应与吴先生合作

B. 咨询养老院意见，再决定是否与吴先生合作

C. 考虑服务对象利益优先，婉拒与吴先生合作

D. 同意吴先生直接与养老院老人沟通，推荐保健品

11. 马斯洛需要层次论中维持人类自身生存的最基本需要是（　　）。（2022 年）

A. 生理的需要　　　B. 安全的需要　　　C. 归属的需要　　　D. 尊重的需要

12. 小李从部队退役后到某物业管理公司工作。为了尽快适应新的工作岗位，小李认真阅读该公司近五年来的资料，积极参加公司组织的培训，周末他还到驻点服务的小区走访，了解居民的具体需求。一年工作下来，小李得到公司领导和居民的一致好评，还被评为"年度优秀员工"。从社会环境对人类行为影响的角度看小李的做法，说明（　　）。（2020 年）

A. 部队环境让小李有强烈的归属感　　B. 部队经历使得小李能够胜任工作

C. 工作岗位促使小李加强学习实践　　D. 小李的主观努力改变着外部环境

13. 小学三年级学生娜娜学习成绩优异，每天除了完成功课外，还坚持练习演讲。一个雨天，娜娜在放学路上发现有个小妹妹正在哭泣，就猜想她是发生了什么事情。上述情形反映出娜娜这个年龄阶段孩子的主要心理发展特征是（　　）。（2022 年）

A. 口头表达能力正日益增强　　　　　B. 抽象逻辑思维发展已成熟

C. 通过他人立场来考虑问题　　　　　D. 能够通过观察来思考问题

14. 为了帮助小雯更快适应幼儿园生活，小雯妈妈扮演幼儿园老师，与小雯玩"快乐幼儿园"的游戏；爸爸叮嘱女儿见到老师和同学要主动问好，告诉她过马路一定要遵循交通信号灯的指引。小雯父母的上述行为，主要体现的家庭功能是（　　）。(2023年)

A. 社会化　　　　B. 繁衍后代　　　　C. 情感支持　　　　D. 经济支持

15. 服务对象老马近期体检时被查出患有重度脂肪肝，他因此下定决心开始健康饮食规律运动。在社会工作者的帮助下，他加入了社区马拉松团体。老马的上述情形，体现的人类行为特点是（　　）。(2023年)

A. 适应性　　　　B. 发展性　　　　C. 多样性　　　　D. 可控性

16. 根据青少年阶段的发展特点和需要，社会工作者计划首先从预防层面对青少年网络成瘾问题进行干预。下列社会工作者的做法中，最适宜的是（　　）。

A. 从个人层面入手，要求青少年远离网络游戏

B. 从家庭层面入手，促进青少年与父母的沟通

C. 从学校层面入手，减少青少年课业学习负担

D. 从社会层面入手，加强对青少年的法治教育

17. 唐先生与姜女士两人各自有安逸的家庭，一年前开始合伙做生意。合作中，两人逐渐产生感情。最近，两人出现了债务危机和感情纠纷，唐先生希望结束这段感情，并向姜女士提出撤回投资，姜女士拒绝且大闹唐家，唐先生的妻子向他提出离婚。唐先生面对家里家外的困境，感到走投无路，内心崩溃。社会工作者老孙在为唐先生开展个案服务时，试图引导唐先生进行心理动力反思。下列做法中，运用心理动力反思技巧的是（　　）。(2021年)

A. 帮助唐先生了解影响自己的重大事件

B. 协助唐先生了解自己的情绪反应方式

C. 帮助唐先生分析自己当下所处的实际情况

D. 协助唐先生分析自己的行为所产生的后果

18. 小芸失恋后，整日以泪洗面，闭门不出。一天，她服用了大量安眠药企图自杀，幸好被朋友及时发现，送到医院抢救才挽回生命。医务社会工作者小赵了解情况后到病房陪伴小芸，协助她渡过难关。从危机介入的角度，小赵除了需要迅速了解小芸的主要问题外，更重要的工作是（　　）。(2020年)

A. 危险性评估　　　　B. 联系其家人　　　　C. 安抚悲伤情绪　　　　D. 转介心理咨询

19. 14岁的小包与姐姐、祖父母一起生活，关系融洽。小包的父亲长年在外地打工，每逢春节才能回家，加上半年前姐姐突发疾病离世，小包心情沮丧，无心学习。小包的爷爷很担心孙子的未来，遂求助社会工作者小邱。小邱在预估和问题分析的基础上，着手制订服务计划。小邱的下列做法中，正确的是（　　）。(2023年)

A. 鼓励小包参与服务计划的制订过程

B. 小邱根据自己的技术特长制订计划

C. 以小包爷爷的想法为重点制订计划

D. 以小包父亲的意见为主制订计划

20. 汪女士因遭受丈夫家暴，向社会工作者小华求助，在个案服务的第七次会议中，汪女士和小华对话如下：

汪女士："谢谢你的帮助，我才可以面对被家暴这件事。"

小华："是你自己有勇气面对的。"

汪女士："我也不知道哪里来的勇气。"

小华："你能选择主动求助，就说明一直都很有勇气，只是你自己没发现而已。"

根据上述对话，小华采用的会谈技巧是（　　）。（2022年）

A. 专注　　　　　B. 倾听　　　　　C. 同理　　　　　D. 鼓励

21. 小李读初中时父母因家庭矛盾离异，母亲搬离后再无消息，父亲再婚，他一直跟爷爷奶奶生活在一起。青少年时期的特殊经历令小李一直振作不起来，频繁更换工作，收入不稳定。经社区居委会介绍，社会工作者小王主动联系了小李。为了建立专业关系，小王首先要做的是（　　）。（2020年）

A. 专注倾听小李的困扰　　　　　B. 明确小李问题的表现

C. 阐明小李的权利责任　　　　　D. 确认小李的受助身份

22. 郭女士被诊断为尿毒症后心理压力很大，茶饭不思，经常失眠。她的家人向医务社会工作者小周求助。小周接案后，对郭女士的问题进行充分预估并开展了八次面谈。目前进入结案阶段，需要对服务成效进行评估。结合郭女士的改善状况，小周最适宜采取的评估方式是（　　）。（2022年）

A. 请郭女士填写个案服务的满意度问卷

B. 请机构督导对服务完成进度进行评估

C. 请机构主管评估服务资源的投入情况

D. 请郭女士再次填答量表测评心理状态

23. 社会工作者对服务对象的问题进行预估时，要注重从横向和纵向两个维度展开分析。下列内容中，属于横向分析关注点的是（　　）。（2021年）

A. 服务对象问题的发展变化过程

B. 服务对象经历的重要影响事件

C. 服务对象问题形成的多层面影响因素

D. 服务对象为了应对问题而作出的努力

24. 王先生40岁，未婚，年幼时父母离异并各自重组家庭。最近，王先生身体不适，去医院检查后被诊断患有胃癌，需要手术治疗。他备受打击，心情烦闷。社会工作者介入后，为了帮助王先生应对这一变故，引导他说出了自己的成长过程及压力感受、与家人的关系以及对未来的期望。上述服务过程中，社会工作者运用的收集资料方法是（　　）。（2020年）

A. 结构访谈　　　　　B. 自我陈述　　　　　C. 评估调查　　　　　D. 直接观察

25. 社会工作者小崔计划运用小组工作方法为大学新生提供一系列服务。下列针对大学新生开展的小组中，最能体现成长小组特点的是（　　）。（2021年）

A. "社交技能训练"小组　　　　　B. "心理知识科普"小组

C. "自我管理"小组　　　　　D. "守望相助"小组

26. 在某儿童家庭照顾者小组组员招募过程中，社会工作者小范正对组员候选人进行遴选和评估。通过梳理总结，小范发现候选人希望通过小组活动学习儿童心理健康知识、儿童兴趣爱好培养的方法和儿童家庭照顾技巧等内容。上述内容主要体现了小组工作组员遴选和评估的条件是（　　）。（2023年）

A. 文化水平　　　　　B. 共同的兴趣或愿望

C. 家庭状况　　　　　　　　　　　　D. 对某些问题的认知

27. 社会工作者小霍为脑卒中患者开展了主题为"鼓舞未来"的病友小组活动,通过引导组员学习手指操、非洲鼓等,促进组员的康复。下列场景中,最有可能出现在小组转折阶段的是(　　　)。(2022年)

A. 组员们初次接触非洲鼓,对其充满好奇,但因不知如何演奏,不愿尝试

B. 组员老张和老任都认为自己演奏水平更高,彼此埋怨对方演奏出现错误

C. 小霍播放组员的演奏视频,带领他们回顾在"鼓舞未来"小组中的变化

D. 小霍预告"鼓舞未来"非洲鼓文艺会演时间,邀请组员偕家属一同参与

28. 某社区青年志愿者成长小组处于结束阶段。下列回应中,最能体现该阶段社会工作者任务的是(　　　)。(2023年)

A. "今天我们来角色扮演,分享一下大家当下的心理感受吧。"

B. "为了帮助我们今后更好地开展服务,请大家填写一份小组评估问卷。"

C. "大家对志愿服务意义达成了共识,今天我们讨论如何更好地开展服务。"

D. "大家在小组中很有收获,今天我们再谈谈如何在生活中保持小组经验。"

29. 在"为爱出发"亲子小组中,社会工作者小曹邀请组员分享亲子互动故事,以识别并探讨家庭沟通模式。当小曹邀请小姜发言时,小姜还没开口,她妈妈就抢先说:"她一直就是这个样子,不爱搭理人,问她也没用。"小姜对此欲言又止。面对这一情境,小曹最适当的回应是(　　　)。(2022年)

A. "刚刚小姜妈妈说了小姜的情况,其他家庭是怎么看的?有没有遇到过类似的情况呢?"

B. "小姜妈妈,您可以详细说说女儿的情况吗?她平时在学校和家里也是这样不爱说话吗?"

C. "小姜妈妈,您这样的做法是不恰当的,就是因为您这样的说话方式才让孩子这样子的。"

D. "小姜妈妈,我看到小姜这一次好像想要说说自己的观点,让我们听听她怎么说,好吗?"

30. 下列小组工作记录方法中,属于摘要式记录的是(　　　)。(2020年)

A. 使用录音录像等手段记录组员表现　　B. 叙事性地将小组活动过程记录下来

C. 围绕小组关注的焦点问题进行记录　　D. 记录小组过程中已发生的重要事件

31. 针对大四学生的就业压力问题,社会工作者老许开展了主题为"扬帆起航"的小组服务。在小组中,老许带领组员开展了一系列减压活动:运用示范、催化等技巧促使组员分享减压活动的感受,并针对组员在就业过程中遇到的问题提供咨询。上述小组活动主要体现了互动模式实施原则中的(　　　)。(2022年)

A. 开放性互动原则　　　　　　　　　　B. 使能者原则

C. 封闭性互动原则　　　　　　　　　　D. 积极参与原则

32. 在一次家庭育儿经验的小组讨论中,小组成员有以下对话:

组员甲:"双十一,我囤了些果泥。"

组员乙:"活动力度大吗?我买了两箱奶粉。"

组员丙:"我也买了奶粉,比平时优惠了不少。"

随后,其他组员也纷纷推荐起自己购买的母婴产品,面对这种情况,社会工作者正确

的做法是（    ）。（2023 年）

    A. 及时小结　　　　B. 自我表露　　　　C. 及时限制　　　　D. 帮助梳理

33. 新入职的社会工作者小范与机构督导员讨论面向不同服务对象的小组活动方案。下列小组活动设计中，最适宜的是（    ）。（2022 年）

    A. 为幼儿园小朋友开设儿童社交小组，将每节时长定为 10~20 分钟

    B. 为处于婚姻危机中的夫妻开设辅导小组，将小组的规模定为 30 人

    C. 为青少年开设的户外拓展训练营，以完成每项拓展活动为最终目标

    D. 为小学生开设的性教育小组，将一年级与六年级的学生安排在一起

34. 社会工作者小顾运用社会策划模式在老旧小区开展适老化改造项目。她既要负责项目执行，也要监督项目进度情况，并及时反馈给相关方。根据社会策划模式，小顾扮演的角色是（    ）。（2021 年）

    A. 政策倡导者　　　B. 中介者　　　　C. 方案实施者　　　　D. 使能者

35. 社区社会工作者小李在走访中了解到，王女士 9 岁的女儿小玲患有脑瘫，虽然做过康复训练，但进入普通学校随班就读依然困难，王女士为此十分苦恼。于是小李联系到一家特殊教育学校，向该校负责人详细介绍了小玲的康复情况，并提出一些让小玲尽快参与学习，融入班级的建议和想法。关于小李所采用的社区工作模式和扮演的角色，正确的是（    ）。（2023 年）

    A. 小李采用了社区照顾模式，扮演的是经纪人角色

    B. 小李采用了社会策划模式，扮演的是使能者角色

    C. 小李采用了社会策划模式，扮演的是中介者角色

    D. 小李采用了地区发展模式，扮演的是使能者角色

36. 社会工作者小吴在主持居民会议时，发现部分发言者所表达的意见与建议模糊，不够完整。为了帮助大家清楚了解发言者所表达的意思，小吴用自己的话概括了大家发言的主要观点。小吴运用的会议技巧是（    ）。（2020 年）

    A. 转述　　　　B. 引导　　　　C. 关注　　　　D. 鼓励

37. 社区社会工作者老孟在开展社区服务时访问了社区居民、拜访了社区居委会主任，参与了社区内相关会议和活动。从认识社区内的权力结构的角度，这主要有助于老孟了解社区的（    ）。（2023 年）

    A. 既有的居民人口及群体特征　　　　B. 热心社区事务的居民和活跃分子

    C. 地理区域面积以及环境等资料　　　　D. 发展过程中逐渐形成的文化特色

38. 社会工作者在培育社区社会组织时发现，某社区文体团队的负责人自我认同感强，严于律己，做事认真负责。由于他在团队中处理问题比较较真，有时会与少数团队成员发生冲突，影响了团结。针对这一情况，社会工作者最适宜的做法是（    ）。（2021 年）

    A. 告诉负责人可以通过投票来争取支持　　B. 引导负责人加强与团队成员讨论沟通

    C. 建议负责人充分授权给团队的成员　　　D. 支持负责人管理团队的理念和做法

39. 某社区养老院综合改建的申请已获批复同意。近日，院方着手制定改建方案。下列改建方案内容中，体现表达型需要的是（    ）。（2023 年）

    A. 应当按市相关文件中的床位比进行人员配置

    B. 建议参照邻市养老机构的标准配备康复器材

    C. 希望在现有基础上大幅缩短入院排队等候时间

D. 认为综合改建工程完工后应保持长期领先

40. 社区社会工作者小杨针对 "宠物狗随地大小便" 问题召开社区居民会议,引导居民对该问题的大小和严重程度进行讨论。从社区分析的角度看,小杨的做法属于 ( )。(2020 年)

    A. 探寻问题起源     B. 界定问题     C. 明确问题范围     D. 描述问题

41. 某社会工作服务机构受当地民政部门委托,对该地区 30 个公益创投项目进行年度效果评估。下列评估内容中,属于效果评估的是 ( )。(2019 年)

    A. 实际参与的服务对象是否符合预期     B. 项目关键指标的定期统计监测情况

    C. 项目资源整合及经费管理使用情况     D. 项目实施以来产生的社会效益

42. 某养老院为提升内部服务规范性,由院长牵头召集机构各部门不同专业人员组成了标准化工作建设团队,定期召开研讨会,组织外出调研学习。制订工作方案,建立服务标准。该团队的结构类型是 ( )。(2022 年)

    A. 多功能型团队                     B. 自我管理型团队

    C. 问题解决型团队                   D. 垂直管理型团队

43. 某企业近期向市儿童福利院无偿捐赠人民币 10 万元,为听力障碍儿童购买助听器,以展示企业社会责任。该企业的捐款动机属于 ( )。(2022 年)

    A. 市场营销     B. 自我利益     C. 公共关系     D. 税法策略

44. 某老旧小区停车难问题存在已久,居民之间因抢占停车位时有冲突,某社会工作服务机构协助社区居委会做停车管理项目。社会工作者在该项目策划过程中应优先考虑的目标是 ( )。(2020 年)

    A. 协助居民策划解决停车难问题的行动方案

    B. 为居民提供对停车难问题表达意见的机会

    C. 提高居民对停车难问题的关注

    D. 促进居民间的互相认识和了解

45. 小王是某社会工作服务机构新入职的社会工作者,在进入社区开展服务时,发现居民对社会工作不了解,经常把社会工作者当作志愿者,小王为如何介绍社会工作而烦恼。小王面临的压力来自 ( )。(2022 年)

    A. 服务对象多元     B. 专业能力欠缺     C. 机构行政管理     D. 居民认知不足

46. 社会工作者小林是养老院新入职的员工。在入职第一周,督导者老杨向他讲解了养老院里老人的生活规律、饮食习惯和兴趣爱好。老杨的讲解内容属于 ( )。(2022 年)

    A. 行政性督导     B. 教育性督导     C. 支持性督导     D. 调解性督导

47. 关于定性研究特点的说法,正确的是 ( )。(2021 年)

    A. 定性研究将依据理论并形成假设

    B. 定性研究将研究对象视为自己人

    C. 定性研究更注重研究问题的普遍性

    D. 定性研究采用非接触方法收集资料

48. 社会工作者小陈对新获取的访谈资料进行分类、归纳,将访谈资料系统化,并进行编码。小陈的工作所处的研究阶段是 ( )。(2020 年)

    A. 记录资料     B. 整理资料     C. 收集资料     D. 研究总结

49. 问卷是社会工作研究常用的工具,其内容设计和问卷结构都有科学要求。关于问

卷设计的说法，正确的是（　　）。（2022 年）

　　A. 问卷设计必须以回答者视角为主，以获得确实可靠的资料

　　B. 状态指标必须放在问卷最后，以更好地保护回答者的隐私

　　C. 问卷设计必须将问题随机排序，以避免前后内容互相提示

　　D. 问卷排版必须进行格式控制，以利于节省版面和印刷成本

50. 下列问卷的问题中，属于行为指标属性问题的是（　　）。（2022 年）

　　A. 您是中国共产党员（包含预备党员）吗？

　　　　（1）是　　（2）否

　　B. 您是自 2022 年起开始担任社区志愿者的吗？

　　　　（1）是　　（2）否

　　C. 您完成志愿服务后，是否查看过自己的服务积分？

　　　　（1）是　　（2）否

　　D. 您对目前志愿服务的激励制度满意吗？

　　　　（1）满意　　（2）不满意　　（2）说不清

51. 社会工作者小李对社区的"暖心服务队"进行个案研究，探索"暖心服务队"的发展历程，尝试总结社区社会组织培训的模式。关于该研究的说法，正确的是（　　）。（2019 年）

　　A. 研究资料收集步骤是关键，应注重先观察后访谈的顺序组合

　　B. 研究侧重于横向研究，注重"暖心服务队"队员的主观感受

　　C. 研究体现出"暖心服务队"队员作为研究对象的个别性特点

　　D. 研究过程中，资料的获取、梳理和探究相互衔接并融为一体

52. 根据社会保险法规定，失业人员失业前所在单位和本人按照规定累计缴费满 1 年不足 5 年的领取失业保险金的期限最长为（　　）个月。（2023 年）

　　A. 6　　　　　　　　B. 12　　　　　　　　C. 18　　　　　　　　D. 24

53. 根据社会保险法，个人参加城乡居民基本医疗保险制度，个人缴费部分由政府给予补贴的是（　　）。（2022 年）

　　A. 享受最低生活保障的人　　　　　　　　B. 残疾人

　　C. 老年人　　　　　　　　　　　　　　　D. 未成年人

54. 根据《关于进一步加强事实无人抚养儿童保障工作的意见》，事实无人抚养儿童监护人填写《事实无人抚养儿童基本生活补贴申请表》，向儿童户籍所在地（　　）提出申请。（2021 年）

　　A. 乡镇人民政府（街道办事处）　　　　　B. 民政部门

　　C. 人力资源和社会保障部门　　　　　　　D. 卫生健康部门

55. 根据《残疾人就业条例》，在集中使用残疾人的福利企业中从事全日制工作的残疾人职工，应当占本单位在职职工总数的（　　）以上。（2021 年）

　　A. 15%　　　　　　B. 25%　　　　　　　C. 35%　　　　　　　D. 45%

56. 根据老年人权益保障法，赡养人委托他人耕种老年人承包田地，收益应当归（　　）。（2022 年）

　　A. 老年人　　　　　　　　　　　　　　　B. 老年人和受委托人

　　C. 老年人和赡养人　　　　　　　　　　　D. 老年人、赡养人和受委托人

社会工作综合能力(初级)**应试解难**

57. 根据《工伤保险条例》，下列 4 名职工中可以认定为工伤或视同工伤的是(      )。（2022 年）

    A. 楚某，醉酒后驾驶公司配发的小汽车，引发交通事故受伤

    B. 韩某，因劳累过度在办公室值班期间突发心梗死亡

    C. 赵某，因长期抑郁在单位办公室跳楼自杀

    D. 齐某，休息日在公园游玩不慎扭伤

58. 根据劳动合同法，用人单位提前 30 日以书面形式通知劳动者本人，以下情形企业可以解除合同的是 (      )。（2023 年）

    A. 女职工在孕期、产期、哺乳期

    B. 劳动者非因工负伤，在规定的医疗期内的

    C. 劳动者在本单位因工负伤并确认部分丧失劳动能力的

    D. 职工不能胜任工作，经过培训或调整工作岗位，仍不能胜任的

59. 根据反家庭暴力法，家庭暴力受害人因遭受家庭暴力或者面临家庭暴力的现实危险，可以向人民法院申请 (      )。（2020 年）

    A. 人身伤害禁止令                    B. 人身安全保护令

    C. 人身接触限制令                    D. 家庭暴力告诫令

60. 根据劳动法，下列企业支付劳动报酬的做法，正确的是 (      )。（2021 年）

    A. 甲每个工作日加班 1 小时，企业支付其工资标准 150% 的劳动报酬

    B. 乙每个工作日加班 2 小时，企业支付其工资标准 200% 的劳动报酬

    C. 丙休息日加班一天，企业支付其工资标准 150% 的劳动报酬

    D. 丁法定节假日加班，企业支付其工资标准 250% 的劳动报酬

**二、多项选择题（共 20 题，每题 2 分。每题的备选项中，有 2 个或 2 个以上符合题意，至少有 1 个错项，错选，本题不得分；少选，所选的每个选项得 0.5 分）**

61. 从一般意义来说，社会工作是具体解决社会问题的专业活动，具有维持社会秩序的功能，与行政管理相比，社会工作特点有 (      )。（2023 年）

    A. 自上而下解决问题                  B. 重视权力运用

    C. 通过服务化解矛盾                  D. 开展人性化服务

    E. 促进人与环境相互适应

62. 社区矫正对象老张回到社区后，觉得邻居都瞧不起自己，情绪很低落。社会工作者小王为他推荐了几份工作，都被老张以太累或时间不合适等理由婉拒。近日老张找到小王，明确表示自己不愿工作，让小王为其直接申请最低生活保障。根据社会工作专业伦理，小王适宜的做法有 (      )。（2023 年）

    A. 以服务对象为本，接受老张的请求

    B. 与老张进行深入交流，鼓励他自食其力

    C. 咨询专业督导者，商议解决问题的办法

    D. 主动倾听老张的苦恼，帮助他调整心态

    E. 向老张说明其不符合政策要求，终止服务

63. 某小区推行居室适老化改造项目，住在小区的 90 岁的王爷爷以"习惯现在的家"

134

为由拒绝改造，其家人从安全角度出发，希望社会工作者老杨劝王爷爷接受。老杨与王爷爷沟通后，发现现在的居家环境在他的生命历程中具有特殊意义。结合安全评估结果，老杨向王爷爷一家建议基本保留现有格局，只对存在安全隐患的卫生间进行局部改造。上述情形中，老杨需要考虑的伦理原则有（　　）。（2021年）

    A. 保护生命　　B. 差别平等　　C. 自由自主　　D. 最小伤害　　E. 隐私保密

64. 随着网络文化的迅速发展，各类短视频平台受到人们的喜爱，徐阿姨的娱乐方式也不再是看电视，而是刷短视频。她还关注网络主播，购买主播推荐的产品，改变自己的穿衣搭配风格，并上传展示自己日常生活的短视频。现在她觉得中老年人也和年轻人一样，可以打扮自己、展示自己。上述徐阿姨的变化，体现了大众传媒对人类行为的影响有（　　）。（2022年）

    A. 强化人们固有观念和行为　　　　B. 改变人们原来的行为模式

    C. 促使人们改变原有的观念　　　　D. 提供信息引导人们的行为

    E. 形成社会规范并约束行为

65. 中学生小刚放暑假后，天天沉迷于网络游戏，既不学习，也不外出锻炼身体。针对小刚的行为，社会工作者适宜的做法有（　　）。（2021年）

    A. 了解小刚的想法　　　　　　　　B. 建议小刚父母给孩子报培训班

    C. 建议小刚父母多陪伴孩子　　　　D. 和小刚一起制订改变计划

    E. 帮助小刚认识过度玩游戏的危害

66. 小贾成绩优秀，目标是考入一流大学。但因高考失利，他与理想大学失之交臂。为此，小贾将自己长时间关在房间内，拒绝与家人交流。社会工作者小柳接案后，打算运用危机介入策略提供服务。下列做法中，属于危机介入基本服务内容的有（　　）。（2021年）

    A. 处理小贾的失落情绪

    B. 指导小贾学习行为放松技巧

    C. 提升小贾应对挫折的能力

    D. 请曾高考失利现事业有成的表哥开导小贾

    E. 帮助小贾了解其成长过程中的重要影响事件

67. 居委会工作人员向社会工作者小陆反映，居民马女士经常被丈夫殴打，想离婚但又担心无法应对未来生活，希望小陆能帮助她。小陆计划为马女士开展个案服务，关于她与马女士建立专业关系的表述，正确的有（　　）。（2023年）

    A. 小陆鼓励马女士要对自己有信心

    B. 小陆特别专注地倾听马女士诉说困扰

    C. 小陆应该接纳马女士对丈夫的依赖心理

    D. 小陆与马女士建立信任关系有助于服务开展

    E. 小陆与马女士专业关系的建立完全取决于她的合作意愿

68. 社会工作者老刘在个案服务的最后阶段，需要对服务效果进行评估。此时，老刘的评估内容有（　　）。（2021年）

    A. 服务对象的改变状况　　　　　　B. 个案服务目标的实现程度

    C. 个案服务的资源投入　　　　　　D. 个案服务运用的策略

    E. 服务对象是否还存在其他问题

69. 社会工作者小冯在社区开展"美丽家园"垃圾分类志愿者骨干培育小组。在每一节小组活动中，小冯均安排了小组讨论与分享环节。下列情境中，需要小冯运用限制技巧的有（　　）。(2021年)

A. 组员老张性格内向，不愿在小组中分享自己的观点

B. 组员完成了对垃圾分类志愿者职责分工的小组讨论

C. 组员老赵在志愿者排班问题上侃侃而谈，发言超过规定时间

D. 老郑和老魏对垃圾房开放时间意见不同，竞相争取小冯支持

E. 在讨论垃圾的区分方法时，组员老孙谈论哪种垃圾袋更好用

70. "金彩生活"高龄老人支持小组即将进入尾声，组员纷纷表示不想结束小组。面对这一情景，下列社会工作者的做法中，正确的有（　　）。(2022年)

A. 带领组员回顾小组契约，重申小组规则

B. 邀请组员分享在小组中的收获，巩固组员的改变

C. 营造开放气氛，协助组员探索内在恐惧和防御机制

D. 向组员建议可自行组织今后的活动，保持彼此之间的联系

E. 带领组员一同回顾小组历程，邀请组员分享未来生活规划

71. 社会工作者小姜为社区矫正对象开展了一个以"新生"为主题的小组，旨在促进社区矫正对象的行为改变和再社会化。小组服务结束后，小姜可收集的效果评估资料包括（　　）。(2021年)

A. 组员的自我评价报告　　　　　　B. 组员填写的小组感受卡

C. 组员的小组活动日记　　　　　　D. 社会工作者的观察记录

E. 小组结束后的访谈记录

72. 社会工作者小吴正在主持主题为"文明公约从我做起"的社区居民会议，最初大家都不愿意发言，小吴采取提问的方法鼓励大家自由发言。第一位发言者王阿姨讲完后，为了让她感到自己的发言受到重视，同时也激励更多居民发言，小吴适宜的回应有（　　）。(2020年)

A. "您讲得真好。"　　　　　　　　B. "您的意见很重要。"

C. "您所说的对我有很大启发。"　　D. "您还有其他需要补充的吗？"

E. "您的提醒很好，我还真没注意这一点。"

73. 某社会工作服务机构成立后，花费了大量时间让所在社区的居民认识和熟悉机构，为今后服务项目的承接与开展奠定基础。下列做法中，适合该机构进入社区的方式有（　　）。(2022年)

A. 参加居民代表大会并且参与讨论　　B. 经常与社区居民聊天"话家常"

C. 邀请居民参与趣味活动认识社区　　D. 在社区已形成的传统活动中亮相

E. 邀请居民参加机构开放日的活动

74. 在老年友好社区建设项目即将结束时，社会工作者老王负责对该项目进行过程评估。下列老王的访谈问题中，属于过程评估的有（　　）。(2022年)

A. "您是怎么组织建设老年友好社区的？"

B. "您在建设工作中主要取得了哪些成果？"

C. "您在不同工作环节中是如何分配资源的？"

D. "您在工作中投入了多少人力、物力和时间？"

E．"您觉得项目效果和项目投入比例大致如何？"

75．社会工作者小朱在一家为老社会工作服务机构负责志愿者管理工作，近期她将对新招募的志愿者开展参加为老服务动机评估。下列表述中，属于"以利他和社会为中心"的动机有（　　）。（2021 年）

A．希望能够帮助老年人提高生活质量　B．通过志愿服务表达对老年人的关爱

C．可以减少自身生活的孤独感和寂寞　D．通过志愿服务获得为老服务的经验

E．希望通过志愿服务尽一点社会责任

76．社会工作者老王负责社区困境儿童关怀服务项目。在项目结束阶段，老王应该完成的工作有（　　）。（2020 年）

A．将困境儿童监护人纳入服务对象范畴

B．完成每一位困境儿童的服务档案建设

C．调整项目经费预算，合理地控制支出

D．反思项目执行过程对困境儿童产生的影响

E．培训项目工作人员推演整个工作的流程

77．社会工作者小李选取某社区作为个案，分析社区治理的特征、机制、模式等内容。关于这项研究的说法，正确的有（　　）。（2020 年）

A．该研究的资料可以是某社区治理的新闻报道

B．该研究可以尝试建构本土化的社区治理理论

C．该研究的资料收集处理相对容易并便于比较分析

D．该研究可以梳理某社区的发展历史及其治理特点

E．某社区的社区治理模式可以复制推广到其他社区

78．评估是测量社会工作服务成效的重要环节，社会工作服务机构通过服务对象满意度调查表来评估服务成效。关于服务对象满意度调查表的说法，正确的有（　　）。（2021 年）

A．该调查表属于定量研究常用的资料收集方法

B．该调查表追求收集资料和评估结果的客观性

C．该调查表发放给服务对象可以获取评估结果

D．该调查表中的问题可以根据评估时的情况随时修订

E．该调查表便于社会工作者从服务对象视角分析资料

79．根据民法典，如果夫妻没有约定，下列在夫妻婚姻关系存续期间所得的财产中，应认定为夫妻共同财产的有（　　）。（2022 年）

A．一方的工资收入　B．一方购买理财所得的收益

C．一方出版著作所得的版税收入　D．一方法定继承所得的房屋

E．一方因车祸致残所获得的赔偿金

80．根据《工伤认定办法》，职工提出工伤认定申请需要提交的材料有（　　）。（2021 年）

A．工伤认定申请表　B．劳动关系证明材料

C．医疗机构出具的受伤后诊断证明书　D．劳动能力等级鉴定材料

E．工伤证明材料

## 【参考答案】

一、单项选择题

| | | | | | | | |
|---|---|---|---|---|---|---|---|
| 1. A | 2. A | 3. C | 4. D | 5. C | 6. D | 7. B | 8. A |
| 9. D | 10. C | 11. A | 12. C | 13. D | 14. A | 15. D | 16. B |
| 17. B | 18. A | 19. A | 20. D | 21. A | 22. D | 23. C | 24. B |
| 25. C | 26. B | 27. B | 28. D | 29. D | 30. D | 31. A | 32. C |
| 33. A | 34. C | 35. A | 36. A | 37. B | 38. B | 39. C | 40. C |
| 41. D | 42. A | 43. C | 44. C | 45. D | 46. B | 47. B | 48. B |
| 49. A | 50. C | 51. D | 52. B | 53. A | 54. A | 55. B | 56. A |
| 57. B | 58. D | 59. B | 60. A | | | | |

二、多项选择题

| | | | | | |
|---|---|---|---|---|---|
| 61. CDE | 62. BD | 63. ACD | 64. BCD | 65. ACDE | 66. ACD |
| 67. ABCD | 68. ABC | 69. CE | 70. BDE | 71. ABE | 72. ABCE |
| 73. ABDE | 74. ACD | 75. ABE | 76. BD | 77. ABD | 78. ABC |
| 79. ABCD | 80. ABC | | | | |

# 历年真题选编（二）

一、单项选择题（共60题，每题1分；每题的备选项中，只有1个最符合题意）

1. 发展社会工作越来越得到党和政府的重视。《中共中央关于制定国民经济和社会发展第十四个五年规划和二〇三五年远景目标的建议》指出，要畅通和规范社会工作者参与社会治理的途径。下列说法中，最能反映"畅通途径"要求的是（　　）。（2021年）

　　A. 发展社会工作服务机构，加大政府购买服务力度

　　B. 吸收社会工作者参与解决社会救助中的重要问题

　　C. 组织政府工作人员，普遍参加社会工作专业培训

　　D. 制定优惠政策吸引社会工作专业学生到基层工作

2. 社会工作者小岳负责社区"银龄乐享"项目，为有需要的社区独居老人提供情绪支持服务；她是自己所住社区的业主委员会委员，定期参加业主代表大会；她还为社区"四点半课堂"的小学生辅导功课；另外，她还帮助社区家政中心筹办家政人员厨艺比赛。小岳承担的任务中，最能体现专业社会工作助人特点的是（　　）。（2019年）

　　A. 辅导小学生的功课　　　　　　　　B. 筹办家政人员厨艺比赛

　　C. 参加业主代表大会　　　　　　　　D. 执行"银龄乐享"项目

3. 随着社会的发展，社会工作的对象范围也随之变化，以下人群中，属于社会工作的扩大对象的是（　　）。（2023年）

　　A. 企业员工　　　B. 残疾人士　　　C. 孤寡老人　　　D. 困难儿童

4. 宋大爷常常带着收留的几只流浪狗在社区散步，踩踏草坪、不及时清理狗粪，引起居民不满，物业管理人员劝宋大爷将流浪狗送交相关部门处置，宋大爷不肯，双方争执不下。为此，社区居委会派社会工作者小夏处理此事。小夏的下列做法中，最能体现社会工作者直接服务角色的是（　　）。（2020年）

　　A. 协助社区居民商讨并制定社区环境卫生公约

　　B. 组织社区志愿者成立劝导队，维护社区环境

　　C. 对接企业资源，在社区内设置宠物粪便收集箱

　　D. 调解宋大爷与物业管理人员及社区居民的关系

5. 为落实党中央、国务院关于加强基层治理体系和治理能力现代化建设的战略部署，民政部在全国推进乡镇（街道）社会工作站建设。乡镇（街道）社会工作站的发展方向是（　　）。（2022年）

　　A. 专业化、职业化　　　　　　　　　B. 多元化、本地化

　　C. 本土化、职业化　　　　　　　　　D. 专业化、高质量

6. 由于连续多日暴雨，致使河水上涨，房屋被淹，当地居民被迫紧急转移到地势较

高的库房，因所带生活物品不足，居民产生焦虑。某社会工作服务机构及时协助当地政府开展社会救助工作。此时社会工作者首先要做的工作是（　　）。(2021年)

  A. 向居民发放问卷了解其需求  B. 向居民提供政策咨询服务

  C. 向居民发放食品衣物等物资  D. 向居民提供社会融入服务

  7. 社会工作者联结各种社会工作要素，综合利用各种能力，实施服务功能。关于社会工作要素的说法，正确的是（　　）。(2022年)

  A. 社会工作者既是个体概念又是团队概念

  B. 社会工作价值观只能通过专业教育形成

  C. 任何家庭、群体和社区都必须纳入专业服务的范围

  D. 助人活动是社会工作者为服务对象提供单向服务

  8. 社会工作者老赵在社区养老服务中心的服务深受老年人的好评，服务对象冯奶奶为表示感谢，给老赵的女儿买了价值50元左右的玩具，老赵一再推辞。冯奶奶说，老赵不收就是看不起她，不给她面子。下列做法中最适合的是（　　）。(2023年)

  A. 收下冯奶奶送的玩具，并保守冯奶奶送礼的秘密

  B. 收下冯奶奶送的玩具，在以后的服务中对冯奶奶更加照顾

  C. 拒绝冯奶奶送的玩具，在以后的服务中减少与冯奶奶的互动

  D. 收下冯奶奶送的玩具，买一份价格相近的礼物回送给冯奶奶

  9. 社会工作者大李在机构值班时接到服务对象小杰的电话，交流中小杰多次流露出厌世轻生的念头，并请大李替他保密。根据社会工作伦理难题处理的一般顺序，大李首先应做的是（　　）。(2020年)

  A. 辨析伦理困境并评估自身能力  B. 咨询督导的专业意见

  C. 分析给机构带来的利益和风险  D. 尊重小杰的自我决定

  10. 30岁的小周与父亲一起干活，目前处于抑郁症缓解期，平日与人接触较少，因缺乏个人经验，缺少自信，小周不愿意找工作，父亲也认为他不能独立生活，根据社会工作价值观的实践原则，社会工作者适宜的做法是（　　）。(2021年)

  A. 尊重小周的意愿，认同他对生活方式的选择

  B. 保护小周的隐私，帮助他尽量不被外界打扰

  C. 尊重小周的决定，协助他寻找提升能力的资源

  D. 批评小周的想法，建议他多与父亲及朋友交流

  11. 伦理难题是社会工作者在实践中遇到的一种道德上难以取舍的困境。关于社会工作伦理难题的说法，正确的是（　　）。(2023年)

  A. 社会工作伦理难题是社会工作者专业能力不足导致的困境

  B. 社会工作伦理难题是服务对象期望目标过高而导致的困境

  C. 社会工作伦理难题本质上是个人利益与专业利益冲突的结果

  D. 社会工作伦理难题反映了服务对象自决与专业干预间的张力

  12. 作为一个服务人、帮助人的职业从业者，社会工作者在服务过程中更加注重自我反思和换位思考，与服务对象进行良好的互动，交流想法，分享感受。上述做法最能体现的社会工作专业价值观是（　　）。(2020年)

  A. 践行社会公平与正义  B. 真诚地对待每一位服务对象

  C. 强调服务对象个人尊严  D. 注重人与人之间关系的重要性

13. 张奶奶两年前来省城帮儿子带小孩。最近张奶奶的儿子发现她精神状态变得不太好，经常抱怨待在这儿没意思，因一点小事就大发脾气。为此，张奶奶的儿子向社会工作者小王求助。为了解决张奶奶的问题，从"人在情境中"的观点看，小王最适宜的做法是（  ）。（2021年）

A. 与张奶奶一起回顾过往生活经历　　B. 帮助张奶奶适应大城市生活节奏

C. 鼓励张奶奶参加社区娱乐活动　　D. 协助张奶奶学习新的生活技能

14. 根据阿尔德弗尔的 ERG 理论，下列陈述中，最能反映"成长的需要"的是（  ）。（2023年）

A. 小张租住在青年公寓　　B. 小王购买了人身保险

C. 小李参加社区举办的快闪交友活动　　D. 小赵报名参加了高等教育自学考试

15. 小伟父母彼此尊重，经常沟通孩子的教育问题，对于是否报兴趣班也会征求小伟的意见。他们鼓励小伟主动找同学玩耍，也嘱咐小伟要按时回家。小伟父母的教养模式属于（  ）。（2021年）

A. 娇纵型　　B. 支配型　　C. 放任型　　D. 民主型

16. 张叔叔非常喜欢旅游，在旅游中认识了来自各行各业、具有相同爱好的朋友，他们经常分享彼此的旅游经验，并结伴到各地旅游。这体现了同辈群体的（  ）。（2022年）

A. 平等性　　B. 开放性　　C. 认同性　　D. 独特性

17. 文静瘦小的四年级男生小书，因性格和身高的关系，常被同学嘲笑和孤立，有的同学还给他起难听的绰号，小书为此感到非常苦恼。根据上述状况，社会工作者针对小书个人最适宜的服务是（  ）。（2022年）

A. 联络学校成立校园欺凌预防部门　　B. 协助小书增强他应对欺凌的能力

C. 纠正小书同学的语言暴力等行为　　D. 建议小书父母关注小书情绪变化

18. 小明学习成绩优异，在考试中经常获得第一名，但小明妈妈看邻居的孩子都报了培训班，于是也给小明报了很多培训班，结果让自己和小明都很疲惫。从上述情形分析，影响小明妈妈决定的社会环境是（  ）。（2021年）

A. 社区　　B. 工作单位　　C. 学校　　D. 大众传媒

19. 服务对象小吴向社会工作者小张倾诉："我从来没有担心过高考，但没想到考得这么差，平常不如我的同学都考得比我好，我挺难过的。不过后来觉得上大学也不是唯一出路，不如直接去工作好了，但我父母一定要让我复读，他们觉得只有考上大学人生才有希望，我和他们吵了好几次，真的很烦。"小张运用同理技巧，最适宜的回应是（  ）。（2021年）

A. "你本来学习挺好的，高考成绩却出乎意料，觉得自己非常失败，是吗？"

B. "因为一次高考的失败，别人都比你考得好，你为什么就感到这么难过？"

C. "因为你高考没考好，与父母之间的想法有冲突，所以你就感到很难过。"

D. "因为你高考不理想，所以你很失望和难过，对于未来，内心也有些矛盾。"

20. 小宁是一名留守儿童，功课没人辅导，学习成绩不佳。社会工作者小王了解到小宁的情况后，找来大学生志愿者辅导她学习。根据上述内容，小王在服务中的角色是（  ）。（2022年）

A. 教育者　　B. 治疗者　　C. 倡导者　　D. 联系人

21. 12岁的玲玲因与家长发生冲突而离家出走，一天后家人将其找回，并带她向社会工作者老纪求助。在接案、预估后，老纪制订了完备的服务方案，为玲玲及其家庭开展个案辅导服务。此时老纪应优先提供的服务是（　　）。(2021年)

  A. 引导玲玲回顾与家人冲突的过程  B. 协助玲玲及其家人重温过往亲情

  C. 劝导家人向玲玲承认错误并道歉  D. 要求家人承诺今后不再责备玲玲

22. 田女士为悉心照顾丈夫和儿子，一直未外出工作。儿子进入高三后，成绩退步，田女士非常着急，而她丈夫对家庭不管不问，还责备田女士没把孩子管好。最近田女士发现了丈夫的婚外情，愤怒之下想要离婚，可一想到儿子，又犹豫了。与丈夫沟通无果后，心情低落的她向社会工作者求助。根据危机干预模式，田女士目前处于（　　）。(2023年)

  A. 危机阶段  B. 解组阶段  C. 恢复阶段  D. 重组阶段

23. 小徐今年35岁，有吸毒史，强制隔离戒毒后一直与父母生活在一起。目前小徐已戒断毒瘾5年多，其间多次尝试寻找工作，但由于就业技能不足，均以失败告终。社会工作者小齐了解情况后，准备链接一些资源帮助小徐就业。从链接正式资源的角度，小齐适宜的做法是（　　）。(2021年)

  A. 争取父母关心，给予鼓励支持  B. 积极联系朋友，拓展同伴资源

  C. 寻找相关机构，提供指导服务  D. 发动邻里捐款，提供经济援助

24. 小杰最近考试连续失利，成绩明显下滑，受到任课老师和班主任的批评，父母也指责他贪玩不好好学习。面对即将到来的中考，小杰十分焦虑。经朋友介绍，他找到社会工作者小蔡，希望得到帮助。从建立专业关系的角度看，小蔡最适宜的做法是（　　）。(2022年)

  A. 协助小杰分析问题的关键在于他自己  B. 倾听小杰充分表达自己的烦恼和担忧

  C. 帮助小杰练习放松技巧应对焦虑情绪  D. 引导小杰父母叙述他们的感受和想法

25. 大学生小宋因经常通宵玩游戏，屡屡旷课，考试不及格，班主任将其介绍给社会工作者小陈。在个案会谈时，小宋反复强调自己深感后悔和自责，觉得对不起父母，可又管不住自己。小陈发现小宋时常言行不一，寻找借口。于是，他对小宋说："你每次都说想改变，要好好学习，可是我没有看到你的实际行动，像这样只有想法，一直找理由不行动，你的成绩会变好吗？"此时，小陈运用的会谈技巧是（　　）。(2021年)

  A. 对焦  B. 澄清  C. 忠告  D. 对质

26. 某医院的社会工作者小王在调研乳腺癌患者需求时发现，很多患者存在焦虑情绪，并对自我产生怀疑，此外还缺乏医疗常识，经常会胡思乱想。为此，小王决定开设乳腺癌病友小组，帮助组员了解自身问题及其背后的社会原因，协助组员管理情绪和改变认知。该小组的类型是（　　）。(2021年)

  A. 教育小组  B. 成长小组  C. 治疗小组  D. 支持小组

27. 社会工作者小胡为社区内的退役军人开展了"勇往直前"职业规划小组，旨在协助组员提升信心，适应角色变化并融入社会。在小组中，小胡带领组员分析了退役后自身的优势、劣势、机会和风险，激发组员的主观能动性，鼓励相互支持，规划事业发展方向。依据小组工作模式，该小组最有可能采用的是（　　）。(2020年)

  A. 互动模式  B. 治疗模式  C. 发展模式  D. 社会目标模式

28. 社会工作者小吴面向失智老人照顾者开设了一个6节的小组，在第3节小组活动中。组员小华和小郑在分享照顾失智老人经验时发生争执，双方都认为自己的照顾方法是

最好的。针对小组这一阶段的特点，小吴恰当的做法是（　　）。（2021年）

A. 了解小华和小郑各自对失智老人照顾者小组的期望和目标

B. 帮助小华和小郑把小组中学到的照顾技巧转变为实际行动

C. 帮助小华和小郑理解照顾失智老人经验背后的价值观差异

D. 帮助小华和小郑寻求重要他人支持以维持在小组中的改变

29. 社会工作者小韩近期开设了"'网'外更精彩"中学生网络成瘾治疗小组，他运用了多种小组评估方法。下列资料中，适用于小组过程评估的是（　　）。（2022年）

A. 组员上网时长变化记录表

B. 组员行为改变的自我评估报告

C. 组员和小组的目标实现表

D. 小组结束后跟进访谈记录资料

30. 社会工作者小石面向住院肠癌患者开展了病友支持小组。目前小组进入尾声，组员即将离开小组，个别组员产生失落感，希望小组能够继续。下列小组活动中，适合在这一阶段开展的是（　　）。（2021年）

A. 认识你：进行自我介绍

B. 契约树：制定小组契约

C. 空椅子：对话内心深处

D. 向前看：模拟出院生活

31. 社会工作者小于为大学新生开展了大学生活适应小组。在小组中，小于设计了"说出我的故事"分享环节，但多数组员沉默不语。为此，小于运用适当自我表露技巧来与组员建立信任关系，促进组员表达。小于的下列表述中，体现出运用该技巧的是（　　）。（2020年）

A. "刚才有组员提到第一次离开父母可能不太适应，其他人有这样的感觉吗？"

B. "我刚进大学时也曾有一段时间不适应，饮食不习惯，也不太喜欢我的专业。"

C. "小李第一个发言，分享了他与宿舍同学相处的问题，让我们送给他一些掌声。"

D. "经过刚才的讨论，我们知道大家在生活、学习等方面都存在适应问题。"

32. 社会工作者小何为社区内的单亲妈妈开展了主题为"瑰丽人生"的小组。在第1节小组活动中，小何带领组员共同制定了小组规范。下列内容中，属于文化规范的是（　　）。（2021年）

A. 要求组员保证出勤率，不迟到、不早退

B. 发表观点时，不议论与小组无关的内容

C. 每次小组开始前，将手机调至振动或静音状态

D. 相互尊重，对于组员的差异采取非评判的态度

33. 在一个情感探索小组中，社会工作者小何发现组员小李每次都想发言，但轮到其发言时，他又常说："我再想想，让别人先说吧。"当这种情况第3次出现时，小何说："您可以想到哪儿就说到哪儿，如果后面又有新想法，可以下一次补充。"小何的回应，采用的技巧是（　　）。（2021年）

A. 中立

B. 鼓励

C. 引导

D. 澄清

34. 社会工作者老肖走访时发现，社区内不同人群需求各异。老肖打算开展一系列小组服务，以满足不同人群的需要。下列小组方案设计中，最恰当的是（　　）。（2023年）

A. 每周六上午开展主题为"能工巧匠"的残障人士创业就业小组

B. 为使小组讨论充分，将"童心守护"成长小组时长定为90分钟

C. 为保证小组治疗效果，将青少年网络成瘾小组规模控制在15人

D. 为了使服务惠及更多独居高龄老人，运用线上平台开展养生小组

35. 社区社会工作者小李与某特殊教育学校合作开展活动，邀请在校学生参观社区，并安排社区青少年与其开展互动游戏，分享交流各自的学习生活。上述小李的做法体现出社区照顾模式特点的是（　　）。(2021年)

A. 协助服务对象融入社区　　　　B. 强化辖区单位的社会责任

C. 解决实质性的社区问题　　　　D. 控制和指导社区未来发展

36. 某社会工作服务机构应街道邀请开展困境儿童服务项目，社会工作者小李及其项目团队在设计好服务方案后，走访了辖区学校、社区卫生服务中心、未成年人保护工作站等多个组织，了解他们为困境儿童提供服务的现状。从管理社区资源角度来看，小李及其项目团队所开展的工作属于（　　）。(2022年)

A. 资源分析　　　B. 资源开发　　　C. 资源链接　　　D. 资源维系

37. 关于社区工作的过程目标和任务目标的说法，正确的是（　　）。(2020年)

A. 过程目标旨在解决社区具体的问题

B. 任务目标旨在提升社区居民的能力

C. 地区发展模式不需要达成过程目标

D. 社会策划模式注重任务目标的实现

38. 社区社会工作者老周正在制订"我爱我家"社区活动计划，以提升社区居民的社区认同感和社区参与度。在计划制订过程中，老周首先应（　　）。(2023年)

A. 确定主要服务对象招募范围　　　B. 考虑不同活动规模利弊

C. 界定活动所想要达到的结果　　　D. 制定整个活动的进度表

39. 社区社会工作者小安引导社区居民参与社区环境治理，并培育社区社会组织，形成社区环境治理的可持续性力量。小安在社区社会组织培育建设和发展的不同阶段扮演不同角色，其适宜的做法是（　　）。(2023年)

A. 全程直接承担组织管理工作，让组织运行更高效

B. 在组织成立之初，仅仅提供专业咨询和支持服务

C. 在组织发展过程中，不断完善组织内部规章制度

D. 在组织发展成熟后，注重发现和培育组织的领导者

40. 社区社会工作者针对近期大家关心的居民楼水管改造议题召开议事协商会，邀请街道办事处工作人员、物业公司代表、施工方代表、业主委员会代表和居民代表参会。在会议进行中，社会工作者适宜的做法是（　　）。(2023年)

A. 严格限制会议发言人的数量　　　B. 让参会者充分讨论后作出决定

C. 听到参会者意见后立即表态　　　D. 提前了解参会者对议程的意见

41. 社会工作者在社区走访时，有居民反映社区文体活动场地及设施不足。为进一步了解社区居民在这方面是否存在"比较型需要"，社会工作者适宜的做法是（　　）。(2022年)

A. 向更多居民了解社区文体活动场地是否够用

B. 查找有关社区文体设施建设的政策文件规定

C. 观察居民使用现有文体活动场地的情况

D. 了解其他同类社区文体设施的建设情况

42. 社会工作者小王通过调查发现，居民对社区认同感不强的主要原因是大多数居民搬入时间不长，对社区还不太了解。于是，小王希望通过一系列服务，帮助居民了解社

区，其恰当的做法是（  ）。（2020 年）

    A. 发放手绘地图，告知社区资源分布    B. 根据居民需要，开展社区大型活动

    C. 整合社区资源，开展互帮互助服务    D. 建立居民小组，改善社区动力系统

43. 社会工作者老张对儿童友好社区建设项目开展评估，他访谈了社区内 50 户参与项目的家庭。了解到该项目通过召开儿童议事会，动员儿童参加社区事务，组建儿童志愿服务队，提高了儿童对社区的认识，搭建了儿童交流平台，提升了儿童社区参与意识。老张的评估属于方案评估中的（  ）。（2023 年）

    A. 目标评估    B. 效率评估    C. 过程评估    D. 效果评估

44. 某市社会工作者协会正在筹备社会工作主题宣传活动，为了提高工作效率，发挥各部门的优势，秘书处决定授权各部门参与活动的组织工作，秘书长将任务分解后指派给相关职能部门，并根据工作量授予部门主管人员使用调配权。为了保障授权的有效性，秘书长还需要做的工作是（  ）。（2023 年）

    A. 明确各部门所需要承担的责任    B. 要求各部门在过程中互相配合

    C. 加强各部门的过程性监管指导    D. 组织各部门进行活动方案论证

45. 随着志愿者参与机构服务类型与方式的多样化，社会工作服务机构应更好地规范志愿者的责任和权利。从志愿者管理的"工作发展与设计"角度出发，机构应完成的工作是（  ）。（2020 年）

    A. 制订志愿者服务动机评估方案    B. 编写志愿者服务岗位说明书

    C. 规范志愿服务档案建设    D. 完善志愿者表彰办法

46. 新入职的社会工作者小邱为丧偶的李奶奶提供个案服务。近期，李奶奶得知女儿生重病的消息，原本已平复的情绪再次跌入低谷，这让小邱非常沮丧。此时，小邱的督导者首先应该关注的是（  ）。（2020 年）

    A. 小邱的负面情绪如何调适    B. 小邱的工作量是否需要调整

    C. 自己的督导工作是否有效    D. 李奶奶女儿的病情是否严重

47. 某儿童社会工作服务机构的社会工作者小张与当地一家画廊负责人很熟，两人闲聊时谈到可以合作举办孤独症儿童绘画展，将画展的门票收入和画作拍卖筹集的资金捐赠给遭遇火灾的某孤独症儿童家庭。上述筹资方法属于（  ）。（2021 年）

    A. 项目申请    B. 私人恳请

    C. 电话劝捐    D. 特别事件筹资活动

48. 关于定量研究的说法，正确的是（  ）。（2020 年）

    A. 定量研究的研究者被研究对象视为自己人

    B. 定量研究一般运用标准化的方法收集资料

    C. 定量研究的内容可以根据情况灵活变化

    D. 定量研究主要以建构主义为方法论基础

49. 某社区正在开展一个项目，需要对社区经济困难家庭的老年人进行问卷调查。为了确保调查结果的准确性，最适宜采用的问卷填答方式是（  ）。（2019 年）

    A. 调查者当面询问被调查者    B. 让被调查者自行填答

    C. 调查者电话询问被调查者    D. 让被调查者集中填答

50. 关于问卷调查的说法，正确的是（  ）。（2021 年）

    A. 自填问卷适合被调查者文化程度较低的情况

B. 问卷调查资料的处理相对复杂难以比较分析

C. 描述性研究问卷应围绕研究假设展开设计

D. 问卷既需要较高的信度又需要较好的效度

51. 某地区民政部门对社会工作站的社会工作者进行问卷调查。下列问题中，符合问卷设计原则的是（    ）。（2021年）

A. 社会工作站提供的服务有哪些？（可多选）   （1）老年人服务   （2）困境家庭服务   （3）残疾人服务   （4）社区社会组织培育   （5）青少年服务

B. 您对自己在工作中的表现满意吗？（1）满意   （2）一般   （3）不满意

C. 社会工作站把服务送到居民身边，打通了服务的"最后一米"。您认为有必要推广社会工作站吗？（1）有   （2）没有   （3）说不清

D. 您的工作岗位类型是：（1）管理岗位   （2）专业技术岗位   （3）工勤技能岗位   （4）纪检监察岗位

52. 满意度调查问卷通常用来测量利益相关方对社会工作者所提供服务的满意程度，因此，社会工作者必须掌握满意度调查问卷的设计与实施。对于满意度调查问卷的说法，正确的是（    ）。（2022年）

A. 该类问卷必须真实署名，便于跟进服务反馈

B. 该类问卷越长越好，利于获取全面详细信息

C. 该类问卷主要由涉及态度类型的问题所构成

D. 该类问卷问题的主观性较强，难以保证效果

53. 根据妇女权益保障法，关于妇女合法权益保障的说法，正确的是（    ）。（2022年）

A. 各单位在录取妇女职工时，除不适合妇女的工种或岗位外，不得以性别为由拒绝录用妇女

B. 离婚的农村妇女，其农村土地承包经营权应在承包合同到期后予以收回

C. 农村外嫁的妇女，对父母的财产没有继承权

D. 丧偶妇女对公、婆尽了主要赡养义务的，作为公、婆的第二顺序法定继承人

54. 国家对未成年工实行特殊劳动保护，根据劳动法，未成年工是指（    ）的劳动者。（2022年）

A. 年满 12 周岁未满 16 周岁          B. 年满 14 周岁未满 16 周岁

C. 年满 14 周岁未满 18 周岁          D. 年满 16 周岁未满 18 周岁

55. 根据民法典规定，继承从（    ）开始。（2021年）

A. 被继承人死亡时                    B. 遗产查清完成时

C. 遗产处理结束时                    D. 被继承人葬礼结束时

56. 某集中使用残疾人的用人单位现有在职职工 100 人，根据《残疾人就业条例》该单位在职职工中从事全日制工作的残疾人职工最少应为（    ）。（2022年）

A. 10 人          B. 15 人          C. 25 人          D. 30 人

57. 根据《最低生活保障审核确认办法》，下列 4 名成年人可以单独提出低保申请的是（    ）。（2022年）

A. 张某，服刑人员，在本市某监狱服刑

B. 李某，学生，在外省一所高校读大三

C. 杜某，重度残疾人，无劳动能力且单独立户

D. 王某，宗教教职人员，脱离家庭、在某宗教场所居住满1年

58. 根据老年人权益保障法，关于家庭赡养的说法，正确的是（　　）。（2021年）

A. 老年人的自有房屋，赡养人没有维修的义务

B. 赡养人的配偶对于赡养人的父母有赡养的义务

C. 对于生活不能自理的老年人，赡养人应承担亲自照料的义务

D. 赡养人不得以放弃继承权或其他理由，拒绝履行赡养的义务

59. 小强，8岁，有认知障碍，与母亲外出时走失，在甲市流浪乞讨，后被民警小赵发现。根据《社会救助暂行办法》，小赵应当采取的措施是（　　）。（2020年）

A. 通知当地教育部门予以救助

B. 护送小强到当地救助管理机构

C. 告知小强向当地救助管理机构求助

D. 通知当地交通部门为其购买回家车票

60. 基本医疗保险费用由用人单位和职工共同缴纳。根据《国务院关于建立城镇职工基本医疗保险制度的决定》，职工缴费率一般为本人工资收入的（　　）。（2021年）

A. 2%　　　　　　B. 4%　　　　　　C. 6%　　　　　　D. 8%

## 二、多项选择题（共20题，每题2分。每题的备选项中，有2个或2个以上符合题意，至少有1个错项，错选，本题不得分；少选，所选的每个选项得0.5分）

61. 某社会工作服务机构承接了街道办事处的社区综合服务试点项目，为街道社区的20户困难家庭开展生活帮扶、资源衔接、心理疏导、社区参与等服务。该机构的服务涉及的社会工作领域有（　　）。（2022年）

A. 社区社会工作　　　　　　　　B. 社会救助社会工作

C. 司法社会工作　　　　　　　　D. 优抚安置社会工作

E. 家庭社会工作

62. 在专业实践中，社会工作者应遵循的价值观操作原则有（　　）。（2023年）

A. 尊重和接纳服务对象　　　　　B. 真诚对待服务对象的问题

C. 理解服务对象的个别差异　　　D. 尊重服务对象个人的意见和决定

E. 劝说服务对象接受有益建议

63. 赵奶奶入住某养老机构一个月来，总是闷闷不乐。社会工作者老余在与她面谈中得知，一年前赵奶奶和老伴外出旅游时，老伴意外猝死在酒店房间。此后，每当看到房间里的空床，赵奶奶就会触景生情。她请老余保守这个秘密，并希望能搬走空床。下列老余的做法中，符合社会工作伦理守则的有（　　）。（2020年）

A. 向督导者咨询，共同分析商讨合理解决方案

B. 严格履行养老机构的入住协议，不搬走空床

C. 为赵奶奶保守秘密，与机构协商把空床搬走

D. 向机构同事说明此事，讨论搬走空床的利弊

E. 帮助赵奶奶纾解情绪，适应机构的生活环境

64. 小魏大学期间由于学习压力过大，患有轻度抑郁，经过治疗，抑郁症状得到较好

的控制。大学毕业后，家人担心小魏不能适应职场竞争而加重抑郁症状，未要求小魏去就业。于是，小魏一直宅在家中，很少和同学来往，也没有认识新的朋友。根据青年阶段发展的主要特征和面临的主要问题，社会工作者适宜为小魏提供的服务有（    ）。（2021年）

A. 鼓励小魏参加青年就业联盟学习相关就业技巧

B. 引导小魏参加社区的志愿活动，服务社区居民

C. 协助小魏重返医院进行抑郁症的诊断评估治疗

D. 鼓励小魏参加青年交友联谊活动，认识新朋友

E. 协助小魏进行自我探索，认识自身拥有的资源

65. 关于人类行为与社会环境基本关系的说法，正确的有 （    ）。（2023年）

A. 人类要适应社会环境

B. 社会环境决定个人行为

C. 人类行为与社会环境的关系具有平衡性

D. 社会环境和生物遗传共同对人类行为产生影响

E. 各年龄人群的行为受社会环境影响的程度相同

66. 服务对象小安是一名事实无人抚养儿童，目前寄养在亲戚家。由于之前在原生家庭遭受过家庭暴力造成心理创伤，学校老师将小安转介给社会工作者老谭。老谭在评估中发现，最近小安又被医生诊断为儿童糖尿病，亲戚也不知道如何照顾他。老谭在服务中安排小安参加有针对性的游戏活动，缓解其因以往经历引发的问题；为小安的亲戚讲解照顾注意事项，发放儿童糖尿病的知识手册，并联系社区医生，提供疾病管理指导。上述服务中，社会工作者扮演的角色有 （    ）。（2023年）

A. 教育者     B. 治疗者     C. 倡导者     D. 联系人     E. 使能者

67. 大学毕业生小云长得漂亮，身材高挑，刚入职就被已婚的部门领导看中，之后的两年该领导不断骚扰她，甚至在单位的公开场合也不避讳，这让小云非常苦恼，同事的议论更让她羞愧难当，为此，她向社会工作者小汪求助。在与小云的会谈中，小汪运用了影响性技巧。下列回应中，属于该技巧的有 （    ）。（2020年）

A. "听了您刚才的话，我的理解是，您对领导的行为一直比较隐忍，是吗？"

B. "从法律上来讲，您的领导的行为违反了妇女权益保障法。"

C. "您可以礼貌拒绝或者告知他自己已有男友，让他知难而退。"

D. "如果您一直隐忍他，他可能会做出更加出格的事情。"

E. "遇上这样的人，而且还是自己的领导，真令人苦恼。"

68. 刘女士唯一的女儿去世后，她与丈夫相依为命，失去独生女的痛苦让他们每日以泪洗面，不愿与人接触，两人健康状况每况愈下。社会工作者老秦得知他们的情况后，决定为他们提供服务，并在多次上门后制订了完整的服务计划。在进入服务开展阶段后，老秦适宜的做法有（    ）。（2023年）

A. 缓解刘女士夫妇的悲伤情绪          B. 帮助刘女士夫妇改善健康状况

C. 联系志愿者定期陪伴刘女士夫妇       D. 向刘女士夫妇介绍所在机构的优势

E. 与刘女士夫妇一起分析面临的主要问题

69. 在"医路同行"肿瘤患者照顾者减压小组中，社会工作者小戚设计了"压力面面观"，邀请组员讲述压力来源及减压方法，引发了组员的热烈讨论。下列情境中，需要小戚运用限制技巧的有 （    ）。（2022年）

A. 徐阿姨谈到异地就医中的问题，引发了组员对地区医疗差异的讨论

B. 吴先生详细介绍了妻子辗转就医的经历，严重超出了规定的发言时间

C. 陈奶奶讲述了其他年轻病友因患病无法工作并对家人产生的内疚感

D. 一向沉默寡言的张叔叔首先发言，讲述了儿子病情变化带来的压力

E. 奚叔叔讲述无法平衡工作和照顾家庭带来的压力，介绍了减压方法

70. 某社会工作服务机构为"新手爸妈"开设了亲密关系成长小组，旨在探索家庭成员角色转变及其相互影响，以促进夫妻关系、亲子关系和婆媳关系的和谐。在探讨育儿方法时，组员小钱认为年轻人工作比较忙，需要依靠父母带孩子；组员小邹则认为老一辈的育儿观念与年轻人有差异，应该自己带孩子。双方发生了争论，都希望社会工作者支持自己的观点。面对这一情形，社会工作者的正确做法有（    ）。（2022年）

A. 保持沉默，等待小钱和小邹自行停止争论

B. 结合自己的育儿经验，肯定小钱的育儿方法

C. 引导组员们在育儿方法上开展讨论，但并不评价小钱和小邹的观点

D. 与组员共同分析两种做法的优缺点，引导他们选择适宜的育儿方法

E. 分享以往参与小组的"新手爸妈"在类似问题上的处理经验供组员参考

71. 社会工作者拟对"网事随风"青少年网瘾治疗小组进行评估。下列测量工具中，适用于该小组过程评估的有（    ）。（2023年）

A. 个人自我报告　　　　　　　　　B. 我的断网日记

C. 上网时长统计表　　　　　　　　D. 小组满意度问卷

E. 网络成瘾自评量表

72. 社区老年文艺队的队长常阿姨因为要去外地照顾孙女，由夏阿姨暂时担任队长，夏阿姨带队参加街道组织的广场舞大赛，比赛结果不如以往，为此她很内疚，找到社会工作者老张诉苦，并流露出不想当队长的想法。老张肯定了夏阿姨在关键时刻能够主动担当，并与她一起分析这次参赛失利的原因，建议她将部门工作分配给队里的几位积极分子。上述老张的做法，运用的居民骨干培养技巧有（    ）。（2022年）

A. 结成联盟　　　　　B. 鼓励参与　　　　　C. 培训工作技巧

D. 增强管理能力　　　E. 建立民主领导风格

73. 社会工作者小薇拟开展"社区一勺米"活动，组织居民为社区困难群众募集米面等生活物资，以培养居民相互关怀和相互照顾的美德。为此，小薇需提前招募志愿者并筹措一定的活动资金。从管理社区资源的角度出发，小薇进行资源开发时，适宜的做法有（    ）。（2023年）

A. 联络社区志愿服务团队，协助招募志愿者

B. 在业主群发布消息，从居民中招募志愿者

C. 联系物业管理公司，寻求人力和资金支持

D. 拜访街道办事处，请求他们提供经费资助

E. 向市民政局申请专项经费，购买生活物资

74. 社会工作者在运用社会策划模式开展工作过程中，首先要了解其所服务组织的使命和目标。关于"组织使命和目标"的说法，正确的有（    ）。（2023年）

A. 组织的目标是用来表示其存在的价值和提供服务的意义

B. 组织的使命为组织成员指明工作方向和所要解决的问题

C. 组织的使命可以鼓励组织成员产生认同并明确工作意义

D. 组织的目标指出组织所要解决的问题和满足的社会需要

E. 组织的目标代表了组织未来的蓝图并用来指导组织使命的构建

75. 针对社区部分老年人和儿童缺乏照顾的现象，某社会工作服务机构在广泛调研的基础上设计了多套依托"五社联动"机制，助力"一小一老"的服务方案。邀请街道办事处、社区居委会、社区社会组织代表和服务对象代表组成筹备小组，采用"可行性方案模型"来筛选理想方案。筹备组首先对比了在同等资金投入情况下各个方案涉及的服务人数，其次分析了各方案对促进"五社联动"机制建设和服务"一小一老"的效果。接下来，筹备组还需要完成的分析工作有（　　）。（2023 年）

A. 分析该机构过去面向老年人和儿童的服务完成情况

B. 分析比较哪个方案最能达成"一小一老"服务目标

C. 分析基金会和企业对各个方案给予资金支持的意向

D. 识别比较哪个方案更有利于服务对象公平享有服务

E. 识别分析各方案潜在风险及可能产生的负面影响

76. 某社会工作服务机构根据社区老年人的需求，设计了一个以维护老年人财产权益为目标的服务方案。该服务方案应包含的内容有（　　）。（2021 年）

A. 方案执行情况的监测和评估方法

B. 符合老年人特点的主题活动和宣传形式

C. 方案实施中可能遇到的困难和应对措施

D. 与目标对象数量相匹配的工作人员分工原则

E. 机构员工学习老年人权益保障法的安排

77. 定量研究与定性研究具有不同的特性，又相互补充。关于定量研究与定性研究特点的说法，正确的有（　　）。（2023 年）

A. 定性研究注重研究结论的一般性和可推论性

B. 定性研究可在研究过程中逐步形成理论假设

C. 定量研究的资料收集工具可以在研究过程中不断修订

D. 定量研究设计力图尽量排除研究者对研究对象的影响

E. 多角度测量法可整合定量研究和定性研究的不同技术

78. 小张致力于精神障碍人士社会工作服务研究，她依据残疾等级选取了 20 位研究对象，采用深度访谈、焦点小组和非参与观察等方法，了解精神障碍人士及其家属接受服务的过程，分析家属服务参与对精神障碍人士康复的作用，并提出精神障碍人士社会工作服务的优化方案。关于该研究的说法，正确的有（　　）。（2023 年）

A. 该研究是定性研究中的行动研究

B. 该研究资料收集方法和资料多元

C. 该研究适用于分析精神障碍形成的原因

D. 该研究有助于建构精神康复的理论模式

E. 该研究中精神障碍人士的家属也是研究者

79. 小芳怀孕 7 周，孕期反应强烈，已经严重影响正常工作。根据劳动法，所在单位的下列做法中，正确的有（　　）。（2021 年）

A. 适当减少小芳工作量和工作内容

B. 安排小芳每天中午休息 3 个小时

C. 小芳合同到期后又与小芳签订了 5 年合同

D. 扣除小芳一半工资用于找人暂替小芳工作

E. 为方便小芳孕检，同意其弹性安排工作时间

80. 学生小勇在课后欺凌同学，学校社会工作者王老师发现后对此事进行处理。根据未成年人保护法，王老师的下列做法中，正确的有（　　　　）。（2023 年）

A. 立即制止小勇的错误行为

B. 对被欺凌的同学及时给予心理辅导

C. 嘱咐被欺负的同学不要声张，以保护学校声誉

D. 对小勇父母给予必要的家庭教育指导

E. 主动联系小勇和被欺负同学的父母参与处理欺凌事件

## 【参考答案】

一、单项选择题

| | | | | | | | |
|---|---|---|---|---|---|---|---|
| 1. A | 2. D | 3. A | 4. D | 5. D | 6. C | 7. A | 8. D |
| 9. A | 10. C | 11. D | 12. D | 13. C | 14. D | 15. D | 16. C |
| 17. B | 18. A | 19. C | 20. D | 21. B | 22. C | 23. C | 24. B |
| 25. D | 26. C | 27. C | 28. C | 29. A | 30. D | 31. B | 32. D |
| 33. B | 34. A | 35. A | 36. A | 37. D | 38. A | 39. C | 40. B |
| 41. D | 42. A | 43. D | 44. A | 45. B | 46. A | 47. B | 48. B |
| 49. A | 50. D | 51. B | 52. C | 53. A | 54. D | 55. A | 56. C |
| 57. C | 58. D | 59. B | 60. A | | | | |

二、多项选择题

| | | | | | |
|---|---|---|---|---|---|
| 61. ABE | 62. ABCD | 63. ACE | 64. ABDE | 65. AD | 66. ABD |
| 67. BCD | 68. ABC | 69. ABC | 70. CDE | 71. ABCE | 72. BCD |
| 73. ABCD | 74. CD | 75. ADE | 76. ABCD | 77. BD | 78. BCD |
| 79. ABE | 80. ABDE | | | | |

# 历年真题选编（三）

一、单项选择题（共 60 题，每题 1 分；每题的备选项中，只有 1 个最符合题意）

1. 帮助有困难、有需要的人是社会工作最基本的职业特征。社会工作者秉持"助人自助"的理念开展工作。关于社会工作"助人自助"的说法，正确的是（　　）。（2021 年）

A. "有困难，找社工"的说法较为充分地体现了助人自助的内涵

B. 在助人自助中，第一个"助"与第二个"助"具有相同的含义

C. 助人自助表示社会工作者对服务对象问题的解决负有首要责任

D. 助人自助表示社会工作者协助服务对象实现自助后可终止服务

2. 社会工作者小王从优势视角出发，为困境儿童开设了以"发现我的闪光点，点燃我的小宇宙"为主题的小组，旨在增强困境儿童的内在动机，协助他们乐观地面对人生。小王的做法体现了社会工作在服务对象层面的目标是（　　）。（2020 年）

A. 解救危难　　　　B. 增进社会团结　　　　C. 激发潜能　　　　D. 促进社会公正

3. 医务社会工作者小张为脑卒中患者提供服务。下列做法中，最能体现社会工作"互动合作"特点的是（　　）。（2021 年）

A. 与医院其他部门协作，联合为患者提供关怀支持

B. 针对患者家属进行心理压力疏导，提升照护技能

C. 链接资源帮助患者及其家庭申请医疗救助

D. 与患者及其家属一起开展慢性病管理工作

4. 社会工作者小张协助当地农村开展巩固脱贫攻坚成果与乡村振兴相衔接工作时，发现有些村民是因重大疾病而陷入困境，虽然医疗保险可以报销住院费用，但是康复期的大部分用药仍需要自费，村民负担较重。为此，小张撰写了调研报告，提交给政府相关部门，希望将重大疾病康复期的关键必需药品纳入医疗保险报销范围。上述小张的工作，体现的社会工作角色是（　　）。（2022 年）

A. 政策影响者　　　　B. 资源筹措者　　　　C. 行政管理者　　　　D. 关系协调者

5. 某社会工作服务机构承接了困难居民救助项目，社会工作者小宁在民政部门指导下，与居委会合作，链接慈善组织资源，共同为社会救助对象提供精准帮扶服务。小宁的上述工作最能体现的社会工作者的核心能力是（　　）。（2023 年）

A. 促进和使能的能力　　　　　　　　B. 在组织中工作的能力

C. 评估和计划的能力　　　　　　　　D. 提供服务和干预的能力

6. 社会工作者小李的工作内容是为接受社区矫正的青少年提供心理疏导、职业技术培训，联系企业安排实习岗位等服务，协助服务对象恢复社会功能，以达到预防再次犯罪、稳定社会秩序的目标，小李的服务领域是（　　）。（2021 年）

A. 司法社会工作　　　　　　　　　B. 社会救助社会工作

C. 学校社会工作　　　　　　　　　D. 企业社会工作

7. 社会工作是社会福利事业的重要组成部分，在工作中注重多个层面关系的建立和协同，通过人性化的、有效的社会行政与管理，落实社会政策，改善民众的社会福利水平。这反映出我国社会工作专业实践价值观的是（　　　）。（2021年）

A. 个人发展机遇与国家社会发展相结合　B. 注重和谐有序，促进社会的共融发展

C. 平等待人，注重民主参与　　　　　D. 权利与责任并重

8. 丧偶多年的尹奶奶一直独自居住，半年前入住养老机构，认识了同样单身的陈爷爷，两人一见如故，交往半年后决定结婚，但遭到尹奶奶儿女的反对。尹奶奶为此情绪消沉，陈爷爷很是着急，便向社会工作者小王求助。小王为尹奶奶制订了个案服务方案，又向尹奶奶的儿女了解反对的原因，通过沟通取得他们对尹奶奶的理解。从社会工作专业伦理角度出发，小王在服务中遵循的是（　　　）。（2022年）

A. 保护生命原则　　　　　　　　　B. 差别平等原则

C. 最小伤害原则　　　　　　　　　D. 生命质量原则

9. 赵爷爷住院期间对医院按要求制定的家属探视制度非常不满，找到医务社会工作者小颖，说自己要向相关部门投诉。小颖了解情况后，根据社会工作专业伦理守则，适当的做法是（　　　）。（2022年）

A. 支持赵爷爷的做法，向医院提出制度修订意见

B. 理解赵爷爷的心情，向赵爷爷说明制度制定原因

C. 保持中立的态度，让赵爷爷自我决定是否投诉

D. 尊重赵爷爷的决定，劝说赵爷爷尽快办理出院

10. 某街道困难群众救助中心的常规服务之一是定期电话访问服务对象。社会工作者小陈致电社区低保人员大强，询问其近期生活状况，被他拒绝。大强表示，不清楚街道有电话访问服务，也不愿接受陌生人的访问。根据社会工作者对服务对象的伦理责任，此时小陈最恰当的做法是（　　　）。（2021年）

A. 尊重大强的个人意愿，日后不再打电话向他询问生活状况

B. 对服务内容的真实性作出说明，并承诺帮助大强解决困难

C. 恳请当地社区工作人员告知大强此项服务后，再次访问大强

D. 向社区工作人员反映大强拒访情况，请社区工作人员代为访问

11. 社会工作者在服务过程中秉持"个别关怀，全面服务"的原则，这说明（　　　）。（2021年）

A. 社会工作者认为每一位服务对象都是独特的

B. 社会工作者相信每一位服务对象都可以改变

C. 社会工作者尊重每一位服务对象的自我决定

D. 社会工作者接纳每一位服务对象的自我决定

12. 社会工作者小李经多方链接资源，推动项目顺利完成，在同事中树立了自己的威信，也让机构负责人和项目落地社区的领导更加信任他。根据马斯洛的需要层次理论，上述情形满足了小李（　　　）。（2021年）

A. 尊重的需要　　　　　　　　　　B. 归属与爱的需要

C. 安全的需要　　　　　　　　　　D. 自我实现的需要

13. 初中二年级学生小宁个子较小，近几个月来他经常被学校几名高年级同学打骂或拦住要钱。为了寻求保护，他加入了一个"哥们儿"小团体，也开始欺负他人，并从这个过程中获得满足。针对小宁的情况，社会工作者从个体层面应开展的工作是（　　）。(2020年)

A. 纠正攻击行为，培养社交技能　　　B. 强化家校联络，及时实施干预

C. 加强校园监控，保护学生安全　　　D. 改善亲子关系，纠正教养方式

14. 初中一年级学生明明是单亲家庭的孩子，与母亲一起生活，母亲对其生活关怀备至，对其学习严格要求。老师反映明明虽然成绩优异，但平常与同学很少沟通，对同学较为冷漠。明明的家庭教养模式为（　　）。(2020年)

A. 支配型　　　　B. 专制型　　　　C. 放任型　　　　D. 冲突型

15. 某社区内有一个青少年音乐社团，成员的服装、发型、饰品、言行均与其他同龄人明显不同，社区一些居民见到他们感到很新奇。上述情况体现出同辈群体的特点是（　　）。(2021年)

A. 支配性　　　　B. 独特性　　　　C. 开放性　　　　D. 平等性

16. 晚上睡觉时，两岁半的苗苗会和自己的小熊玩偶安静地躺在床上听妈妈讲故事，听完故事后，苗苗会和小熊说晚安。根据婴幼儿社会性发展的特点，上述苗苗的行为，反映出她正处于社会化基本过程中的（　　）。(2019年)

A. 区分他我与自我阶段　　　　　　　B. 单纯社会化反应阶段

C. 社会性感情连接建立阶段　　　　　D. 伙伴关系发展阶段

17. 王女士找社会工作者小赵反映，她读初二的儿子沉迷手机游戏，不爱与人交流，希望小赵帮助他。经过预估与问题分析，小赵认为应将此案转介到其他机构。根据上述内容，小赵下一步最适宜的做法是（　　）。(2022年)

A. 直接告知王女士本机构不处理青少年网瘾问题

B. 告知王女士能处理青少年网瘾问题的机构信息

C. 邀请王女士到机构与其进行详细的预估会谈

D. 与机构督导商量确定是否拓展相关戒瘾服务

18. 服务对象："我不知道这样的日子还能撑多久，孩子得了这样的病，要花那么多钱，还不知道能不能治好。我老公身体又不好，干不了重活，最近半年也没再开车了。将来能干什么也不知道。真的每天都很愁，你说怎么办啊？"下列社会工作者的回应中，最符合同理技巧的是（　　）。(2022年)

A. "我理解你的烦恼，不要担心，让我们一起努力克服困难吧。"

B. "家里碰到这么多事，真的不容易，你非常担心以后怎么办。"

C. "不用担心，我们就是来帮你的，困难是暂时的，会有办法的。"

D. "孩子这么重的病要花多少钱？我看看能不能帮你申请医疗救助。"

19. 初中三年级男生小亮手部皮疹严重，医生诊断为重度神经性皮炎，可能由心理紧张引起，医生在完成医疗处置后，将小亮转介给医务社会工作者小黄。小黄评估后，决定运用心理社会治疗模式提供服务。他先与小亮妈妈进行交流，分享了自己帮助女儿缓解压力的心得。此时，小黄采用的治疗技巧是（　　）。(2020年)

A. 直接治疗技巧之非反思性技巧　　　B. 直接治疗技巧之反思性技巧

C. 间接治疗技巧之直接影响技巧　　　D. 间接治疗技巧之维持性技巧

20. 小婷是一名大二学生，平时喜欢独来独往。室友都觉得她难以接近，不愿与她交流，甚至还出现了孤立的情况。小婷心情郁闷，向社会工作者小王求助。小王从小婷的环境系统入手开展服务，邀请小婷室友参与谈论，一起分析有些人喜欢独来独往的原因，并通过角色扮演，让室友体验被孤立的感觉。在链接社会资源的过程中，小王所采用的主要方式是（　　）。（2023年）

　　A. 服务的协调　　　　　　　　　B. 需求的表达

　　C. 利益的协调　　　　　　　　　D. 权益的保护

21. 15岁的小张最近迷上了网络游戏，学习成绩一落千丈，面对繁重的学业，小张想要专心学习，又无法抵挡网络游戏的诱惑，遂向学校社会工作者老项求助。服务中，老项运用了影响性技巧。老项的下列回应中，属于该技巧的是（　　）。（2023年）

　　A. "学习成绩不理想确实容易让人有压力，心里着急又不知道怎么办。"

　　B. "网络游戏打得这么好，说明你很聪明！相信你的成绩可以赶上去。"

　　C. "你的意思是，上网打游戏是因为游戏可以给你带来成就感，是这样吗？"

　　D. "我也爱打游戏，但我打游戏时设置四十分钟的闹铃，铃一响我就停手。"

22. 长期独居的李大爷因最近健康状况不佳，开始为今后选择居家养老还是去机构养老感到烦心，于是找到社会工作者小马诉说烦恼。小马帮助李大爷分析两种养老方式的利弊，并提供相关信息。根据上述内容，该会谈的类型是（　　）。（2022年）

　　A. 收集资料的会谈　　　　　　　B. 诊断治疗性会谈

　　C. 一般性咨询会谈　　　　　　　D. 建立关系的会谈

23. 社会工作者："服务期间我们的谈话内容都会保密，没有您的书面同意，绝对不会泄露给无关人员。但是，如果有自我伤害或危及他人的情况，就不能保密。关于保密的规定，您需要我再解释吗？"上述会谈内容表明该个案服务正处于（　　）。（2019年）

　　A. 接案阶段　　　　　　　　　　B. 诊断阶段

　　C. 制订计划阶段　　　　　　　　D. 评估阶段

24. 社会工作者小王在与服务对象的面谈中说："从谈话中感受到你非常想出去工作，但又整天宅在家里打游戏，不为找工作做任何准备。你的想法和行动是不是不太一样啊？你是怎么看的呢？"小王运用的专业技巧是（　　）。（2020年）

　　A. 澄清　　　　B. 对焦　　　　C. 对质　　　　D. 摘要

25. 社会工作者小魏计划为社区中刚退休的居民开展一个主题为"金色年华"的小组，协助他们较好地度过退休生活适应期，促进退休人员继续社会化，提升其社会功能。小魏最有可能运用的小组工作模式是（　　）。（2021年）

　　A. 治疗模式　　B. 社会目标模式　　C. 互动模式　　D. 发展模式

26. 社会工作者小李为医院鼻咽癌患者开设主题为"乐活人生"的小组。在小组中，小李邀请病友分享自己生病前后的经历和感悟，鼓励大家重拾信心，以乐观态度积极面对疾病。从小组目标的角度看，该小组类型最有可能是（　　）。（2020年）

　　A. 支持小组　　B. 成长小组　　　C. 治疗小组　　D. 教育小组

27. 某社会工作服务机构督导者现场观察了社会工作者小俞开展的社区居民骨干小组活动，事后他向小俞指出在活动中组员的一些表现需要高度关注。下列组员互动情景中，最容易引起角色竞争冲突的是（　　）。（2023年）

　　A. 老李在小组中始终保持沉默

B. 老张在小组中常常独占话题

C. 老吴坚持自己的意见并强烈批评其他组员

D. 老王为自己的想法未获得支持而感到遗憾

28. 社会工作者小戴为酗酒成瘾者开设了一个戒除酒瘾的匿名小组。在制订小组计划时，小戴围绕戒除酒瘾的总目标，确定了阶段性目标。下列目标设置中，属于阶段性目标的是（　　）。(2021年)

A. 降低组员的饮酒频率
B. 协助组员面对人格缺陷
C. 改善组员的人际沟通
D. 协助组员参与志愿服务

29. 在小组活动开展过程中，社会工作者老汤发现组员莉莉最近常常迟到，分享也不如以前积极，有时还会故意转移话题，影响活动进程。为了改变这种情况，老汤最适宜的做法是（　　）。(2022年)

A. 放任莉莉，把关注重点转移至其他的组员
B. 运用游戏活跃气氛，以鼓励莉莉回归小组
C. 制订新计划，让莉莉和其他组员协作完成
D. 调整活动时间和地点，方便莉莉参与活动

30. 在某减压小组讨论中，社会工作者与组员有以下对话：

组员：我觉得有些压力是自己造成的，比如说在工作时，如果每一项任务都完成得很顺利、很完美，就会自然而然地要求自己完成下一项任务时也要同样完美。事实上，很多事情并不会像自己想象的那样，因此也没必要设定那么高的期待。

社会工作者："你觉得有时候对自己要求太高了，也会带来压力，因此要降低自我期待，是这样吗？"

上述对话中，社会工作者所用的技巧是（　　）。(2023年)

A. 摘述　　　　B. 鼓励　　　　C. 引导　　　　D. 了解

31. 在小组活动的"生命回顾"分享环节中，社会工作者小徐和组员一起听高奶奶分享自己过去的经历，高奶奶的普通话不太标准，担心别人听不懂，越来越着急，针对这一情况，小徐最恰当的回应是（　　）。(2022年)

A. "您说的故事，以前我从来都没有听说过啊！"
B. "我没有听懂您说的话，您再重新说一遍好吗？"
C. "高奶奶您别着急，慢慢说，我们大家都在听。"
D. "高奶奶您先休息一下，再想想，先请张爷爷说。"

32. 社会工作者小乔在某中学为老师开设性别平等教育小组。小乔在一次小组活动结束后撰写小组记录，回顾和梳理组员的表现：组员沉默、观望者较多，有的组员经常询问在小组中应该做什么；组员之间比较客气礼貌，相互之间讨论较少。此时，该小组最有可能处于（　　）。(2022年)

A. 开始阶段　　B. 转折阶段　　C. 成熟阶段　　D. 结束阶段

33. 社会工作者小王负责推进小区加装电梯工作。他发现开始的时候居民都很积极，一谈到自筹资金，有些住户就不愿意了，甚至强烈反对，有些住户则持观望的态度。根据地区发展模式，在这种情况下小王最适宜采取的实施策略是（　　）。(2021年)

A. 召开座谈会，让居民充分表达自己的想法
B. 报告居委会，向政府申请加装电梯的补贴

156

C. 与电梯公司协商，争取降低加装电梯费用

D. 向同事求助，重新拟定小区加装电梯方案

34. 某老旧小区因停车难问题屡屡被居民投诉，社会工作者为此召开居民议事会。下列社会工作者的提问中，属于界定问题的是（    ）。（2022年）

A. "咱们社区停车难问题是怎么产生的？"

B. "停车难问题主要集中出现在哪个时间段？"

C. "停车难问题对咱们居民的生活有什么影响吗？"

D. "解决停车难问题会给居民和社区带来什么改变？"

35. 社会工作者在"认识社区"阶段，需要对社区问题进行详细分析，下列表述中，属于"描述问题"的是（    ）。（2023年）

A. 制定解决社区问题的策略　　　B. 探讨社区问题未来发展变化

C. 分析社区问题产生的原因　　　D. 说明居民对社区问题的感受

36. 某社会工作服务机构租用小区门面房作为活动场所，希望协助大龄孤独症患者锻炼日常生活技能，适应社会生活的最基本要求。社区居民得知消息后，担心孤独症患者在小区附近出入，会给居民尤其是儿童带来安全隐患，因而不愿意让该机构进驻。面对这种情况，该机构应该采取的策略是（    ）。（2020年）

A. 建立社区紧急支援网络系统　　B. 开展社区倡导并强调社区责任

C. 动员社区居民参与机构志愿服务　D. 承诺对服务对象进行封闭式管理

37. 社会工作者老刘正在主持社区居民议事会，就社区空地改造为小花园的计划征求居民意见，有居民认为建小花园可能会"中看不中用"。此时，老刘采取"进一步说明"的技巧主持会议，其最适宜的表述是（    ）。（2022年）

A. "您希望社区的空地能发挥哪些作用呢？"

B. "您怎么看那些支持建小花园的观点呢？"

C "非常感谢您提出的宝贵意见，我们会考虑的。"

D. "您提醒得很对，我们要避免华而不实的改造方案。"

38. 社会工作者老杨协助社区开设了一间儿童绘本馆，提供免费阅读服务，以培养儿童的良好阅读习惯。但是，绘本馆仅支付了第一年的场地租金，后续的租金还没有着落。为此，老杨作了多种尝试。下列她的做法中，属于资源链接的是（    ）。（2021年）

A. 仔细地阅读社区基金会的资助章程　B. 请居委会帮忙找可无偿使用的空间

C. 在微信朋友圈吐槽绘本馆场租困境　D. 向场地所有者发送绘本馆工作月报

39. 为了配合街道拆除违章建筑的工作，社会工作者老岳走访了社区的一些老住户和居民骨干，了解社区"违建"是怎样形成的，以及后来的发展情况。老岳开展这项工作的主要目的是（    ）。（2021年）

A. 分析社区"违建"问题的来龙去脉

B. 研判社区"违建"问题的严重程度

C. 了解居民对社区"违建"问题的感受

D. 发掘解决社区"违建"问题的关键人物

40. 某社会工作服务机构动员社区高中生和大学生组成"同心协力"暑期志愿服务队，通过"一对一"结对方式，帮助社区低收入家庭中学习有困难的儿童掌握学习方法，提高学习兴趣。项目结束后，该机构对项目进行了总结评估。下列内容中，属于成果

评估的是（　　　）。(2020 年)

  A. 志愿者资源配置合理程度   B. 工作进度安排的实现情况

  C. 学习困难儿童的改变程度   D. 资金投入产出的效益情况

  41. 某"村改居"社区存在电动自行车失窃、入室偷盗等问题。该社区居委会的社会工作团队经过多次研讨，决定采用社会策划模式开展工作。针对这一治安问题，从社会策划模式的实施策略角度看，该团队首次开展工作时最先应该做的是（　　　）。(2020 年)

  A. 评估社区居委会组织的优点和不足 B. 了解受到治安问题影响的居民人数

  C. 预估上级政府能够提供的财政支持 D. 澄清社区居委会的工作目标与责任

  42. 社会工作者负责对"困难家庭支持项目"所投入的人力、物力、财力配置使用情况进行评估。该评估属于（　　　）。(2022 年)

  A. 需求评估  B. 过程评估  C. 效果评估  D. 影响评估

  43. 在社会服务方案策划中，影响性目标是社会工作干预所要达到的目标。下列服务目标中，属于影响性目标的是（　　　）。(2019 年)

  A. 在 3 个月内为 10 名老人评估认知状态

  B. 安排 2 名社会工作者学习相关评估技术

  C. 服务 6 个月后缓解 10 名老人的抑郁程度

  D. 招募不少于 5 名专业志愿者协作进行探访

  44. 在很多情况下，社会工作服务需要组织多功能型团队。下列关于多功能型团队的说法正确的是（　　　）。(2021 年)

  A. 团队成员来自不同专业领域，共同完成某项任务

  B. 团队是自然形成的工作小组，被赋予较大自主权

  C. 团队成员间能快速建立信任关系，实现真诚合作

  D. 团队的成员具有临时性特点，任务完成后即解散

  45. 社会工作教育性督导可以缓解被督导者的工作压力。下列督导者的做法中，体现社会工作督导教育性功能的是（　　　）。(2021 年)

  A. 协助被督导者识别和处理焦虑情绪 B. 鼓励被督导者再尝试新的介入方法

  C. 引导被督导者看到自己的工作成效 D. 帮助被督导者练习情绪管理的技巧

  46. 由于政府购买社会组织服务资金减少，某社会工作服务机构陷入财政危机。机构理事会决定扩大个人捐赠，与具有公募资格的筹款平台合作，发起"让爱传递"劝募活动，招募"爱心大使"动员身边的亲朋好友发起"一起捐"。从个人捐款动机分析，该劝募活动主要利用的是（　　　）。(2021 年)

  A. 市场营销  B. 自我利益  C. 外界影响  D. 个人需要

  47. 社会工作者小张负责某社会工作服务机构的志愿者管理。下列小张的工作，属于志愿者管理中"工作发展与设计"的是（　　　）。(2021 年)

  A. 评估志愿者参与服务动机   B. 撰写志愿服务工作说明书

  C. 开展迎新说明与志愿者训练  D. 进行志愿者绩效评估和激励

  48. 关于定性研究资料收集特点的说法，正确的是（　　　）。(2022 年)

  A. 强调研究的理论性，根据研究假设收集资料

  B. 强调研究的深入性，关注研究对象的主观感受

  C. 强调研究的系统性，采用结构式访谈法收集资料

D. 强调研究的客观性，从研究者的视角了解研究对象

49. 某调查问卷的封面信上写着："本调查采用不记名方式……"上述内容旨在说明（　　）。（2020 年）

A. 保密原则　　　　B. 问题填答方式　　C. 研究内容　　　D. 对象选择方法

50. 学校社会工作者小宋决定采用问卷调查的方式向高中学生了解校园欺凌状况。根据调查内容和对象的特点，小宋最适宜采用的问卷填答方式及理由是（　　）。（2021 年）

A. 采用自填问卷，保证问卷高回收率　　B. 采用访问问卷，确保问卷填写质量

C. 采用自填问卷，适合了解敏感问题　　D. 采用访问问卷，符合学生文化水平

51. 社会工作者小汪采取个案研究法，探索社区社会组织联合会对其辖区内社区社会组织孵化培育的影响。关于小汪研究的说法，正确的是（　　）。（2021 年）

A. 研究更多地体现该联合会孵化培育社区社会组织的经验

B. 研究需按照限定的时间、地点和方法开展各项研究工作

C. 研究结果反映该街道所在市辖区的所有联合会发展情况

D. 研究所收集的资料只能是该联合会工作人员的访谈记录

52. 线上调查是目前常见的调查方式之一。社会工作者小林借助该方式开展服务对象的需求调查，利用网络进行问卷分发、回收和数据统计，并将数据统计结果作为服务设计的依据。关于小林此次调查的说法，正确的是（　　）。（2020 年）

A. 该方式可涉及较复杂的调查问题　　B. 该方式采用的问题题型比较简单

C. 该方式可用来调查儿童服务需求　　D. 该方式可保证调查结果的准确性

53. 问卷是定量研究中常用的资料收集工具。关于问卷调查特点的说法，正确的是（　　）。（2023 年）

A. 访问问卷的问题设计以研究者的视角为主

B. 问卷的匿名性是保证问卷填答质量的前提条件

C. 问卷调查可以广泛适用于不同文化程度的研究对象

D. 问卷调查可以在短时间内收集众多研究对象的资料

54. 根据民法典的规定，夫妻双方自愿离婚的，应当签订书面离婚协议，并亲自到婚姻登记机关申请离婚登记。自婚姻登记机关收到离婚登记申请之日起（　　）日内，任何一方不愿意离婚的，可以向婚姻登记机关撤回离婚登记申请。（2021 年）

A. 15　　　　　　　B. 20　　　　　　　C. 30　　　　　　　D. 60

55. 根据劳动法，下列人员中，用人单位不得安排延长工作时间的是（　　）。（2019 年）

A. 怀孕 3 个月的小梅　　　　　　　　B. 正哺乳 9 个月儿子的小芳

C. 半年前做了计划生育手术的小华　　D. 独自抚养 5 岁女儿的单亲母亲小青

56. 小贾因企业改组而失业。失业之前单位和本人按照规定缴纳失业保险费累计为 9 年 6 个月。根据《失业保险条例》，小贾领取失业保险金的期限最长为（　　）个月。（2021 年）

A. 6　　　　　　　B. 12　　　　　　　C. 18　　　　　　　D. 24

57. 根据《职工带薪年休假条例》规定，单位确因工作需要不能安排职工休年休假的，对职工应休未休的年休假天数，单位应当按该职工日工资收入的（　　）支付年休假工资报酬。（2023 年）

A. 100%　　　　　　　B. 150%　　　　　　　C. 200%　　　　　　　D. 300%

58. 根据民法典，配偶一方死亡，另一方送养未成年子女的，（　　　）具有优先抚养的权利。（2020年）

　　A. 在世一方的父母　　　　　　　　　B. 死亡一方的父母

　　C. 在世一方的兄弟姐妹　　　　　　　D. 死亡一方的兄弟姐妹

59. 某基金会拟申请认定为慈善组织。根据《慈善组织认定办法》，该基金会慈善组织认定申请应当经（　　　）表决通过。（2023年）

　　A. 发起人　　　　B. 理事会　　　　C. 监事会　　　　D. 秘书处

60. 某社区居民甲经常不分时间在家弹钢琴，吵到邻居，邻居乙多次上门协商无效。于是乙也不分时间用力敲打甲家房门，导致两家矛盾越来越深。社区人民调解委员会为此咨询法律专业人士，还邀请专业机构测试噪声强度。经过努力，甲乙终于达成调解协议。根据人民调解法，关于该人民调解委员会在此次调解过程中产生的调解经费的说法，正确的是(　　　)。（2023年）

　　A. 这次调解经费应由甲单独承担　　　　B. 这次调解经费应由乙单独承担

　　C. 这次调解经费应由甲乙共同承担　　　　D. 这次调解经费甲乙均无须承担

## 二、多项选择题（共20题，每题2分。每题的备选项中，有2个或2个以上符合题意，至少有1个错项；错选，本题不得分；少选，所选的每个选项得0.5分）

61. 在新的经济社会背景下，就业仍然是关乎民生的最重要问题。针对社区青年失业问题，下列服务中，能够体现社会工作在服务对象层面目标的有（　　　）。（2021年）

　　A. 协助社区青年提高职业技能　　　　B. 宣传当地就业创业扶持政策

　　C. 开发社区就业岗位并组织相应培训　　D. 协助社区青年组成互助的支持网络

　　E. 呼吁政府延长失业保险金发放的月数

62. 社会工作者在某社区入户探访时发现社区内独居老人较多，且部分高龄老人日常生活存在困难，又不愿求人。根据社会工作伦理原则，社会工作者适宜开展的工作有（　　　）。（2022年）

　　A. 整理社区独居老人需求信息，设计并提供个性化服务

　　B. 与独居老人亲属沟通，说服老人参加社区活动

　　C. 建议社区开展居室适老化改造，改善独居老人生活环境

　　D. 倡导政府出台高龄独居老人帮扶政策，提升其生活质量

　　E. 依据老年人权益保障法，鼓励子女经常探望独居老人

63. 下列社会工作者的做法中，体现其对机构伦理责任的有（　　　）。（2021年）

　　A. 为服务对象提供专业化服务　　　　B. 努力提升自己的专业服务能力

　　C. 遵守机构的管理制度和规定　　　　D. 提供服务时应注意自己的形象

　　E. 总结专业服务的经验模式

64. 随着互联网的普及和智能产品的发展，学龄儿童过度依赖电子产品的现象较为普遍，影响了儿童的身心健康。针对这一问题，社会工作者宜开展的工作有（　　　）。（2023年）

　　A. 引导儿童积极参加户外活动

B. 建议家长禁止儿童使用电子产品

C. 组织社区内的家庭开展亲子阅读活动

D. 建议政府禁止商家线上销售儿童电子产品

E. 建议家长与儿童约定电子产品的使用时长

65. 近年来，以大学毕业生为主体的青年群体就业难度增加，就业压力较大。为了推动青年就业，社会工作者适宜采取的措施有（    ）。（2022 年）

A. 增强青年的社会责任意识，促进其自我反思

B. 倡导完善国家法律法规，加大性别平等宣传

C. 协助青年缓解焦虑情绪，促使其作理性思考

D. 了解就业市场供需矛盾，充分链接就业资源

E. 增强青年灵活就业能力，创新就业方式方法

66. 社会工作者为患有慢性病的救助对象老李及其家庭提供服务时，除了家访和邀请老李参与社区活动外，还注重对相关文献记录的收集和分析。下列文献记录中，属于老李及其家庭相关生活状况的有（    ）。（2022 年）

A. 老李家的低保证明　　　B. 妻子的就业证明　　　C. 孩子的学习成绩单

D. 老李的体检报告　　　　E. 老李家的门牌号码

67. 社会工作实习生小袁为脑瘫儿童冬冬提供一次服务后，就不想再继续，督导者老宣了解到小袁是认为服务脑瘫儿童工作效果不明显才想放弃。为此，老宣引导小袁认识到，为建立积极有效的专业关系，社会工作者应做到无条件关怀，之后小袁的工作态度有明显改善。下列做法中，体现了"无条件关怀"的有（    ）。（2022 年）

A. 对冬冬保持尊重　　　　B. 评估冬冬的需求　　　C. 对冬冬不进行评价

D. 相信冬冬能够改变　　　E. 分析冬冬的家庭

68. 刘老伯的女儿遭遇意外不幸身亡，他一直伤心自责，认为女儿的离世都是自己的错。他把自己关在家里，不与任何人联系，作息时间混乱。刘老伯弟弟来看望他，发现他状态很差，身上的衣服很久没换过，家里还堆满了杂物，为此非常担心，向社会工作者老李求助。根据刘老伯的情况，老李制定的个案服务目标应包括（    ）。（2022 年）

A. 调整刘老伯的作息时间　　　　B. 逐步缓解刘老伯的压力

C. 清理刘老伯家中的杂物　　　　D. 迅速减少刘老伯的自责

E. 恢复刘老伯的社会关系

69. 社会工作者小张为社区精神障碍康复者开展职业技能训练小组活动。下列内容中，适宜该小组的有（    ）。（2023 年）

A. 职业着装训练　　　　　　　　B. 简历制作学习

C. 服药时间管理　　　　　　　　D. 面试技巧交流

E. 运动康复训练

70. 企业社会工作者小肖在小组服务中，热情地向组员们介绍自己并亲切地问候组员，在组员发言时非常注重眼神交流，适时讲述自己对于组员分享感受的理解。小肖的上述做法运用的沟通技巧有（    ）。（2023 年）

A. 积极回应　　　　B. 自我表露　　　　C. 专注与倾听

D. 对信息进行磋商　　　　　　　E. 营造轻松安全的氛围

71. 某社区流动儿童数量较多，缺乏安全意识，由于暑假无人看管，容易发生意外伤

害事件。为此，社会工作者小任为流动儿童开设了 8 节安全教育小组。下列描述中，符合小组成熟阶段组员表现的有（　　）。(2021 年)

A. 组员小艾经常与身边的组员窃窃私语，不参与小组讨论

B. 组员小亮比较积极，主动分享遇到安全风险的处理方式

C. 组员小晨小心谨慎，请他分享时总表示先听听别人怎么说

D. 组员小红表示通过小组掌握了安全知识，有信心保护自己

E. 组员小芳主动地承担分发安全手册、记录组员发言等工作

72. 社会工作者小孔负责动员居民参加社区即将举办的"邻里节"活动，她在居民下班回家的时间段，在小区大门口向路过的居民介绍"邻里节"的活动内容。有一位居民刚听小孔开了个头，就打断小孔的介绍，表示自己着急赶回家做饭。面对这种状况，小孔可以做的有（　　）。(2021 年)

A. 向居民致歉耽误了他的时间　　　　B. 将活动的宣传单留给居民

C. 劝居民扫码加入活动微信群　　　　D. 请居民再给她一分钟解释

E. 等居民有时间时再向他介绍

73. 在老旧小区改造过程中，加装电梯是社区居民关注的议题。为了全面准确把握社区居民对加装电梯的意见，社会工作者小王决定运用多种方法收集资料，进行社区分析。其适宜的做法有（　　）。(2023 年)

A. 收集业主微信群里业主对于加装电梯的看法

B. 查阅讨论加装电梯议题的居民议事会的会议记录

C. 召开居民座谈会，征询居民对加装电梯的意见和建议

D. 设计居民加装电梯意愿问卷调查表，开展逐门逐户的调查

E. 访问承接老旧小区电梯安装公司的负责人，了解其对加装电梯的意见

74. 社会工作者小何在某社区建设认知症友好社区时，注重发挥社区社会组织的作用。经过半年的努力，他最近协助居民登记备案了一个社区社会组织。为了有效管理该组织，推动其健康发展，小何下一步适宜开展的工作有（　　）。(2021 年)

A. 对组织的长期发展策略进行规划　　B. 对组织的年度服务方案进行设计

C. 对组织成员和工作分配进行统筹　　D. 发现和进一步培养组织的领导者

E. 承担财务工作并负责规范化建设

75. 某老旧社区正在推进楼房加装电梯项目，社会工作服务机构与社区居委会一起初步确定了两套方案。社会工作者小吴组织居民代表，运用"可行性方案模型"来筛选理想方案。其筛选标准有（　　）。(2022 年)

A. 加装电梯方案是否具备公平性　　　B. 加装电梯方案实施成功的可能性

C. 加装电梯方案是否能引起媒体的关注　D. 加装电梯方案的资金投入与产出比值

E. 加装电梯方案给居民带来的实际改变

76. 志愿者逐渐成为社区治理的重要力量，发挥着越来越显著的作用，由此有必要对志愿者进行专业管理。关于志愿者管理的说法，正确的是（　　）。(2023 年)

A. 工作发展与设计的任务是了解志愿者的兴趣和个人信息

B. 志愿者在奉献时间、知识和技能时，越来越重视自我收获

C. "需要评估与方案规划"是对志愿者和服务对象要求进行评估

D. 鉴于社会对志愿服务负面效果的关注，机构需加强对志愿者规范管理

E. 志愿者训练的主要目标包括端正态度、丰富知识、提升技巧三方面

77. 下列问题和答案中，符合调查问卷设计要求的有（　　）。（2022年）

A. 垃圾不分类有害环境，您家的垃圾分类了吗？（1）分类　（2）没分类

B. 您的文化程度？（1）初中　（2）高中/中专　（3）本科

C. 您愿意继续在本社区生活吗？（1）愿意　（2）不愿意　（3）说不清

D. 您家有老人小孩需要照顾吗？（1）有　（2）没有

E. 近一个月来，您平均每天锻炼身体的时间是多少？（1）1小时以内
（2）1~3小时　（3）3小时以上

78. 社会工作者小李计划采用个案研究方法对随迁老人的需求进行研究，通过深度访谈、观察、量表等方法收集资料，分析某街道辖区随迁老人的需求，从而为这一群体的服务方案设计提出策略性建议。关于个案研究特点的说法，正确的有（　　）。（2022年）

A. 该研究可以了解随迁老人身心发展等方面的状况

B. 该研究有利于深入准确把握随迁老人的多元需要

C. 该研究有助于提出有针对性的随迁老人服务方案

D. 该研究的研究结论可推及其他街道所有随迁老人

E. 该研究有助于发现影响老人需求的普遍因素

79. 根据劳动法，相关部门在确定和调整最低工资标准时应当参考的因素，除社会平均工资水平外，还包括（　　）。（2022年）

A. 就业状况

B. 劳动生产率

C. 当地人口老龄化水平

D. 地区之间经济发展水平的差异

E. 劳动者本人及平均赡养人口的最低生活费用

80. 根据老年人权益保障法，关于家庭赡养的说法，正确的有（　　）。（2023年）

A. 赡养人应当照顾老年人的特殊需要

B. 赡养人放弃继承权可以不履行赡养义务

C. 赡养人不得强迫老年人居住条件低劣的房屋

D. 对生活不能自理的老年人，赡养人应当承担照料责任

E. 老年人养老以居家为基础，家庭成员应当尊重、关心和照料老年人

【参考答案】

一、单项选择题

| | | | | | | | | | |
|---|---|---|---|---|---|---|---|---|---|
| 1. D | 2. C | 3. D | 4. A | 5. B | 6. A | 7. B | 8. D | 9. B | 10. D |
| 11. A | 12. A | 13. A | 14. A | 15. B | 16. D | 17. B | 18. B | 19. D | 20. B |
| 21. D | 22. C | 23. A | 24. C | 25. D | 26. A | 27. C | 28. A | 29. B | 30. A |
| 31. C | 32. A | 33. A | 34. A | 35. D | 36. B | 37. A | 38. B | 39. A | 40. C |
| 41. D | 42. B | 43. C | 44. A | 45. B | 46. C | 47. B | 48. B | 49. B | 50. C |
| 51. A | 52. B | 53. D | 54. C | 55. B | 56. C | 57. D | 58. B | 59. B | 60. D |

二、多项选择题

| | | | | | |
|---|---|---|---|---|---|
| 61. ACD | 62. ACDE | 63. CD | 64. ACE | 65. CDE | 66. ABCD |
| 67. ACD | 68. ADE | 69. ABD | 70. ABCE | 71. ABDE | 72. ABE |
| 73. ABCD | 74. ABCD | 75. ABDE | 76. BDE | 77. CE | 78. ABC |
| 79. ABDE | 80. ACDE | | | | |

# 后 记

  《社会工作综合能力（初级）应试解难》一书由具有多年社会工作实务、考前辅导教材编写和考前培训经验及实务工作经验的院校社会工作专家、社会工作实务专家集体编写而成。

  本书的特色是：梳理教材的应考知识点并进行详细解读；紧扣考试大纲要点和历年考试真题，分析近年来的考试出题点和类型，总结应考答卷经验。本书具有实操性、应用性，是一本应试与实务相结合的权威辅导教材。

  本书凝聚了众多编写者的心血，具体分工如下：

  主编：丁美方（广东省外语艺术职业学院社会工作专业高级讲师，社会工作硕士，教育学博士，社会工作师）

  副主编：范邕（广东省外语艺术职业学院社会工作专业高级讲师，社会工作硕士，社会工作师）

  全书由丁美方负责编写结构和体例并进行审定，丁颖波负责全书知识体系图的编撰，范邕负责统稿。各章节的具体分工如下：

  第一、二、三、四、五章：范邕

  第六、七章：邹小兰（广东省中山市扬帆社会工作服务中心老年服务部主任，社会工作师，督导）

  第八、九章：林洁（广东省外语艺术职业学院社会工作专业讲师，社会工作硕士，社会工作师）

  本书在编写过程中得到众多院校专家学者、社会工作专业机构和一线社会工作者的大力支持，感谢他们提出许多建设性的意见！在此，特别感谢孔梓晴、莫艳红及所有为本书的编写提供支持和付出辛勤劳动的人士！

  最后，期盼这本书能为考生应考复习提供参考，能为广大考生更好地实践专业社会工作服务提供指引！祝各位考生顺利通过考试！

编写组